前言
PREFACE

　　股市千变万化、捉摸不透，投资者必须通过盘面看懂它。散户、专家、基金、私募、主力、机构……在盘面背后进行着复杂的博弈。股价的变动有其内在的原因和规律，影响股票市场的因素繁多，但是各种因素最终都会通过盘面表现出来。投资者如何根据盘面情况采取相应的对策，是在股市中获利的关键所在。所谓"看盘"就是观察一定时间内股价及相关指数在盘面上的变化，收集大盘以及有关个股的数据资料，然后加以整理、归纳的过程，并在此基础上做出判断，指导下一步的操作。

　　本书主要从短线投资者的角度来分析看盘，为广大投资者提供实战操作知识、技巧和经验指导。短线操作要求投资者熟悉和了解盘面，摸清盘面的每一个细节变化，感知盘面的每一次波动，从而为适时进出做好准备。散户投资者若想通过短线交易获得成功，一定要培养起良好的盘感，使自己能够做到对盘面的感觉与市场的波动节奏相吻合，至少要做到大部分情况下相吻合，才能在短线操作中获利。

　　本书共有七章，分别详细解读了短线看盘知识和经典实战案例，具体内容为：短线看盘实战入门、看透大盘分时图和个股分时图、炒短线如何透过K线图看盘、几种常用技术指标的运用技巧、短线看盘选股的技巧、短线看盘实战技法、短线看盘控制风险的技巧。同时，深度解析了各种K线形态、K线组合、移动平均线形态及它们在实战中的具体应用，让投资者能快速理解和掌握看盘诀窍，更好地选择目标个股，轻松地进行短线交易。

本书在编写过程中参考借鉴了很多股票专家、学者的观点，在此一并致以诚挚的感谢。由于作者水平有限，书中难免有疏漏之处，恳请读者批评指正。

为了适应股市的新特征，我们对本书上一版各部分的内容进行了完善和提升，更换了大量新的图表。现将新修订的版本推荐给广大读者朋友，希望大家能够喜欢。

康凯彬

于北京

短线看盘

快速入门必读

快速入门必读 第3版

散户股市获利实战技法

快速读懂盘口信息

康凯彬 主编

成就短线实战高手

口碑热销

THE STOCK MARKET

中国纺织出版社有限公司

内 容 提 要

本书从短线投资者的角度，结合沪深股市的经典实战案例，细致全面地讲解了股市中常用的短线看盘技巧和技术分析方法。

书中所讲的短线看盘实战技法简单、实用，即使是没有股票操作基础的投资者，经过学习也可以轻松地掌握本书所介绍的看盘知识、技巧和经验，读懂盘面信息，准确预判股价走势，识别主力操盘意图，正确选择目标个股，精准把握最佳买卖点，是投资者短线看盘不可多得的一本好书。

图书在版编目（CIP）数据

短线看盘快速入门必读：散户股市获利实战技法 / 康凯彬主编 . --3 版 . -- 北京：中国纺织出版社有限公司，2021. 4（2025.11重印）

ISBN 978-7-5180-8059-5

Ⅰ . ①短⋯ Ⅱ . ①康⋯ Ⅲ . ①股票交易—基本知识 Ⅳ . ① F830. 91

中国版本图书馆 CIP 数据核字（2020）第 209669 号

策划编辑：向连英　　责任校对：高　涵　　责任印制：储志伟

中国纺织出版社有限公司出版发行
地址：北京市朝阳区百子湾东里A407号楼　邮政编码：100124
销售电话：010—67004422　传真：010—87155801
http://www.c-textilep.com
中国纺织出版社天猫旗舰店
官方微博 http://weibo.com/2119887771
天津千鹤文化传播有限公司印刷　各地新华书店经销
2021年4月第3版　2025年11月第6次印刷
开本：710×1000　1/16　印张：15
字数：196千字　定价：49.80元

凡购本书，如有缺页、倒页、脱页，由本社图书营销中心调换

目 录
CONTENTS

第一章 短线看盘实战入门

看盘俗称盯盘，是股票投资者主要的日常工作。股票市场每时每刻都在变化，股票投资者，尤其是短线投资者要掌握股票市场的动向，就要观察分析股市行情的变化，学会看盘。

第二章 看透大盘分时图和个股分时图

分时走势图又称即时走势图，是指把股票市场的交易信息适时地用曲线在坐标图上加以显示的技术图形。坐标的横轴是开市的时间，纵轴的上半部分是股价或指数，下半部分显示的是成交量。分时走势图是股市即时交易的资料。

分时走势图分为大盘分时走势图和个股分时走势图。

第三章 炒短线如何透过K线图看盘

利用K线图分析股票，是目前各种技术方法中最常用，也是最容易学习、最容易看懂和最有用的。经过人们的不断探索和完善，对于K线图的分析已经形成了一套科学的系统。经股市的检验，也证明K线分析法有很强的实际操作性和指导性。

第一节 K线图的基本知识 / 052

第四章 ∿ 几种常用技术指标的运用技巧

技术指标是人们为研究预测市场运行趋势而发明的一种指标参数。这些指标因为包含股市中的各种综合信息以及历史上的各种成功经验，所以对于后市走势的研判具有重要的指导意义。

第五章 短线看盘选股的技巧

　　股市中的每一个投资者都想在茫茫股海中选到一只赚钱的好股票，但是沪深两市的上千种股票中没有哪只股票能让投资者一眼就看出是赚钱的好股。

　　一方面是众人求好股，另一方面是好股难求。其实挑选好股并没有很多投资者想象的那么难，只要掌握了一些技巧，赚钱的好股便会手到擒来。本章提供了诸多短线看盘选股的技巧，投资者掌握了这些技巧，若能在实践中加以灵活运用，定会获益匪浅。

第六章　短线看盘实战技法

在短线看盘实战理念的指导下，短线看盘中的多种实战技巧为短线投资者的操作提供了实战的指导。掌握了看大盘的盘面技巧和看个股的盘面技巧，能帮助短线投资者及时识别盘中个股的顶部和底部，赚取股票低买高卖所得到的差价。

第七章 短线看盘控制风险的技巧

股市有风险，入市需慎行。在风云莫测的股市中，短线投资者即使掌握了以上种种看盘技巧，面对瞬息万变的盘面信息，也不能保证自己百密而无一疏，所以，投资者必须未雨绸缪，掌握防范和控制各种风险的技巧，以应对短线投资中存在的某些不可预知的风险。

第一章

短线看盘实战入门

　　看盘俗称盯盘，是股票投资者主要的日常工作。股票市场每时每刻都在变化，股票投资者，尤其是短线投资者要掌握股票市场的动向，就要观察分析股市行情的变化，学会看盘。

第一节

短线操作基础

股票的操作通常分为长线操作、中线操作及短线操作。短线操作通常是指在一个星期或两个星期以内的时间，投资者通过买卖某只个股赚取短期差价收益，主要依据技术图表分析所进行的投资行为。

一、短线操作的大盘条件

判断当日大盘是否支持短线操作，要分析沪市、深市涨跌幅龙虎榜的第一板。在涨跌幅龙虎榜的第一板中，显示了当日市场中最强大的庄家的活动情况。如果庄家在市场中没有明显表现，说明短线操作获利的可能性不大，此时的股市不适合进行短线操作。一般情况下，大盘的状态可分为超级强势大盘、强势大盘、一般大盘、弱势大盘以及极弱势大盘等几种类型。从日涨幅排行榜上，可以对大盘走势的强弱进行判断。

（一）观察日涨幅排行榜第一板

（1）如果所有个股涨幅都小于3%，则说明市场处于极弱势，大盘背景不利。此时，投资者最好不要进行短线操作，以免资金被套。

（2）日排行榜第一板如果没有个股涨停，且最低涨幅小于5%，则说明市场处于弱势，大盘没有为个股表现提供条件。此时，短线操作需根据目标个股的情况小心进行。

（3）如果有100只以上的股票涨停，则说明市场处于超级强势，大盘提供的短线操作背景良好。此时，可选择目标个股坚决展开短线操作。

（4）如果所有的个股涨幅都大于5%，且涨停的股票超过50只，则说明市场处于强势，大盘提供的短线操作背景一般。此时，短线操作可选择强势目标个股介入。

（5）通常，在市场处于平衡市时，则根据个股的运行趋势来进行研判，大盘的走势对它来说没有形成太大的影响，投资者可根据实际情况进行操作。

（二）观察涨跌个股数的对比

（1）大盘下跌，同时下跌个股数多于上涨个股数，说明大盘跌势自然真实，大盘处于弱势，在这种形势下，应停止短线操作。大盘下跌，但下跌个股数却少于上涨个股数，说明有人在打压指标股，大盘跌势为虚跌，短线操作要分外小心。

（2）大盘上涨，同时上涨个股数多于下跌个股数，说明大盘涨势真实，大盘处于强势，可积极进行短线操作。大盘上涨，下跌个股数反而多于上涨个股数，说明有人在拉抬指数，大盘属于虚涨，短线操作可视目标个股的情况小心展开。

二、适合短线操作的股票

并非所有股票都可以做短线，投资者可以按其行业属性进行分类。对那些需要着重关注的股票，一旦其满足短线操作的介入条件，就应立即买入。

适合短线操作的股票主要有以下几种：

1. 中小流通盘的股票

流通股本巨大的股票往往需要很大的资金才能得到控制，主力不易控盘，因此主力往往更喜欢中小流通盘的股票。

2. 业绩增长的股票

业绩优良是投资的基本保证。如果公司的业绩和往年相比，增长的速度喜人，那么可以适当降低绩优的条件，因为有时业绩增长速度比当前的业绩状况更重要。

3. 有利好消息及炒作题材的股票

各种利好消息以及可炒作的题材，都可以成为主力操作该股上行的理由。但消息满天飞的情况下，要有一定的鉴别能力，确保利好消息的可靠性。投资者可建立一个满足以上条件的"股票池"，做到对这些股票了如指掌，并对它们进行实时跟踪。这个"股票池"的大小，也就是其中股票数目的多少，要根据自己的情况而定，如果是计算机跟踪，自然可以多选一些。

4. 庄家介入的股票

股不在好，有庄则灵。庄家有着强大的资金力量和明确的赢利目的以及多样的赢利手段，跟上庄家，投资的成功率将会大大增加。被选中的股票都要满足"庄家已经现形"的条件，这些条件包括巨大的主动成交单，如主动买盘成交量的积累要大于主动卖盘的成交量等条件。

5. 长期盘整的股票

盘整时间的长短以换手率的大小来衡量更合理。因为盘整是一个消化前期结果的过程，时间并不能直接反映消化的程度。有些股票成交量很小，一年内并没有多少成交量，原来的套牢盘还在套牢，根本没有被消化，而换手率则直接反映了交投的情况。可选的长期盘整的股票其换手率要在 200% 以上。

三、短线操作的基本原则

为了更好地保护账户资金，短线投资者应该坚持以下交易中的五个最基本的原则。

（一）不要全仓交易

在股市投资中，一切结果都有可能出现，不存在百分之百正确的决定。由于每一次交易都有可能是错误的交易，如果短线投资者全仓参与，风险会比较大，因为这时出现的亏损是以整个账户资金为基数来计算的。如账户资金是 10 万元，如果全仓买入股票，股价出现 10% 的跌幅，这时的投资损失是以 10 万元为基础来计算的，也就是说损失达到 1 万元。如果投资者想挽回 1 万元的损失，那么用剩余的 9 万元全仓操作，并且操作正确，需要赢利 11% 以上才能挽回损失。这还是比较理想的状态，一旦操作继续失误，那么损失就更大了。同时，由于投资者账户中的资金因亏损而大量减少，要想以较少的本金挽回较大的损失，难度可想而知。

合理控制进行交易的资金比例，对投资者特别是短线投资者来说，是极其重要的问题。不全仓操作，对短线投资者来说也是一个最基本的原则。

（二）不要反向加仓

反向加仓，是指很多人习惯使用的"越跌越买""向下摊低持股成本"的操作方法。之所以把不要反向加仓作为短线操作的一个基本原则，是因为股价还存在下行的趋势，在没有确定下行趋势结束的时候，继续买入是危险的。证明下行趋势结束最好的办法，就是价格出现明确的反转信号，这通常需要价格已有足够幅度的上涨来验证。所以说，反向加仓虽是向下摊低持股成本的方法，但其根本思路是违背技术分析原理的。

（三）不要过度交易

过度交易，就是不遵守自己的交易规则，不按照设定好的买卖点和交易计划盲目地、过于频繁地进行交易。一方面，由于没有充分的准备和完整的计划，投资者常常会在交易过程中临时做出一些情绪化的决定，而这种情绪化的决定大多是在恐慌或过度兴奋中做出的，所以往往是错误的，容易造成账户资金的损失。另一方面，过度交易会产生比较高的交易成本，降低账户的赢利水平。所以，短线投资者一定要遵从交易原则，做有计划的交易。

（四）顺应行情趋势

短线操作一定要顺应行情的趋势。因为在逆市操作时，所有人看到的都是有可能获得的利益，而忘记了可能存在的风险。就像金块从天上掉下来时，我们只是想着把它接住，但更正确的做法应是等它落在地上，我们再去把它捡起来。短线操作应该顺应趋势行情来进行，这样会提高成功的概率，同时获得比较理想的收益。

（五）设置合理的止损位

"会买的是徒弟，会卖的才是师傅"。选择好的介入点固然重要，选择适当的离场时机，更是能否赢利的关键所在。由于投资中充满了不确定性，如何在错误的交易中及时离场，尽量减少损失，保护账户内的资金安全，是股市投资特别是短线操作的重中之重。

四、提高短线操作效率

许多投资者都喜欢做短线，喜欢在强势个股之间"捣糨糊"，赚取股价每个波段中的差价，以"短、平、快"的方式累积收益来实现资金效益的最大化，同时满足自己不断追新猎奇的心理。但事实上，若想进行一次成功的短线操作并非易事，1星期、1个月甚至1年辛苦下来，个人账户里的资金往往没有涨多少，弄不好还可能缩水，最后落得个费力不讨好的下场。

投资者想要提高短线操作的效率，要做到以下这几点。

（一）判定大盘走势

判定大盘走势，是指即使做个股的超短线，也必须得到较为强势的大盘配合，否则成功的可能性会大打折扣。但股指全天大部分时间的走势对于炒短线操作来说并不十分重要，重要的是尾市的走势。

（二）锁定强势个股

锁定强势个股，即在沪深股市涨幅榜中寻找今日走势较强的个股进行跟踪，并从技术形态、上档压力、成交配合、次日可能出现的涨幅等角度进行综合分析，从中找出认定的后市可能继续上涨的个股。短线操作谋求的是超短线利润，不必将主要精力放在上市公司的主营业务、业绩状况等基本面因素上，但必须对其流通盘、主力介入程度与近期走势，甚至第二天是否会召开股东大会，或因某种原因而停牌，以及是否会除权等情况有一个比较充分的了解，以便制定相应的操作策略。

（三）下午 2∶30 后介入

下午 2∶30 后介入，是指根据下午 2∶30 以后的大盘及个股走势，决定是否执行买入的操作。在大多数情况下，下午 2∶30 时启动的上涨才是真正的上涨，下午 2∶30 左右开始的下跌也是真正的下跌，并且此时的大盘及个股走势将对次日早市的大盘及个股走势产生影响。

还有一种情况就是下午 2∶30 时，大盘如螃蟹般横行，即使后面有上拉或下砸，一般情况下波动的幅度也都不大。在这种情况下，若选准个股，仍有不少短线操作的机会。短线投资者在买入看好的股票时，一定不要太过张扬，尤其是资金量较大的投资者，绝不能因一时冲动将所有资金"一枪打"，以免引起主力的警觉停止拉升，甚至对盘面进行洗盘或振仓，这是短线投资者最忌讳的。

（四）次日铁定走人

次日铁定走人，即无论次日大盘及介入的个股怎样变化，都应该按照事先设定的方案操作，如达到预期赢利标准或止损位时，应坚决退出观望；即便未获得预期收益，或未触及止损价，也最好清仓了结。许多人就是因为持股不放导致资金被套，在不得已的情况下，将超级短线做成了普通短线，进一步"拉长"为中线甚至长线。

（五）设定预期目标

预定的盈亏标准，要视参与个股的具体表现而定，依经验预期赢利率大约定在 3%～6% 为好。若市场走软时，这一标准还可相应降低。在极度疲弱的市场中，则几乎没有超短线操作的必要。如果在当天已经获利，并且个股走势相当强劲，如封上涨停或收在全天最高价附近，则可在次日挂略高于前日收盘价位参与集合竞价，否则可视次日走势相机行事。

五、短线投资应有的心态

快速致富是每个投资者的愿望，许多股市的投资者，都希望能快速获得财富。但这种浮躁的心态，往往欲速则不达。股市是时而让人欣喜若狂，时而让人捶胸顿足的地方。它能将人性中两个最大的弱点，即贪婪和恐惧极度放大。因此，股市中的绝大部分投资者，都只顾考虑眼前一时的得失而无法平心静气地去考虑长期复利增长的效果。

股票投资要保持良好的心态，这对任何一个投资者都是非常重要的，不能强求一定要赚多少，只要在股市中操作 1 年下来，整体上是赚钱的，就说明你已经是赢家了。知足常乐，毕竟买卖股票是风险投资，能赚钱的投资者只是少数。

炒股最忌讳赚钱后就心浮气躁，赚了一点就想赚更多，或者赔了一点就愁眉不展，这样既损害了身体健康，同时还影响了正常的工作。无论是股市老手还是新手，很多股票操作的失误，大多缘于心志问题。机会是不分牛熊市的，只要努力去把握，即便是在大熊市中，一样有赢利的机会。

股市最大的作用在于资源配置，即一方面为企业筹集发展所需的资金，另一方面为社会资金提供一个投资的场所和机会，让投资者分享上市公司的发展成果。如果把股市看成遍地黄金，想一夜之间就赚个盆满钵满，这种心态必然会造成急功近利，把投资变成了投机，其结果可想而知。

炒股要有"四心"——信心、耐心、细心、平常心。

1. 信心

信心是成功的基础。炒股时的信心尤为重要，若缺乏信心，就会显得犹豫不决，从而痛失良机，一个患得患失的人是不适合做股票的。

投资者的信心来自两个方面：一方面，投资者要对自己的判断与决策有信心，要相信自己的分析能力，一旦做出决策，就坚定不移地按照自己既定的目标去做，绝不动摇；另一方面，投资者要对证券市场的发展有信心，市场上经常会出现一些反常现象，这是正常的，谁也无法在市场中常胜不败，即便是投资大师巴菲特也有犯错误的时候，千万不要因为暂时的挫折而丧失斗志。

投资者的信心是建立在一定投资交易经验和个人能力基础之上的。只有当一个投资者在操作实践中积累了经验，对市场的运作规律也有了较深刻的理解，能够掌握充分的市场资料，并且具备了较高的分析判断能力，这时的自信心才是有意义的。如果投资者只是毫无根据地做出判断、决策，并且固执己见，一意孤行，并不是有自信的表现。

2. 耐心

在股市中，大多数投资者都曾为自己的失误而后悔过。建仓早了，后悔没买到最低价；出货早了，后悔没卖到最高价；跌了，后悔没有及时清仓；涨了，后悔没有马上跟进。后悔，是许多投资者的通病，做股票，难免会后悔，但只要有耐心和智慧，就可以减少后悔的次数。

股票投资的回报，很大程度上就是忍耐和等待的结果。市场行情的升降起落并不是一朝一夕就能完成的，多头市场的形成是这样，空头市场的形成也是如此。因此，当一个市场的主要趋势没有形成之前，投资者切不可轻举妄动，也不应为一点点的利润而动心，以避免在杀进杀出中做出冲动性的操作。聪明的投资者应耐心、冷静地审视股市的发展变化，适时采取行动，不鲁莽盲动。

3. 细心

短线投资要多做研究和分析，不要被表象所迷惑，要透过现象看本质，以"伯乐"的眼光，在众多股票中挑选出"千里马"来。此外还要为自己设定一个"止盈点"，不能总涨了盼着再涨，贪得无厌，到头来竹篮打水一场空。同时也要设定"止损点"，一旦股价触到止损点，或者发出示警信号，就要果断离场，绝不恋战。

4. 平常心

浮躁是炒股之大忌。凡亏损严重的投资者，多是因心态浮躁而导致的。炒股要保持"涨跌不动，盈亏不惊"的平常心。

一个成熟的投资者，应以胜不骄、败不馁的平常心理性操盘。这些年因炒股亏本自杀的投资者屡见不鲜，也曾听到过有人因新股认购中签而狂喜过度，导致心脏病发作猝死的例子。

投资股市，就要视盈亏为平常事，不要计较一时的得失。盈利了自然高兴，亏损了也不必计较，但要总结经验，分析判断失误的原因在哪里，吃一堑长一智。

只有保持平常的心态，大脑才会有效地工作，决策时才会少犯或不犯错误。常常见到有些亏本的投资者心里别扭，一心想把本钱挣回来，结果反而造成更大的亏损。因此，投资者要以一颗平常心面对过去，保持愉快的心情，不要让过去失败的阴影影响当下的操盘行为。

第二节

短线看盘要点

短线投资高手与庸手之间的区别在于，高手通常能看出大盘未来一段时间，甚至很长时间的走势。股市的盘口可反映出众多的信息，有些是一些很细微的信息，但通过这些信息，投资者能够有效把握股市和个股的变动方向。

一、什么是短线看盘

短线操作绝大多数是在几天内完成的，这种操作必须依据每天的盘面变化来进行。对于每一个短线投资者来说，如何看盘是至关重要的，因为看盘水平决定了其对短线操作的熟练程度。

看盘又称"盯盘"，是股票短线投资者主要的日常工作。大盘显示的内容主要有股票代码、股票名称、前日收盘价、今日开盘价、最高价、最低价、最新价、买入价、卖出价、买盘、卖盘、涨跌、现手、买手、卖手、总手和成交量等。

（1）前日收盘价：前一个交易日的最后一笔交易的成交价格。沪市的前日收盘价是前一个交易日最后一笔交易（含最后一笔交易）前 1 分钟所有交易成交量的加权平均价；深市的前日收盘价为前一个交易日收盘前 3 分钟集合竞价所产生的交易价格。

（2）今日开盘价：今日开盘后第一笔交易的成交价格。

（3）最高价、最低价：今日开盘以来各笔成交价格中的最高价格和最低价格。

（4）最新价：刚刚成交的一笔交易的成交价格。

（5）买入价：证券交易系统显示已申报但尚未成交的买进某只股票的价格，对投资者来说，最高买入价是卖出参考价。

（6）卖出价：证券交易系统显示的已申报但尚未成交的卖出某只股票的价格，对投资者来说，最低卖出价是买入参考价。

（7）买盘：当前申请购买股票的总手数。

（8）卖盘：当前申请售卖股票的总手数。

（9）涨跌：每日的收盘价和前一天的收盘价相比，是涨还是跌了。涨跌有两种表示方法，一种是直接标出涨跌的钱数；另一种是给出涨跌幅度的百分数。

（10）现手：刚成交的一笔交易的交易量的大小。股票交易的最小单位是手，1手为100股。

（11）买手：比最新价低3个价位以内的买入手数之和。

（12）卖手：比最新价高出3个价位以内的卖出手数之和。

（13）总手：今日开盘后该股交易所有手数之和。

（14）成交量：今日开盘以来该股交易的所有手数之和。

（15）总额：今日开盘以来该股交易的所有金额之和，通常以"万元"为单位。

在大盘上，投资者还能看到上证指数、深证指数的字样。大盘上除了显示整个市场行情的股价变动外，还显示各只股票的股价变动数据。

二、观察股指的走向

在进行短线操作时，不少投资者常会看错了方向。在应该买进的时候却抛出，而在应该抛出时却继续持有，这使不少短线投资者在牛市中也依然亏损。通常，短线投资者在大盘趋势向上时应当买进股票，而当大盘有下跌趋势时则应该卖空股票，这一判断极为重要。成功判断股指走向可以让短线投资者享受到股市的红利。

三、留意股价的变动

股价变动要留意以下两个方面：

（1）留意开盘时集合竞价的股价以及成交量。留意股价是高开还是低开，即和昨天的收盘价相比价格是高了还是低了，它表示出市场的意愿是期望今天的股价上涨还是下跌。

（2）留意开盘后半小时内股价变动的方向。一般来说，如果股价开得太高，在半小时内就可能会回落；如果股价开得太低，在半小时内就可能会回升。这时要看成交量的大小，如果高开又不回落，而且成交量放大，那么这只股票就很可能要上涨。看股价时，不仅要看现在的价格，而且要看昨日收盘价、当日开盘价、当前最高价和最低价、涨跌的幅度等，这样才能看出现在的股价是处在一个什么样的位置，看它是在上升还是在下降之中，是否有买入的价值。一般来说，下降之中的股票不要急于买，而要等它止跌以后再买；上升之中的股票可以买，但是要小心不要被套住。

一天之内股票往往要有几次升降的波动。投资者可以观察所要买的股票是否和大盘的走势一致，如果走势一致，那么最好的办法就是盯住大盘，在大盘快到顶点时卖出，在大盘快到底时买入。这样做虽然不能保证你的买卖完全正确，但至少可以卖到一个相对的高价和买到一个相对的低价。

四、留心利空或利多消息

消息对股市的走势起着十分重要的作用。聪明的短线高手，即使没有消息渠道，仍可以通过盘中细微的变化得到有关政策面与个股方面的消息。俗话说：世上没有不透风的墙。股市给人带来太多的利益诱惑，不少投资者会从各种途径获得一些机密的信息。在这种情况下，先知先觉者就会通过抛出股票或者买进股票反映这一信息。

五、寻找短线做差价的机会

有时候盘面会呈高开高走之态，而有的时候盘面会表现出高开低走之势，每天盘面的变化会有所不同，作为持股者常会遇到何时抛出股票的选择。盘面操作的得失有时会导致当天的收益出现上下10%的差别，如果短线投资者能选择正确的卖点，当天就会有较大的利润可获。不少短线投资者常常是因为没有及时把握每天盘面波动所产生的较大差价而后悔。投资者一定要注意观察自己熟悉的几只股票，在了解这几只股票的"股性"后，便能准确地判断股票的涨跌了。因此，投资者应学会总结，不断积累。

六、观察买盘与卖盘的变化

买卖双方的报价与数量申报构成盘口中的买盘和卖盘，市场投资者能够直接看到的是"买五"和"卖五"的买卖委托申报以及"内盘""外盘"和"委比""量比"等。

这几项都是表示目前盘中多空力量对比的指标。如果即时的成交价是以"委卖价"成交的，说明买方即多方愿意以卖方的报价成交，成交的量越多，说明市场中的多头气氛越浓。以"委卖价"实现的成交量称为"外盘"，俗称"主动买盘"，在股票软件的成交明细里以红色数字（手数）出现或者在数字后面标明 B。

以"委买价"实现的成交量称为"内盘"，也称"主动卖盘"。在股票软件的成交明细里以绿色的数字（手数）出现或者在数字后面标明 S。

而股票软件成交明细里白色的数字则代表中性，不能确定是主动买进还是主动卖出。当"外盘"大于"内盘"时，反映了场中买盘承接力量较强，走势向好；"内盘"大于"外盘"时，则反映了场中卖盘力量大于买盘，走势偏弱。

由于内盘、外盘显示的是开市后以"委卖价"和"委买价"各自成交的累计量，所以对我们判断股市目前的走势强弱有很大帮助。如果主动性买盘与主动性卖盘价格相差很大，说明买方追高意愿不强，同时卖方也有较强的惜售心理，多空双方处于僵持状态。

七、观察股票涨跌停板情况

开盘后涨跌停板的情况会对大盘产生直接的影响。在实行涨跌停板制度后，可以发现涨跌停板的股票会对与其有可比性、同类型的股票产生影响，比如说大盘开盘后某只钢铁股涨停，在其做多示范效应影响下，其他钢铁股票与其相近的或者有可比性的股票也会有走强的趋势。投资者应该多留心观察，找出一些具有联动效应的股票，在某只股票大幅攀升时，可以跟风其联动股票而获取收益。

八、观察阻力与支撑情况

阻力位是指在股价上升时可能遇到压力，从而反转下跌的价位。支撑位是指在股价下跌时可能遇到支撑，从而止跌回稳的价位。

阻力越大，股价上行越困难；而支撑越强，股价越跌不下去。对支撑位与阻力位的把握有助于投资者对大市和个股的研判，如当指数或股价冲过阻力位时，则表示大盘或股价走势甚强，可买进或持有；当指数或股价跌破支撑区时，表示大盘或股价走势很弱，可以卖出或持币观望。市场中的顶部或底部往往构成阻力位或支撑位。

第三节

量价分析

量价关系是短线看盘入门的关键。一只股票价格的涨跌，与其成交量有着很大的关联。短线投资者可以根据量价之间的关系来判断股价的走势，从而进行买卖操作。

一、低量低价

低量低价主要是指个股（或大盘）成交量非常稀少，同时股价也非常低迷的一种量价配合现象。低量低价一般只会出现在股票长期底部盘整的阶段。

当股价从高位一路下跌后，随着成交量的明显减少，股价在某一点位附近止跌企稳，并且在这一点位上下进行长时间的低位横盘整理。经过数次反复筑底以后，股价最低点也日渐明朗，同时，由于量能的逐渐萎缩至近期最低值，从而使股票的走势出现低量低价的现象。低量低价的出现，只是说明股价阶段性底部形成的可能性大大增强，但不能作为买入股票的依据。投资者还应研究该股基本面是否良好、是否具有投资价值等，再结合一些技术指标的情况做出是否投资的决策。如图 1-1 所示的内蒙一机（600967）在创出低量低价后形成底部，之后股价开始走高。

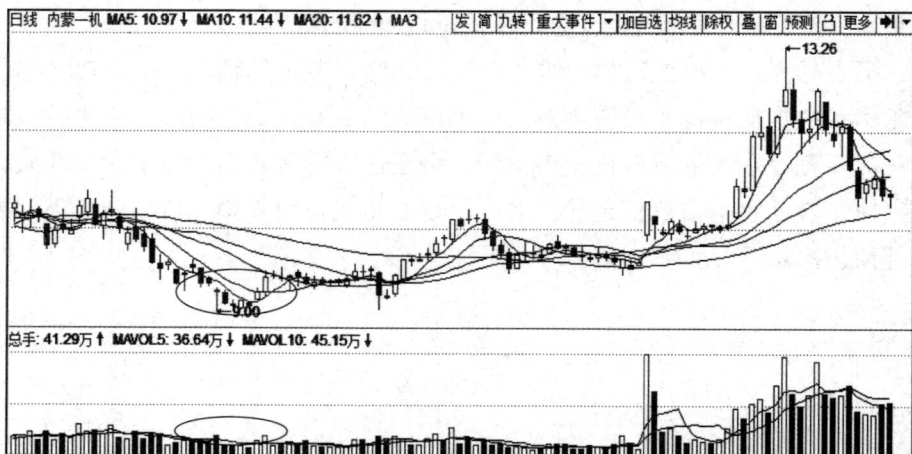

图1-1 低量低价

二、量增价平

量增价平主要是指个股（或大盘）在成交量增加的情况下，其股价却围绕某一价位水平上下波动的一种量价配合现象。量增价平既可以出现在上升行情的各个阶段之中，也可以出现在下跌行情的各个阶段之中。同时，它既可以作为卖出股票的信号，也可以作为买入股票的信号。区别买卖信号的主要特征，是要判断"量增价平"中的"价"是高价还是低价。

如果股价在经过一段比较大的涨幅后，处在相对高价位区时，成交量仍在增加，而股价却没能继续上扬，呈现出高位量增价平的现象，这种股价高位放量滞涨的走势，表明市场主力在维持股价不变的情况下，可能在悄悄地出货。因此，股价高位的量增价平是一种顶部反转的征兆，一旦接下来股价掉头向下运行，则意味着股价顶部已经形成，投资者应注意股价的高位风险。与上述情况不同，有时在上升趋势中途也会出现量增价平的现象，则说明股价上行暂时受挫，只要上升趋势未破，一般整理后仍会有行情。

如果股价在经过一段比较长的时间下跌后，处在低价位区时，成交量开始持续放出，而股价却没有同步上扬，出现低位量增价平现象，此时若买盘明显多于卖盘，且凸凹量差比较明显，说明底部在积聚上涨动力，有主力在进货，可能是中线转阳的信号，可以适量买进持股待涨。如图 1-2 所示的江山欧派（603208），该股经过横盘整理，之后股价开始缓慢盘升。

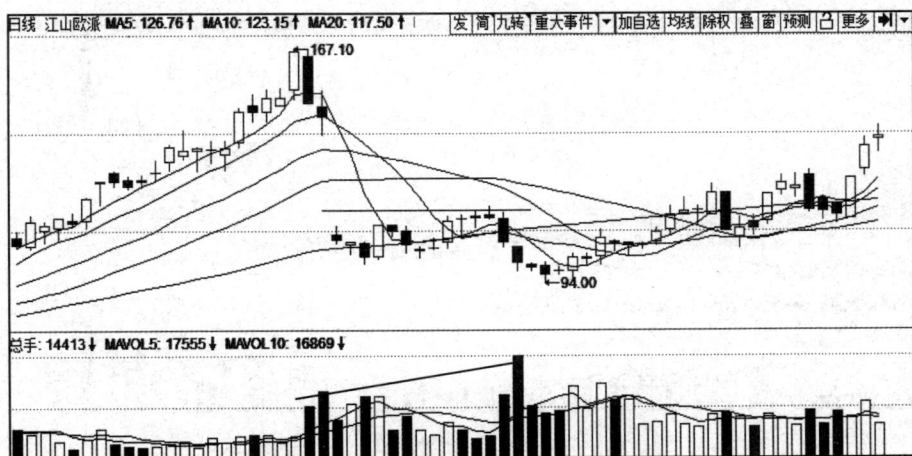

图1-2　量增价平

三、量增价涨

量增价涨主要是指个股（或大盘）在成交量增加的同时，股价也同步上涨的一种量价配合现象。量增价涨只会在上升行情中出现，而且大部分是出现在上升行情的初期，也有小部分是出现在上升行情的中途。

在经过前期一轮较长时间的下跌和底部盘整后，市场中逐渐出现诸多利好因素，这些利好因素增强了市场预期向好的心理，刺激了股市的需求，市场交投逐渐活跃起来。随着成交量的放大和股价的同步上升，投资者购买股票短期内就可获得利润，赚钱的示范效应激起了更多投资者的投资意愿。

随着成交量的逐渐放大，股价也开始缓慢向上攀升，股价走势呈现量增价涨的态势，这种量价之间的良好配合，对未来股价的进一步上扬形成了实质性的支撑。量增价涨是最常见的多头主动进攻模式，投资者应积极进场买入。如图1-3所示的中金黄金（600489），该股成交量出现放大，股价也开始大幅上扬。

四、量缩价涨

量缩价涨主要是指个股（或大盘）在成交量减少的情况下，其股价却反而上涨的一种量价配合现象。量缩价涨多出现在上升行情的末期，有时也会出现在下降行情中期的反弹过程中。量缩价涨的现象在上升行情和下降行情中

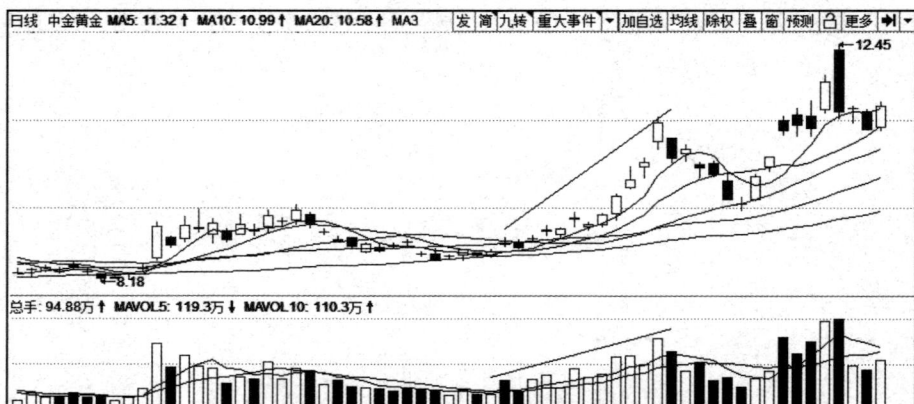

图1-3 量增价涨

的研判是不一样的。

在持续的上升行情中，适度的量缩价涨表明主力控盘程度比较高，锁筹较好，投资者最好是采取小资金短线参与的策略，因为此时的股价已经有了相当大的涨幅且接近上涨的末期。在上涨初期出现的量缩价涨则可能是昙花一现，经过补量后仍有上行空间。但量缩价涨毕竟所显示的是一种量价背离的趋势，因此，在随后的上升过程中若出现成交量再次放大的情况，则意味着主力可能在高位出货，此时投资者一定要警惕。

在持续下降行情的反弹过程中，有时也会出现量缩价涨的现象。当股价经过短期的大幅度下跌后，由于跌幅过猛，主力没能全部出货，因此，他们会抓住大部分投资者不忍轻易割肉的心理，用少量资金再次将股价拉高，造成量缩价涨，从而利用这种反弹走势达到出货的目的。如图1-4所示的梦百合（603313），该股成交量出现萎缩，股价却呈现上扬趋势。对于量缩价涨的行情，投资者应区别对待，一般以持股或持币观望为主。

五、量增价跌

量增价跌主要是指个股（或大盘）在成交量增加的情况下，股价却反而下跌的一种量价配合现象。量增价跌现象大多出现在下跌行情的初期，有时也出现在上升行情的初期。量增价跌的现象在上升行情和下降行情中的研判也是不一样的。

在上升行情初期，有的股票会出现量增价跌现象。当股价经过一段比较长时间的下跌和底部盘整后，主力为了获取更多的低价筹码，采取边打压股价边吸货的方式，造成股价走势出现量增价跌的现象，但这种现象也会随着买盘的逐渐增多、成交量的同步上扬而消失，这种量增价跌现象是底部买入信号。

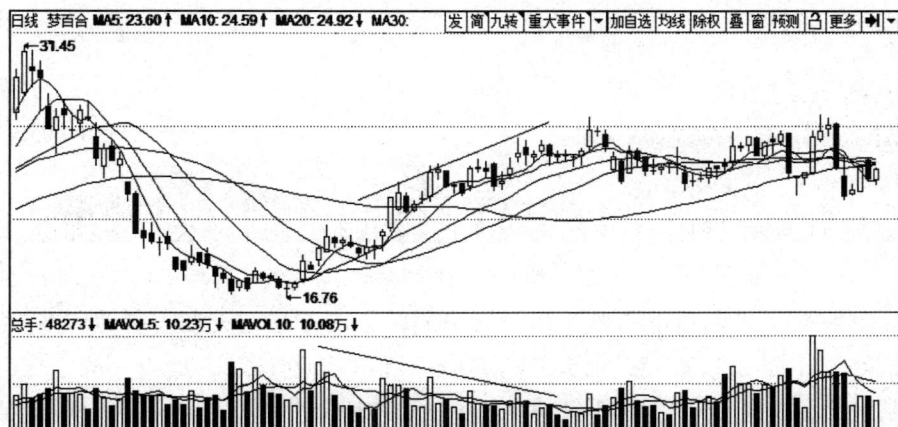

图1-4　量缩价涨

在下跌行情的初期，股价经过一段比较大的涨幅后，市场上的获利筹码越来越多，一些投资者纷纷抛出股票，致使股价开始下跌。同时，也有一些投资者对股价的走高仍抱有预期，在股价开始下跌时还在买入股票，多空双方对股价看法的分歧，是造成股价高位量增价跌的主要原因。股价经过长期大幅下跌之后，出现成交量增加，即使股价仍在下跌，也要慎重对待极度恐慌的"杀跌"，此阶段的操作原则是卖出或空仓观望。低价区出现量增说明有资金接盘，后期有望形成底部或反弹的形态，适宜关注。有时若在趋势逆转跌势的初期出现量增价跌，则应果断地清仓出局。如图 1-5 所示的索菲亚（002572），该股呈现量增价跌的趋势。

六、量缩价跌

量缩价跌主要是指个股（或大盘）在成交量减少的同时，其股价也同步下跌的一种量价配合现象。量缩价跌现象既可能出现在下跌行情的中期，也可能出现在上升行情的中期，但它们的研判过程和结果是不一样的。

上升行情中的量缩价跌，表明市场充满惜售心理，是市场的主动回调整理，因而，投资者可以持股待涨或逢低介入。不过，若上升行情中价跌的幅度过大，则可能是主力在不计成本出货的征兆。

图1-5 量增价跌

下跌行情中的量缩价跌大多为无量阴跌，底部遥遥无期。所谓"多头不死，跌势不止"，即一直跌到多头彻底丧失信心斩仓认赔，爆出大的成交量，跌势才会停止。此时表明投资者在出货以后不再做"空头回补"，股价还将维持下跌方向，因而，投资者在此阶段应以持币观望为主。如图1-6所示的华体科技（603679）量缩价跌的走势图。

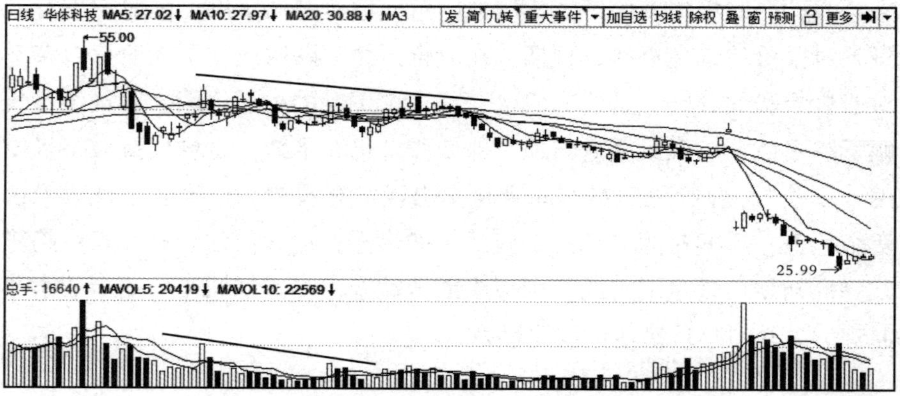

图1-6 量缩价跌

七、量能异常变化

量是成交量，能是资金动能。量能异常是指成交量的极度放大或缩小。出现量能异常时表明原来的趋势可能会发生反转，投资者应重点关注。

1. 量能放大突破前期高点

量能放大是进一步突破的关键。在突破前期高点后，不要急于买进，创新高的当天高开低走，就要彻底打消买进的想法。如果不是高开低走，也要观察创新高后几个交易日的走势，如果股价没有向下移动，反而还是向上攀升，可择机买进；如果后几日股价向下跌就不要再碰它了，手中持有这类股票的投资者也要选择抛出或减磅操作。

一般来说，主力在低位建仓后，会将股价拉升到一定高度，借此进行打压。对于突破前期高点，主力打压是怎么操作的呢？主力会在某个区域设下一个圈套，引诱散户投资者做空，最后让做空的投资者无法在更低的价位把筹码补回来。所以，投资者要识破主力的计谋，可以捂住自己的股票，也可增加仓位坐上主力的轿子。如图1-7所示的中国天楹（000035），该股开始量能放大，突破前期高点之后震荡盘升，又开始了新一轮的上涨。

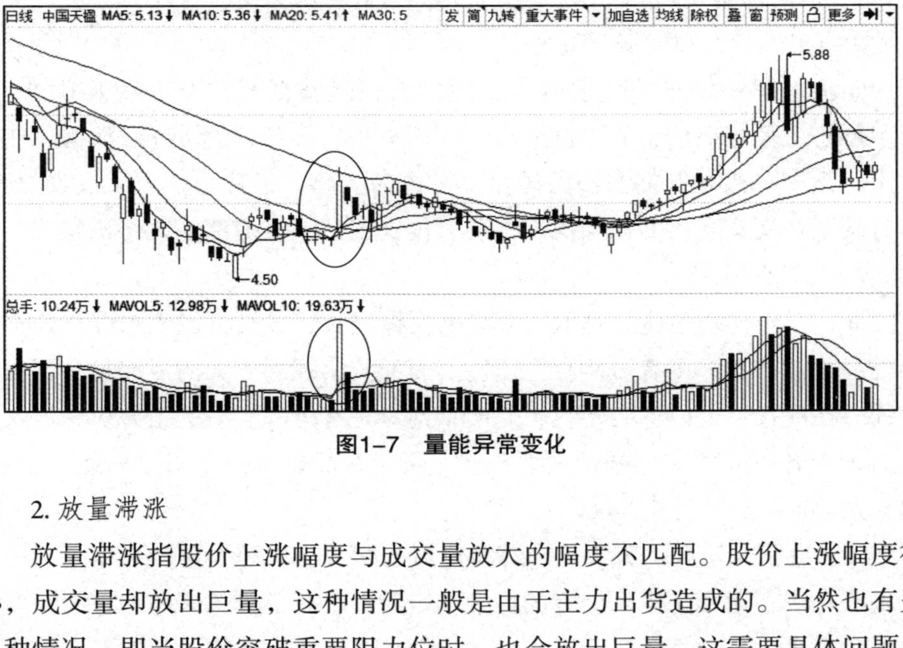

图1-7　量能异常变化

2. 放量滞涨

放量滞涨指股价上涨幅度与成交量放大的幅度不匹配。股价上涨幅度很小，成交量却放出巨量，这种情况一般是由于主力出货造成的。当然也有另一种情况，即当股价突破重要阻力位时，也会放出巨量，这需要具体问题具体分析。

高位放量滞涨是指股价经过长期炒作后已经处于一定的高度（或已经翻了几倍），然后在一段较短时期内出现成交量不断放大而价格却停滞不前的情况（当然也可能创出了历史新高，但放量期间涨幅较小），此时庄家出货概率较大，应当引起投资者的重视。

弱势中的低位放量很可能是个陷阱，放量后跳水的可能性很大，多为诱多行情，很短暂，风险也很大。

低位放量上涨是主力资金出逃还是建仓，主要有以下区别：

（1）成交量在短期内急速放大，日换手率保持在 5% 以上，或者在相对高位，成交量放至 10% 以上，或者在明显的低位，放出如此巨量，充分说明有资金在通过对敲出逃。

（2）低位缓慢上涨放出巨量，涨幅不大，但成交却创出新高，应谨慎。

（3）股价反复震荡，暴露出主力清仓的意图。

（4）不会突破阻力位，说明主力不愿上攻，出货的意愿明显。

3. 量能放大的长阳线、长阴线

（1）巨量长阳线。主力突击建仓手法最明显的便是低开巨量长阳线，这种形态的特征是：股价莫名其妙大幅跳空低开，随后便慢慢爬升，成交量同时放出近期天量，当天报收阳线。

此种形态的走势特点表现为：股价大幅跳空低开，至少需低开 2% 以上，形态上呈穿底而出的不良形态，不明真相的投资者纷纷弃股而逃；成交放出巨量，一边是蜂拥而出的抛盘，一边在大肆收集筹码；当天报收阳线，有时甚至是光头光脚的长阳线；出现的位置较低，且前期往往已调整了一段时间。

低开长阳出现的位置越低、阳线的实体越长、成交量越大越好，若在该股的高价位出现，则有可能存在陷阱。而低位出现的巨大的成交量、长长的阳线，往往数天之内筹码便换手完毕，绝对是有雄厚实力的主力所为，这说明后市上升空间相对广阔，主力急于进场，其战略意图在于追求速战速决，建仓完毕有可能立刻进入拉升期。

（2）巨量长阴线。如果出现高位巨量长阴线就应该考虑卖出了。高位放巨量收长阴，通常是庄家出货的信号。当股价已有了较长时间和较大幅度的上涨后，买方力量已经显示不足，此时成交量忽然放巨量，且当日 K 线为长阴线，通常表示庄家已完成拉高出货。此时如不能及时清仓出局，必被高位套牢。

利用高位巨量长阴线判断是否卖出时，要注意必须是在上升行情持续较长时间，股价距行情启动点的涨幅在 30% ～ 40%，该信号才为有效。要注意两种行情的高位概念：其一上攻行情的高位是从本轮行情的启动点计算；其二反弹行情的高位从反弹点计算，其前期高点附近往往是反弹行情的高位。

　　高位成交量巨大时的 K 线形态表现为：K 线长阴股价大跌，庄家出货意愿坚决；K 线大阴大阳相吞，是较强烈的顶部信号。

━━━━━━━━━━━━━━━ 本章操作提示 ━━━━━━━━━━━━━━━

　　炒股不仅要掌握一定的理论知识，具备一定的实践经验和操作技能，还要有一定的头脑，有时还要有一些运气。功夫是练出来的，只要你潜心努力，机会便会眷顾你。股市里随时都有机会，而你的资金是有限的，炒股也不是哪位专家或大师的一席话就能让你茅塞顿开成为高手的，所以在短线实战操盘前，请练好看盘的基本功，良好的盘感是散户投资股票获利的必备条件。

第二章

看透大盘分时图和个股分时图

　　分时走势图又称即时走势图，是指把股票市场的交易信息适时地用曲线在坐标图上加以显示的技术图形。坐标的横轴是开市的时间，纵轴的上半部分是股价或指数，下半部分显示的是成交量。分时走势图是股市即时交易的资料。

　　分时走势图分为大盘分时走势图和个股分时走势图。

第一节

大盘分时图和个股分时图

分时走势图又称即时走势，是指把股票市场的交易信息实时地用曲线在坐标图上加以显示的技术图形。坐标的横轴是开市的时间，纵轴的上半部分是股价或指数，下半部分显示的是成交量。分时走势图是股市即时交易的资料。

分时走势图分为大盘分时走势图和个股分时走势图，以下将分别介绍这两种分时走势图。

一、大盘分时走势图

大盘分时走势图是指上证综合指数和深证成分指数的分时走势图，又称大盘即时走势图。如图 2-1 所示。

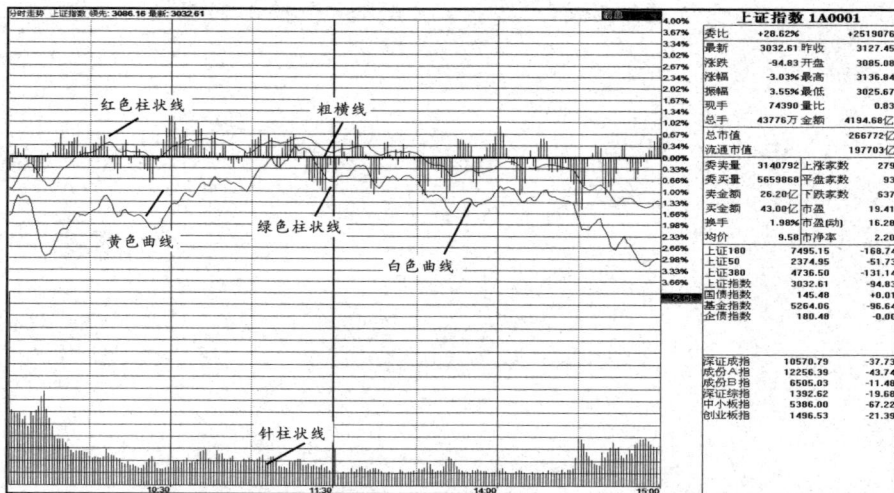

图2-1 大盘分时走势图

1. 粗横线

粗横线表示上一个交易日指数的收盘位置。它是当日大盘上涨与下跌的分界线，它的上方，是大盘的上涨区域；它的下方，是大盘的下跌区域。

2. 柱状线

大盘分时走势图中，柱状线错落分布在粗横线的上方和下方，包括红色柱状线和绿色柱状线。红色柱状线和绿色柱状线是用来反映指数上涨或下跌强弱程度的。

大盘向上运行时，在横线上方会出现红色柱状线，红色柱状线出现越多、越高，表示上涨力度越强，若渐渐减少、缩短，表示上涨力度渐渐减弱。

大盘向下运行时，在横线下方会出现绿色柱状线，绿色柱状线出现越多、越长，表示下跌力度越强，若绿色柱状线渐渐减少、缩短，表示下跌力度渐渐减弱。

3. 分时曲线

大盘分时走势图中的分时曲线分为白色曲线和黄色曲线两种。

白色曲线表示的是加权指数，也就是平常所说的大盘股指数；黄色曲线是不加权指数，也就是平常所说的小盘股指数。白色曲线表示上证交易所对外公布的通常意义上的大盘指数，即加权数。黄色曲线表示不考虑上市股票发行数量的多少，而是将所有股票对上证指数的影响等同对待的不含加权数的大盘指数。

一般来说，当指数上涨，黄色曲线在白色曲线走势之上时，表示小盘股的涨幅较大；而当黄色曲线在白色曲线走势之下时，则表示大盘股的涨幅较大。

当指数下跌时，如果黄色曲线仍然在白色曲线之上，这表示小盘股的跌幅小于大盘股的跌幅；如果白色曲线反居黄色曲线之上，则说明小盘股的跌幅大于大盘股的跌幅。

4. 针柱状线

针柱状线表示大盘的成交量，一根针柱状线代表 1 分钟的成交量，成交量单位为手（1 手 =100 股）。

成交量是反映股市上人气聚散的一面镜子。人气旺盛才可能买卖踊跃，买气高涨，成交量自然放大；相反，投资者人心浮动，人气低迷时，成交量必定萎缩。

成交量是观察主力动态的有效途径。资金巨大是主力的最基本特征，主力的一切意图都要通过成交来实现。因此，成交量剧增很可能是主力在买进卖出。

5. 委买

委买是指当前所有个股委托买入前五档的手数之和。委托买入的手数比委托卖出的手数多，表示买方比卖方气势强，指数向上的概率较大。

6. 委卖

委卖是指当前所有个股委托卖出前五档的手数之和。委托卖出的手数比委托买入的手数多，表示卖方力量大于买方力量，指数下跌的概率较大。

7. 委比

委比是委买手数与委卖手数之差与之和的比值，是衡量一段时间内场内买卖强弱的一种技术指标。其计算公式如下：

$$委比=\frac{委买手数-委卖手数}{委买手数+委卖手数}\times100\%$$

委比比值一般在 –100% ～ 100%。若委比为正值，说明买盘较强，场内做多意愿明显，数值越大，表示买盘越强劲；反之，若委比为负值，则说明市场较弱，投资者离场观望的气氛较浓，数值越大，表明抛盘越沉重。

二、个股分时走势图

投资者除了要看懂总体的大盘形势，还要能看懂每只股票的走势图，也就是个股分时走势图，这也是看盘的基本功。

个股分时走势图是指把股票市场的个股交易信息实时地用曲线在坐标图上加以显示的技术图形。坐标的横轴是开市的时间，纵轴的上半部分是股价或指数，下半部分显示的是成交量，如图 2-2 所示。

下面我们来介绍一下这张民生银行（600016）个股分时走势图。

1. 白色曲线

白色曲线又叫分时价位线，表示该只股票的分时成交价格。分时价位线能够直观地反映出当日股价的运行变化情况和即时成交价位。

当股价持续在分时价位线上方运行时，表明市场预期较好，买盘踊跃，当天介入的大部分资金处于获利状态，属于强势盘口的特征。

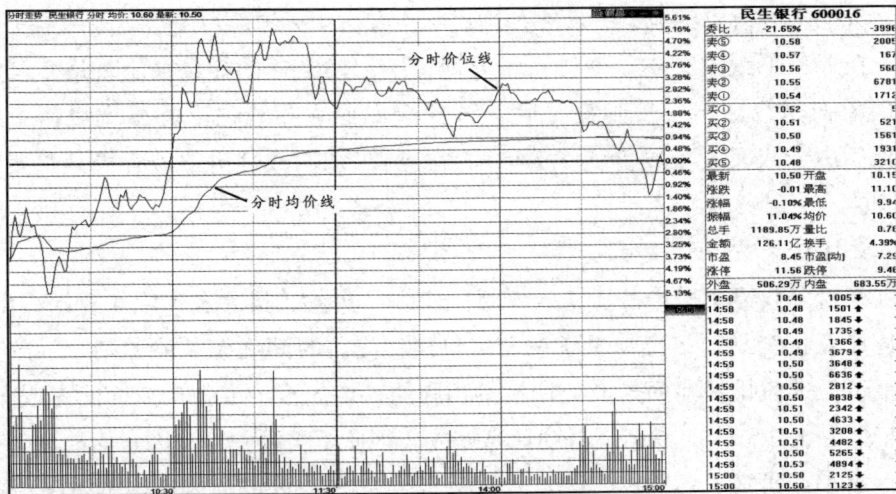

图2-2　个股分时走势图

当股价持续在分时价位线下方运行时，表明市场预期较弱，卖盘踊跃，当天介入的大部分投资者处于被套的状态，属于弱势盘口的特征。

2. 黄色曲线

黄色曲线又叫分时均价线，表示该种股票的平均价格变动情况。分时均价线本质上是一条移动平均线，代表了当天买进该股的所有投资者的平均买入成本。

一般来说，分时价位线在分时均价线上方且远离均价线时，正乖离率过大，股价回落的可能性较大；反之，则回升的可能性较大。如收盘后分时价位线收在分时均价线的上方，表示股价短线呈现强势，收在其下方表示股价短线走弱。

另外，在分时走势图上，主力的某笔异常交易，比如说尾盘瞬间拉高，可能会改变分时走势曲线的形态，但是分时均价线不会因此发生大幅的波动。因此，通过分时均价线和分时价位线的比较，就可以有效识别主力刻意骗线的情况。

3. 成交量柱线

成交量柱线表示个股的分时成交量，单位为手。一条成交量柱线表示1分钟的成交量，成交量大，成交量柱线就拉长，反之就缩短。

成交量柱线分别用黄色和蓝色表示，有些行情软件中还有白色的成交量柱线。其中黄柱表示多方能量，蓝柱表示空方能量。如果黄柱比较多，比较高，说明多方占主导地位；反之，则说明空方占主导地位。

在股价下跌过程中，蓝柱占主导地位，但是蓝柱的能量会出现逐步减弱的现象，当行情出现反弹变化时，黄柱会占据主导地位，并出现量增价涨现象。由于成交量是股价变化的原动力，所以在实战分析中占有极其重要的地位。

4. 卖盘等候显示栏

卖盘等候显示栏中的卖①、卖②、卖③、卖④、卖⑤表示依次等候卖出。在连续竞价交易时，交易系统按照"价格优先，时间优先"的原则，谁的卖出报价低谁就排在前面先成交；报价相同的，谁先报价谁就排在前面先成交。由于这一工作都由交易系统自动计算完成，因此不会因为人为因素而改变。

卖①、卖②、卖③、卖④、卖⑤后面的数字为价格，再后面的数字为等候卖出的股票手数。"卖① 10.54 1712"，表示第一排等候卖出的股价报价是 10.54 元，共有 1712 手股票在这个价位等候卖出。

5. 买盘等候显示栏

买盘等候显示栏中买①、买②、买③、买④、买⑤表示依次等候买进。在连续竞价时段里，谁买进的报价高谁就排在前面先成交；报价相同的，谁先报价谁就排在前面先成交。

"买① 10.52 5"，表示在第一排等候买入的股票报价为 10.52 元，共有 5 手股票在这个价位等候买进。

6. 成交价格、成交量显示栏

成交价格、成交量显示栏目中内容较多，在技术分析中具有重要的作用，因此投资者，特别是短线投资者一定要重点关注这些内容的变化。下面对这些内容一一进行说明。

（1）均价。均价即开盘到现在买卖双方成交的平均价格。其计算公式如下：

$$均价 = \frac{成交总额}{成交量}$$

收盘时的均价为当日交易均价。

（2）今开。今开即当日的开盘价。

（3）最高。最高即开盘到现在买卖双方成交的最高价格。收盘时显示的

"最高"价格为当日已经成交的最高的价格。

（4）最低。最低即开盘后到现在买卖双方成交的最低价格。收盘时"最低"后面显示的价格为当日成交的最低价格。

（5）量比。量比是衡量相对成交量的指标。它是开市后每分钟平均成交量与过去5个交易日的每分钟成交量之比。其公式如下：

$$量比 = \frac{现在总手}{5日平均总手/240} \times 当前已开市分钟数$$

式中，"5日平均总手数／240"为5日来的每分钟成交手数。

（6）最新。最新即买卖双方的最新一笔成交价。

（7）涨跌。涨跌即当日该股上涨和下跌的绝对值，以"元"为单位。有一些软件的分时走势显示图中，所显示的小三角形尖头和颜色表示涨跌，小三角呈红色，尖头朝上表示上涨；小三角呈绿色尖头朝下表示下跌；显示白色的是表示今天的收盘价和昨天的收盘价一样，并且没有小三角形的尖头。

（8）涨幅。涨幅即当日开盘到现在股价上涨或下跌的幅度。若涨幅为正值，数字颜色显示为红色，表示股价在上涨；若涨幅为负值，数字显示颜色则为绿色，表示股价在下跌。涨幅的大小用百分比表示。收盘时的涨跌幅度即为当日的涨跌幅度。

（9）总手。总手即当日开盘一直到现在为止的总成交手数。收盘时，"总手"表示当日成交的总手数。

（10）现手。现手即已经成交的最新一笔买卖的手数。在盘面的下方为即时的每笔成交明细，红色向上的箭头表示以卖出价成交的手数，绿色向下的箭头表示以买入价成交的手数。

7. 内外盘显示栏

成交价以卖出价成交称为外盘，成交价以买入价成交称为内盘。外盘代表的是买方力量，内盘代表的是卖方力量。其中，以跌停板价成交一律计入外盘，以涨停板价成交一律计入内盘。

若外盘数量大于内盘，则表示买方力量较强；若内盘数量大于外盘，则说明卖方力量较强。当外盘累计数量比内盘累计数量大很多，并且股价正在上涨时，表明很多人在抢盘买入股票。当内盘累计数量比外盘累计数量大很多，并且股价正在下跌时，表示很多人在抛售股票。外盘、内盘之间的手数相差越多，说明买方、卖方的力量相差就越悬殊。

积极关注外盘、内盘数量的大小和比例，可以从中发现主动性的买盘多还是主动性的抛盘多，从而判断出短期内的股价趋势强弱。因此，内外盘是分析判断股价短期走势的一个较好的辅助性指标。

8.最近成交显示栏

最近成交显示栏可以显示最近几分钟连续多笔成交的情况，即几点几分以什么价位成交，每笔成交手数是多少，以内盘价格成交还是以外盘价格成交。单独观察最近成交显示并不会给投资者提供更多的帮助，它主要是一个辅助性工具，可以协助投资者对买卖挂单、主力对敲、大笔成交和隐性买卖盘等情况进行分析，用以判断主力的操盘意图。

通过最近成交显示栏，并结合股价当日的走势，有助于投资者发现主力坐庄的蛛丝马迹。

第二节

分时图的构成要素

个股分时图主要的构成要素，也就是看盘时需要重点观察和分析的三个要素，即分时价位线、分时均价线以及成交量。

一、分时价位线

分时价位线就是把每分钟最后一笔成交价格确定为一个点，一天交易4个小时就确定了240个点，把这些点连接起来就是所谓的分时价位线。分时价位线代表了股价在当日交易4个小时中的波动变化，其重要性不言而喻。分时价位线的波动形态反映了盘中交易的具体状况，从形态上我们可以基本掌握股价涨跌的力度，然后以此研判股价未来的走向。

这里要强调的是分时价位线记录的是每分钟的最后一笔成交价格，而不是每一笔成交价格，这是有很大区别的，当然它忽略了这一分钟内的其他成交情况，可以说有一定的片面性。这个缺陷可以利用成交明细表来弥补。

二、分时均价线

分时均价线是由某一时刻的成交额除以成交量得出的。分时均价线代表的是当日某一时刻入场资金的平均持仓成本。假设当天入场资金大多数为庄家所为，那分时均价线可以说是庄家的持仓成本线，因此它对股价的走势有支撑和压力作用。

分时均价线的支撑作用表现为：当分时价位线处于上升通道，它每次向下回落触及分时均价线后受到支撑，然后重新起涨。

分时均价线的阻力作用表现为：当分时价位线处于下降通道，它每次向上反弹触及分时均价线后受到压力，然后重新回落。

投资者可以利用分时均价线的支撑和压力作用来决定操作策略，当分时价位线处于上升通道，且回落到分时均价线然后重新起涨时，可以买入；反之，当分时价位线处于下降通道，且反弹至分时均价线后重新回落时，应立刻卖出。

三、分时成交量

价格和成交量是相辅相成、密切相关的，价格的变化来源于成交量。众多的资金做多，股价会上升，众多的资金做空，则股价下跌，如果多空平衡或交投呆滞，则股价处于横盘状态。因此，成交量的变化揭示了资金的操作意愿和参与程度，也为投资者后市操作提供了良好的信息，借此可以决定买卖的时机。

成交量一般显示在个股分时图的下方，以柱状线来表示，长则量多，短则量少，我们还需要参照旁边的成交手数来判断。

在看盘的时候，投资者需要密切关注成交量的变化，结合分时线和其他技术指标来研判后市，决定操作策略。

量比是衡量相对成交量的指标。当量比大于1时，说明当日每分钟的平均成交量大于过去5日每分钟成交量的平均值，交易比过去火爆；当量比小于1时，说明当日成交量小于过去5日每分钟成交量的平均水平，交易比过去冷清。

第三节

分时图的典型形态

下面介绍几种重要的分时图的典型形态，包括强势上升形、呆滞形、中途调整形、快速下跌形、普通下跌形。

一、强势上升形

有的股票在当日形成脉冲式的直线上升走势，即使中途回落，其幅度也很小、时间很短，然后又继续强劲上涨，直冲涨停板，这说明场内资金做多愿望强烈，在大资金的强劲推动下，股价快速直达涨停板。判断此形态的关键是随着股价的上涨，量能明显放大。股价越飙升越能吸引场外资金入场，资金的涌入越凶猛，股价涨速越快，这都是相辅相成的。投资者看到这样的股价走势可以积极跟进，后市继续看好。

如图2-3所示，四川路桥（600039）在开盘后便迅速上涨，随后有短暂的回调，但回调的时间短，幅度也不大，更重要的是股价明显受到分时均价线的强劲支撑。此后，成交量迅速放大，分时价位线如火箭般上蹿。这是强势上升形态的典型表现，股价的上升来源于做多资金的膨胀，只有介入资金迅速放大，股价才能迅速飙升。投资者此时若抓住股价短暂回调的瞬间及时跟进做多，获利的概率会很大。

二、呆滞形

呆滞形就是通常说的修长城形，股价运行平直。出现这样的图形是因为当时的成交量严重呆滞，几分钟没有成交，形成平行的直线，然后突然有单成交，便又形成直上直下的走势。

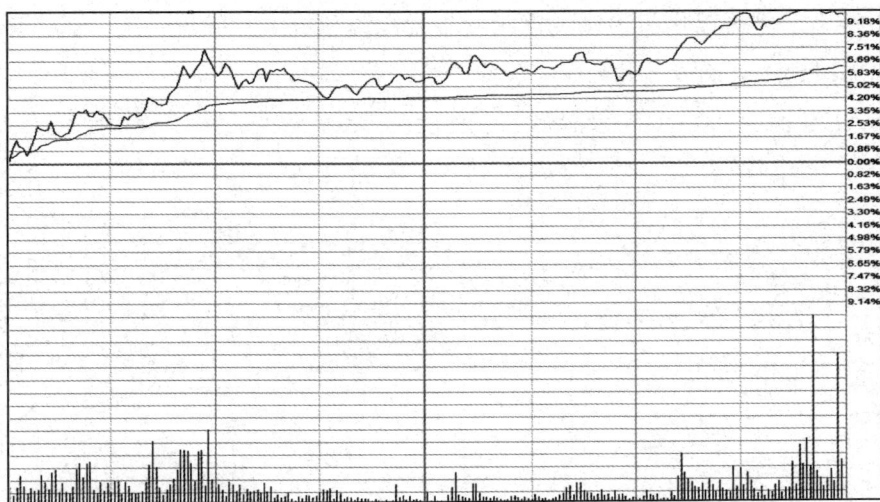

图2-3　强势上升形

　　呆滞形走势在不同的市场环境中有不同的含义，对这种形态的后市研判要分别看待。如果在上涨途中的回调区间出现，后市股价极有可能继续上涨。因为多方筹码锁定得很稳定，基本没有筹码抛出，多方发起进攻只是时间问题；如果是在下跌或震荡过程中出现，后市股价很难上涨。因为此时多方几乎没有参与，而持仓的大多数是一些所谓的"死多头"。这样盘中就几乎没有成交，从而形成呆滞走势。除非有新资金入场，不然这样的状态将持续下去。否则，一旦有些许筹码抛出，股价下滑将是必然的。

　　如图 2-4 所示，大龙地产（600159）在一开盘开始下跌，不久就陷入呆滞走势中，几乎没有成交出现。说明不再有抛盘砸出，后市应该还有上涨的机会。投资者可以适当介入。该股在当天尾盘略有成交，说明后市看涨。

三、中途调整形

　　大多数股票的走势很少出现前面所述的形态，有涨有跌更有调整。股价在上涨过程中停下来调整是很常见的，只要分时价位线不破位下行，后市的涨势依然可期。

　　图 2-5 是财信发展（000838）的分时走势图。该股当日停牌 1 小时后重新开盘，股价震荡上行，但因为成交量始终没有放大，所以上涨很难维系，在上午接近收盘前半小时开始陷入回调走势之中，成交量极度萎缩。这些都说明这次回调只不过是庄家的一次洗盘动作，持股者不必担心这种暂时的回调，

如果持币反倒可以借机追进。该股下午量能温和放大，股价迅速上扬，尾盘封在涨停板，其强势可见一斑。

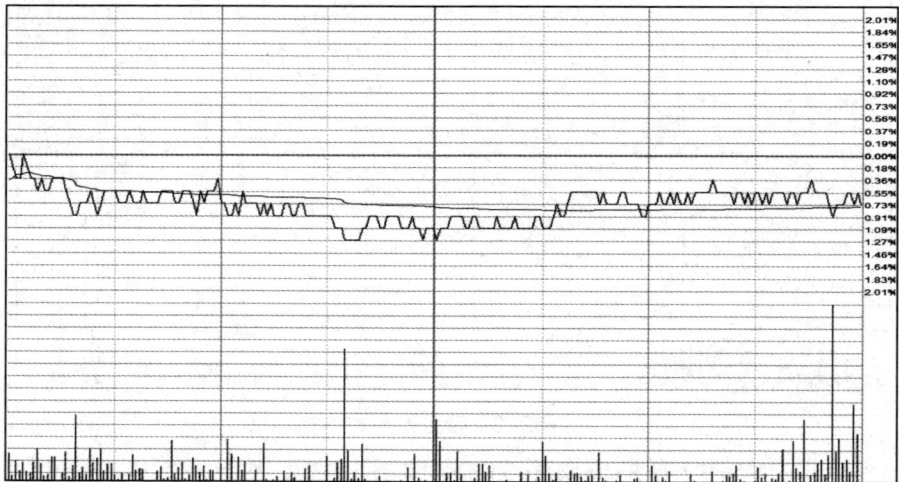

图2-4 呆滞形

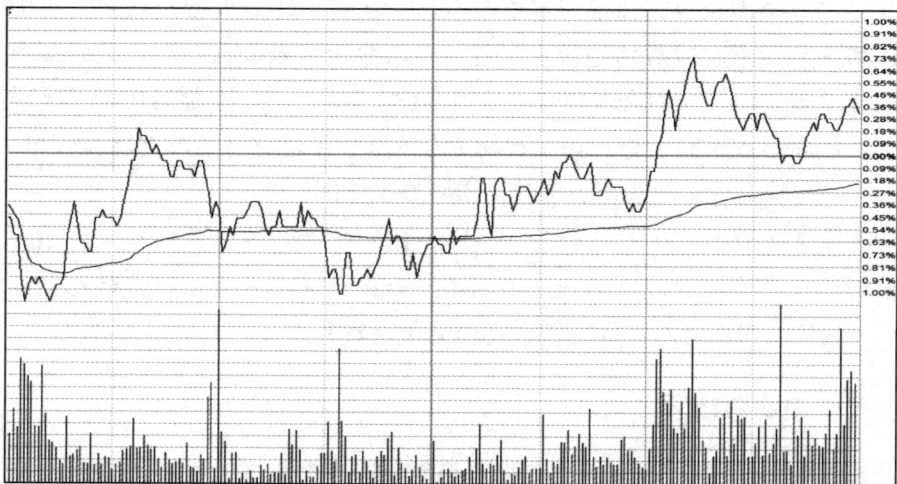

图2-5 中途调整形

四、快速下跌形

快速下跌形指股价呈现自由落体运动，直线下跌，形成类似狼牙的尖角走势，其市场含义是：前期股价已经有大幅上涨，庄家获利丰厚，开始出货操作，巨单连续砸出，使股价迅速回落，形成狼牙状的尖角走势。持有此类走势的股票需谨慎操作，如果获利丰厚不妨落袋为安。投资者千万不要盲目介入，越高位形成这样的走势，风险越大。

如图2-6所示，中迪投资（000609）在开盘短暂冲高后迅速下落，成交量也迅速放大。由于空方不计成本地把筹码集中抛出，所以股价呈自由落体式快速下跌，形成尖角形态。这一般是庄家出货的信号，因为散户不太可能在短时间集中砸出如此多的抛盘。盘中多次形成这样的快速下跌走势，对应的成交量也成倍放大。相反，每次反弹的走势却很令人怀疑。虽然盘中也有多次强势反弹，甚至迅速冲过分时均价线，似乎是典型的反转走势，但仔细观察就可以看到，这样的强势反弹并没有量能的配合，很有可能是多头陷阱，是庄家在拉高出货而已。

图2-6 快速下跌形

五、普通下跌形

股票有涨就有跌。股价分时价位线向下运行，且成交量伴随股价下跌持续放大，说明持股者做空坚决，出货意图明显。盘中即使有反弹，幅度也很小且在分时均价线下运行，更重要的是没有量能的放大，说明做多意愿不强烈。持股者看到下跌形态的分时走势时应该以及时止损和观望为主。

如图2-7所示，招商银行（600036）当日平开高走，在稍做挣扎后便迅速下跌，成交量也逐步放大。这说明场内资金做空意愿强烈，杀跌盘蜂拥而出。股价下跌导致很多资金跟风出逃，而成交量的放大又加速了股价的下跌，如此恶性循环，股价迅速下探也是情理之中的事。盘中虽然偶有反弹，但成交量非常有限，说明做多意愿淡薄，其持续性显然不能得到维持，短暂反弹后便遭来更多卖盘的打压，股价重新下跌。如此波波下探，最后该股几乎跌停。因此，投资者在看到放量下跌、反弹无量的下跌形态时应及时回避风险。

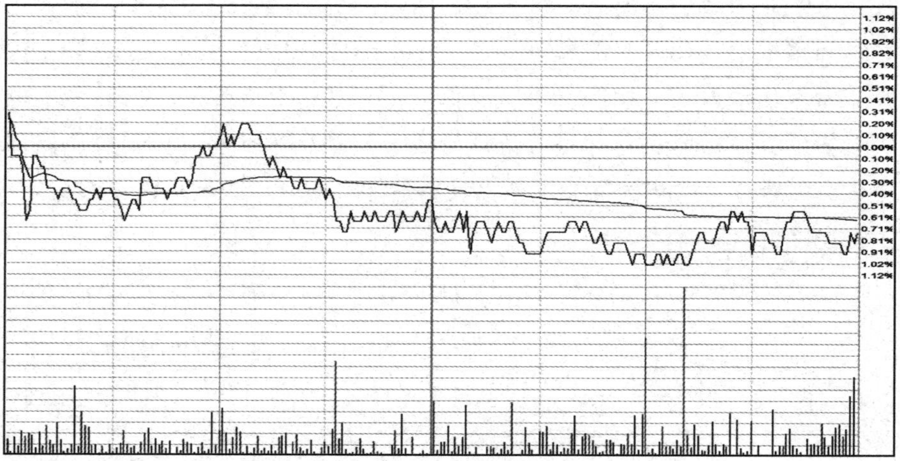

图2-7 普通下跌形

第四节

分时图看盘要点

一、留意集合竞价

集合竞价即在每个交易日上午 9：15 ～ 9：25，由投资者按照自己所能接受的价格按规定进行买卖申报，由电脑交易处理系统对全部申报按照价格优先、时间优先的原则排序，并在此基础上，找出一个基准价格，使它同时能满足三个条件：成交量最大、高于基准价格的买入申报和低于基准价格的卖出申报全部满足（成交）、与基准价格相同的买卖双方中有一方申报全部满足（成交），该基准价格即被确定为成交价格。集合竞价方式产生成交价格的全部过程完全由电脑交易系统进行程序化处理，最后将处理后所产生的成交价格显示出来。

集合竞价方式的原则是价格优先、时间优先，体现在电脑主机上就是将所有的买入和卖出申报价格按由高到低排出序列，同一价格下的申报原则按电脑主机接受的先后顺序排序。在集合竞价过程中，若产生一个以上的基准价格，即有一个以上的价格同时满足集合竞价的三个条件时，沪市选取这几个基准价格的中间价格为成交价格，深市则选取离前收盘价最近的价格为成交价格。

二、关注开盘价

在分时看盘中，分析开盘价是非常关键的。开盘价就像一个人早起时的精神面貌：高开说明斗志昂扬，平开还算端庄，低开则是萎靡。一个好的精神状态甚至可以使股价一天都表现良好。

假如一个正处于主升的品种，低开、高开、平开都是有一定含义的。主升中的低开常常隐藏杀机，尤其在上涨了相当的幅度后，一个低开足以"致命"。在分时观察中要注意以下几种现象：

（1）如果开盘后立即上攻，盘口显示出很强的攻击盘，但是盘中整理时却莫名其妙地跌破开盘价，一度创出新低，收盘前再度拉高。这种走势其实已经蕴含了一种多空的转换，如果做盘资金坚决，那根本不可能让别人拣到低价位筹码，因为资金在拉高时，本身就是在承接。而出现了比其承接价还低的价位，无疑是让场外的成本低于他的成本，这就像从主力的口袋里掏钱，是主力所无法容忍的，一旦出现这种走势，需要的是慎重和观望。

（2）如果开盘后略微上攻后即迅速跌破开盘价，且始终无法再冲破开盘价位。如果这种走势是在阴线的后面，所透露的盘面信息是不给前一天的高位买入者解套的机会；如果盘中持续低走，是一种极其弱的态势。

（3）如果开盘后一度短时间上攻，且回跌破了开盘价后，还是能够继续创新高。这里要观察新高和前期高点的幅度，如果只是略微地创出了新高，那持续创新高的力度就值得怀疑。如果正处于主升通道的一只股票，在分时走势中反复给投资者在开盘价位下的"绿色海洋"中建仓的机会，则当天走势很可能是以调整为主，不会有太过凶猛的涨势，即使尾市出现拉抬，投资者也要慎重考虑是否这时介入。

三、开盘后看盘要点

开盘不仅仅是前一交易日的延续，而且还是当日交易走向的先期预演。当日开盘后30分钟股指与个股的走势，是对当日的运行方式研判的重要依据。对开盘的认知较为深刻的投资者，往往能从当日开盘细节中看出当日股市运行趋势，并做出相应正确的买卖交易决策。

（一）要确认开盘的性质

1. 呈现高开走势

相对于前一日收盘价而言，若高开，说明人气旺盛，抢筹码的心理明显，市势有向好的一面；但如果高开过多，使前日买入者获利丰厚，则容易造成过重的获利回吐压力；如果高开不多，则表明人气平静，多空双方暂无恋战的情绪。

2. 呈现低开走势

如果股价低开，则表明获利回吐心切或亏损割肉者迫不及待，故趋势有转坏的可能。如果在底部突然走高，且幅度较大，常是多空双方力量发生根本性逆转的时候，因此，回档时反而构成进货建仓良机；反之，若在大势已上涨较多时发生大幅跳空，常是多方力量最后喷发的象征，表明牛市已走到了尽头，是出货的较好时机。在底部的大幅低开常是空头歇斯底里的最后一击，此时是投资者建仓的好机会；而在顶部的低开则证明人气涣散，持有者皆欲争先出逃，是走势看弱的表现，其后虽有反弹，但基本上一路下泻。

在大势上升中途或下降中途的高开或低开，一般有继续原有趋势的意味，即上升时高开看好，下跌时低开看淡。

（二）重视开盘后30分钟

经过上一交易日后的思考，投资者所做出的投资决策大多是较为坚决且接近理性的，在开盘后的30分钟里最能反映多空双方的力量对比，所以从此期间大致可以研判全天的走势。通常，一般短线散户更多地喜欢将手里要了结的股票在头30分钟内抛掉，而在当日最后30分钟决定是否买进股票。而市场主力做盘也喜欢在开盘30分钟完成当日的拉高、试盘、洗盘等任务，因为在这段时间人们的投资心理最浮躁，最希望得到某种方向的指引。

一般来说，多头为了顺利吃到货，开盘后常会迫不及待地抢进，而空头为了完成派发，也会故意拉高，于是造成开盘后的急速冲高，这是强势市场中最常见的情形。而在弱势市场中，多头为了吃到便宜货，会在开盘时即向下砸，而空头胆战心惊，会不顾一切地抛售，造成开盘后的急速下跌。

1. 第一个10分钟

多空双方之所以重视开盘后的第一个10分钟，是因为此时盘中买卖量都不是很大，因此用不大的量即可以达到预期的目的，主力机构通过集合竞价跳空高开拉高或跳空低开打压，借此测试抛压和跟风盘的多寡，借以对今日的操作计划进行修正。

2. 第二个10分钟

在第二个10分钟多空双方进入休整阶段，一般会对原有趋势进行修正。如空方逼得太猛，多头会组织反击，抄底盘会大举介入；如多方攻得太猛，空头也会予以反击，获利盘会积极回吐。因此，这段时间是买入或卖出的一个转折点。

3. 第三个10分钟

在第三个10分钟因参与交易的人越来越多，买卖盘变得较实在，虚假的成分较少，可信度较高。这段时间的走势基本上为全天走势奠定了基础。此时，投资者应密切注意个股量价配合的情况、委买单与委卖单的多寡，以研判大势是"走多"还是"走空"。一般而言，开盘委比达到2倍以上，显示人气旺盛，短线资金入场；反之，则表示短线资金离场观望。如两者相差不大，则需观察是否有大手笔委托（买卖）单，同时应结合前期量价趋势加以分析。

（三）判断开盘后30分钟价格趋势

投资者想要正确地把握股价的走势特点与规律，可以以开盘价为起点（因为开盘价是多空双方都认可的结果，也是多空力量的均衡位置），把开盘后的第一个10分钟、第二个10分钟、第三个10分钟指数或价位连成三条线，以开盘30分钟的走向预测当日的价格趋势。

在通常情况下，股价走势会沿开盘三线的方向运行。如果开盘三线在9∶40、9∶50、10∶00始终在开盘平行线上方移动，且一波比一波高，为涨势盘面；如果开盘三线一路走低，始终在开盘平行线下方移动，并且与平行线的距离越拉越大，此为跌势盘面；如果开盘三线始终沿开盘平行线上下波动，且波动幅度上下相当，则为震荡盘面。

四、盘中的看盘要点

在 10 点以后，股市进入另一个多空双方搏杀阶段。股价在盘中走势，无论是探底回升、窄幅震荡，或冲高回落，全部体现控盘主力的操作意图。盘中运行状态一般有以下几种情况：

（1）大盘处于上升途中，个股若平开高走，回调不破开盘，股价重新向上，表示主力做多坚决，投资者应待第二波高点突破第一波高点时加仓买进。

（2）大盘低位时，个股如形成 W 底、三重底、头肩底、圆弧底时，无论其高开低走还是低开低走，只要盘中拉升突破颈线位，回调不破颈线位时，投资者便可挂单买进。

（3）大盘下跌时，若个股低开低走，击破前一波低点，多是主力看淡行情，应离场观望。

（4）大盘趋弱时，个股高开低走，反弹无法翻红时，投资者宜在无法翻红时获利了结，以免在弱势中高位被套。

（5）个股低开高走。若探底拉升超过跌幅的 50% 时，此时股价回调跌不下去，表示主力做多信心十足，可于昨日收盘价附近跟进。

（6）个股升势中，若高开低走，两波反弹无法创出新高。此刻若放出大量，则是主力利用高开吸引投资者跟风追涨，进行派发。

（7）个股低位箱体走势，无论高开低走、平开平走、低开平走或向上突破时均可跟进；若是高位箱体突破时，应注意风险。当日股价走势出现横盘，最好观望，以防主力震荡出货。

（8）个股箱体走势后下破箱体时，可在箱底卖出。无论高开平走、平开平走或低开低走，尤其在箱体呈现大幅震荡时，一旦箱体低点支撑失守，显示主力已失去护盘能力，至少短线向淡，暗示新一轮的跌势开始，投资者应毫不犹豫斩仓出局。

五、尾盘看盘要点

尾盘不仅对当日多空双方交战起到总结作用，而且还决定次日的开盘走势，所以，股票市场波动最大的时间段是在临收市半小时左右。此时股价常常异动，是主力取巧操作典型手法的表现，因此尾盘效应应格外重视。

（一）修正尾盘

前市收盘是多空双方都进入休整的时间，前市尾盘的最后拼搏，已能表现出多空双方的强弱。因此依据前市尾盘的修正，便基本可以判断后市的走势。

首先，找出前市的最高价与最低价，并计算出其中间价；然后，以前市收盘价与前市最高价、最低价、中间价进行比较，判断其后市的走势。

如果用前市收盘价与最高价、最低价、中间价相比较，前市收盘价在最高价与中间价之间，那么尾市多方将强于空方，股价将逐步震荡走强或再创新高。如果用前市收盘价与最高价、最低价、中间价相比较，前市收盘价在最低价与中间价之间，那么尾市空方将强于多方，股价将逐步震荡下挫或再创新低。

（二）判断次日走势

1. 上涨中

（1）如果尾盘量缩价涨，这种情形在涨势中多为高潮阶段时的惜售现象，次日股价通常多以跳空高开为主，前一日尾市没有买入的投资者，一般多会追涨买进。

（2）如果尾盘急速下跌而成交量放大，次日一般以平开或高开方式开盘，这是主力或机构洗盘的特征。

（3）如果尾盘量增价涨，表示股市人气旺盛，看涨心态浓厚，次日一般以高开方式开盘。

2. 盘整中

（1）如果尾盘量增价跌，次日一般以平盘或低开方式开盘居多，以这种现象开盘往往代表上攻资金参与不积极，预示大盘将转入调整或下跌阶段。

（2）如果尾盘量增价涨，这表明当日大盘攻势强劲，多方明显强于空方，次日一般以平开或高开方式开盘。

（3）如果突破关键关口时量价俱增，说明多方信心十足，致使成交量与价格同步增加，次日一般以大幅高开方式开盘，然后再走出高开低走回档盘整的走势。

3. 下跌中

（1）如果尾盘量缩价跌，且大盘处于跌势中，说明空方强于多方，次日将小幅低开开盘，再急速或逐步下跌。

（2）如果尾盘价涨成交量也放大，K线收中阴，次日一般以平盘方式开出，然后往下逐步下跌，或直接向下跳空下行。

（3）如果尾盘价涨成交量也放大，K线报收小阴或小阳，说明尾盘量价俱增，配合KDJ等指标分析，次日将以高开方式开盘，呈震荡反弹走势。

六、分析买卖盘

买卖盘即买盘和卖盘。买盘与卖盘指的是买价最高前五位揭示和卖价最低前五位揭示，是即时的买盘揭示和卖盘揭示。买卖双方的出价与数量构成盘口表现中的买盘和卖盘，市场投资者能够直接看到的是"买一"到"买五"和"卖一"到"卖五"的买卖委托以及"内盘""外盘"和"委比""量比"等概念。

买卖盘中包括散户买卖盘与庄家买卖盘。一般主力庄家的买盘和抛盘多数是数量较大、价位集中；散户的盘口表现数量较少、价位分散。庄家盘是行情的主导力量，按照"二八定律"即市场中主力盘占市场总成交的20%，散户占80%，那么这20%的主力盘往往能够起到决定性的作用。

观察分析买卖盘细节，是解读盘口语言的核心。股市中的主力经常在此挂出巨量的买单或卖单，然后引导股价朝某一方向运行。许多时候，大资金时常利用盘口挂单技巧，引诱投资者做出错误的买卖决定。例如，有时主力刻意挂出大的卖盘，以动摇持股者的持股信心，但股价此时不仅不跌，反而会上涨，这充分显示出主力刻意示弱，欲盖弥彰的意图。因此，实战看盘过程中，盯住盘口可以使投资者及时发现主力的一举一动，从而更好地把握买卖时机。

行情信息系统软件一般都为投资者提供五档的买卖盘情况。在这五档的买卖盘中，前三档信息是最重要的，即个股即时走势中买一、买二、买三和卖一、卖二、卖三的情况。这几档的买卖盘是个股庄家表演的舞台，主力的动向经常会在这里暴露出来。投资者只要在看盘的过程中能够细心观察，就不难发现主力的动向。

下面详细介绍买卖盘中前三档的看盘要点。

1. 解读买一、卖一

例如，某股卖一的价格为5.93元，只有45手挂单，买一5.91元处有20手挂单。在成交明细中显示成交价为5.91元，成交数量是25手，而卖一处显示只减少了20手。出现这种情况，显然表明在此次成交中，主力在盘中进行了对倒。

2. 解读买二、买三、卖二、卖三

在盘口不断有大单在卖二、卖三处挂出，并且不断上撤，而在买二、买三处的挂单却很小。最后出现一笔大买单，一口吃掉上方所有的卖单，同时股价出现大幅拉升。出现这种情况，一方面是主力在显示实力，另一方面是为了引诱跟风者买进，主力和跟风者两者合力形成共振，可以减少主力拉升股价的压力。这种情况一般会在股价处于刚刚启动的初期出现，投资者在看盘过程中如果遇到这种走势的个股时，就可以大胆跟进。

3. 庄家小规模暗中吸筹

有时买盘较少，买一、买二、买三处只有10～30手挂单，在卖单处也只有几十手挂单，但卖盘一直大于买盘，并不时出现抛单。在交易过程中，买一处的挂单却没有明显减少，有时买单反而增加，且价位不断上移。出现这种现象的主要原因是主力同时敲进买卖单。此类股票如果股价蛰伏于低位，投资者可作中线关注，在大盘弱市时尤其要注意。一般此类股票主力运作周期比较长，投资者要有耐心。

七、分析内外盘

内盘和外盘这两个数据大体可以用来判断买卖力量的强弱。若外盘数量大于内盘，反映了场内买盘承接力量强劲，走势向好；若内盘数量大于外盘，则反映场内卖盘汹涌，买盘难以抵挡，走势偏弱。

由于内盘、外盘显示的是开市后以"委卖价"和"委买价"各自成交的累计量，所以对判断目前的走势强弱有益。如果"委卖价"与"委买价"价格相差很大，说明持币者追高意愿不强，持有者惜售心理较强，多空双方处于僵持的状态。

主动性买盘就是对着卖盘一路买，每次成交时箭头为红色，委卖单不断减少，股价不断往上走。在股价上扬的过程中，抛盘开始增加，如果始终有抛盘对应着买盘，每次成交箭头为绿色，委买单不断减少，使得其股价逐渐往下走，这就是主动性卖盘。一般而言，盘中出现主动性买盘时，投资者可顺势买进做多；盘中出现主动性卖盘时，投资者可以顺势卖出做空。在这种情况下投资者要注意不要逆市操作，否则很容易吃亏。

从理论上讲，内盘和外盘的数值可以反映主动卖出和主动买入量的大小。有不少人将此作为短线买卖的参考依据。但内盘和外盘的数值有时并不是真实的，主力为了迷惑散户会故意制造出虚假的内盘和外盘，散户股民如果没有一定的研判能力，往往容易上当。

散户在利用内外盘的大小判断股票的走势时，一定要同时结合股价所处的位置和成交量的大小，更要关注股票走势的大形态。具体注意事项包括以下几点：

（1）当股价处于低位上升的初期或主升期时，如果连续几天都出现外盘大于内盘的现象，则是大资金进场买入的表现。遇到这种走势的个股时，投资者应该密切关注其走势动态，一旦股价启动，就应该立刻跟进。

（2）当股价处于高位上升的末期时，出现外盘小于内盘的情况，则是大资金卖出的表现。此时，投资者就应该谨慎，如果持有该股的话，一旦发现股价上涨无力，就应该果断出局。如果投资者此时是在场外观望的话，就不要轻易进场操作。

（3）当股价在低位上升的初期或低位横盘区时，出现外盘远小于内盘的情况，不管日线是否收阴，只要一两日内股价止跌向上，往往是大资金在诱空，主力打压股价其实是在逢低买入。出现这种走势的个股，一旦股价走强，投资者就可以进场参与操作。

（4）当股价处于高位的上升期或高位横盘区，出现外盘远大于内盘的情况，但股价滞涨或尾市出现拉升时，无论是收阴还是收阳，往往都是大资金在诱多的信号，主力拉升是假，实际上是在出货。此时，投资者应该特别谨慎，一定不要去碰这种走势的个股，因为操作这类股票的风险极大。如果投资者持有该股的话，一旦出现上涨无力的现象，就要坚决卖出。

八、分析大的买卖单

投资者在看盘的过程中，经常会发现盘面上有大买卖单出现，这些大买卖单在不同的时期以及在股价处于不同价位时出现，其所代表的意义是不一样的。一般情况下，4位数以上的买卖盘都可以认为是大买单与大卖单。投资者要关注一些有异动的大单，以免错失良机。

下面讲解一些常见的大买卖单出现时所代表的盘口意义，以便投资者在看盘过程中正确地分析判断。

1. 连续的单向大买单

连续的单向大买单，显然非中小投资者所为，而大户也大多不会如此轻易买卖股票而无视亏损。大买单数量以整数居多，但也可能有零数。但不管怎样都说明有大资金在活动。

大单相对挂单较小，且并不因此使成交量有大幅改变，一般多为主力对敲所致。成交稀少得较为明显，此时应是处于吸货末期，是主力进行最后打压吸货之时。大单相对挂单较大且成交量有大幅改变，是主力积极活动的征兆。如果涨跌相对温和，一般多为主力逐步增减仓所致。

2. 大单扫盘

股价在上涨的过程中，常有大单从天而降，将卖盘挂单连续悉数吞掉，这种情况称为扫盘。在股价刚刚形成多头排列且涨势初起之际，若发现有大单一下子连续地横扫了多笔卖盘时，则预示主力正大举进场建仓，是投资者跟进的绝好时机。

3. 隐性买卖盘

在买卖成交中，有的价位并未在委买、委卖挂单中出现，却在成交一栏里出现了，这就是隐性买卖盘，其中经常隐含庄家的踪迹。出现单向、整数、连续隐性买单，而挂盘却无明显变化，一般多为主力拉升初期的试盘动作或派发初期激活追涨跟风盘的启动盘口。

一般来说，上有压单，而出现大量隐性主动性买盘（特别是大手笔），股价不跌，则是大幅上涨的先兆；下有托单，而出现大量隐性主动性卖盘，则往往是庄家出货的迹象。

4. 低迷期的大单

当某只股票长期低迷，某日股价启动，卖盘上挂出巨大抛单（每笔经常上百、上千手），买单则比较少，此时如果有资金进场，将挂在卖一、卖二、卖三档的压单吃掉，可视为是主力建仓动作。注意，此时的压单并不一定是有人在抛空，压单有可能是庄家自己的筹码，庄家在故意造量吸引注意。大牛股在启动前时常出现这种情况。

5. 盘整时的大单

当股价在某日正常平稳的运行之中，突然被盘中出现的上千手大抛单砸至跌停板附近，随后又被快速拉起；或者股价被突然出现的上千手大买单拉升然后又快速归位，表明有主力在其中试盘，主力向下砸盘，是在试探基础的牢固程度，然后决定是否拉升。该股如果一段时期总收下影线，则向上拉升可能性大，反之出逃可能性大。

6. 下跌后的大单

某只个股经过连续下跌，在其买一、买二、买三档常见大手笔买单挂出，这是绝对的护盘动作，但这并不意味着该股后市就能止跌。因为在市场中，股价是护不住的。主力护盘，证明其实力欠缺，否则可以推升股价。此时，该股股价往往还有下降的空间。但投资者可留意该股，因为该股套住了庄家，一旦市场转强，这种股票往往一鸣惊人。

第五节

分时图看盘实战技巧

一、判断大盘走势的技巧

大盘全天的走势往往瞬息万变，有时上午走势很强劲，下午可能突然跳水，而有时上午跌得很厉害，下午却可以力挽狂澜。因此，如能事先判断当日大盘是收阴还是收阳，对于有些投资者做"T＋0"或是当日的短线买股至关重要。

下面是几种准确率较高的判断方法。

（一）股指低开

若股指低开后半个小时内一路下跌，则判断当日大盘收阴的概率较高，且当日容易大跌；若股指低开后半个小时内马上补缺口一路上扬，则当日收阳的概率很高；若股指低开后半个小时内反弹，无论缺口是否补完，如果在10点左右又下跌，则判断当日收阴。

（二）股指平开

若股指开盘半个小时内一路强势上扬，则可判断当日收阳；若股指开盘半个小时内一路下跌，则可判断当日收阴；若股指开盘半个小时内先跌后涨，10点时仍处于上涨状态，则判断当日收阳。若股指开盘半个小时内先涨后跌，10点时仍处于下跌状态，则判断当日收阴。

（三）股指跳空高开

若股指跳空高开后半个小时内，一直运行在缺口上方强势上扬则判断当日大盘收阳线，可以在盘中回调时吸纳。

若股指跳空高开后半个小时内先下跌，补缺口后再上扬，在10点时股指仍处于上涨状态，应判断当日大盘收阳，但准确率没有上一种高。

若股指跳空高开后半个小时内一路下跌，在10点时股指仍处于下跌状态，则应判断当日大盘收阴，当日应小心操作。

（四）股指震荡

有时早上开盘后半个小时内，股指波动的幅度非常小，且红柱和绿柱都非常短，有时相互交错，如出现这种情况，则当日大盘容易出现大涨大跌的走势，一般以大涨居多。有时早上开盘后半个小时内，股指波动幅度非常大，呈上蹿下跳的走势，则可以判断为当日大盘将围绕开盘指数大幅震荡。

二、分时均价线的看盘技巧

分时均价线是短线尤其是超级短线实战的一个重要研判工具。分时均价线与分时价位线交叉错落，如影随形，利用两者的关系，短线投资者可以研判盘中多空力量的对比情况，并对股价的短期走势做出预测。

一般来说，前日收盘价是当天盘口多空力量的分水岭。开盘半小时内，如果分时均价线在昨天收盘价上方持续上扬，那么该股走势属于强势，且当天报收中长阳线的概率较大；开盘半小时内，如果分时均价线在昨天收盘价下方持续创出新低，则该股走势属于弱势，且当天报收中长阴线的概率较大。

投资者想要把握股价的动向，可以从股价相对于分时均价线的位置上来做判断。

（一）股价在分时均价线上方

当股价持续在分时均价线上方运行时，表明市场预期较好，买盘踊跃，当天介入的大部分投资者处于获利状态，这属于强势盘口特征。如果股价在均价线上方运行，且分时均价线从低位持续上扬时，表明市场预期提高，投资者纷纷入场，推动股价持续上涨，市场平均持仓成本不断抬高。由于分时均价线对股价形成支撑，因此该股当日上涨的概率非常大。短线投资者如果想跟进这种股票，最好是在股价回落至均价或分时均价线附近时挂单买入。

（二）股价在分时均价线下方

当股价持续在分时均价线下方运行时，表明市场预期较差，卖盘踊跃，当天介入的大部分投资者处于被套状态，属于弱势盘口特征。如果股价在均价线下方运行，且分时均价线从高位持续下挫时，表明市场预期变差，投资者纷纷离场，迫使股价不断下跌，市场平均持仓成本也随之不断下降。由于股价在分时均价线下方，均价线就会对股价形成压制，因此该股下跌的概率非常大。当股价反弹到均价线附近时，对于短线投资者来说就形成了一个卖点。如果短线投资者想抛出股票的话，就要在股价反弹至均价或分时均价线附近时挂单卖出。

（三）股价围绕分时均价线波动

当股价围绕分时均价线运行时，会出现以下两种情况。

（1）股价围绕均价线运行，全天有较大的波动。由于当日股价波动幅度较大，这就给短线投资者提供了低买高卖做"T＋0"的机会。在操作中，投资者可以在股价运行到分时均价线下方且远离分时均价线的位置挂单买进。如果想要卖出，就要在股价拉升冲破分时均价线的阻力并远离分时均价线的时候挂单卖出。当一轮极端炒作的主升浪即将结束之时，盘口拉高的股价会突然一改强势上攻的特点，击穿分时均价线大幅回落，此后如果分时均价线失而复得，得而复失，则是超短线出局的信号。

（2）股价波动幅度较小，全天处于横盘的状态。当出现这种走势时，尾盘的股价有可能突然拉升，也有可能急跌。

①遇到尾盘急拉这种情况时，如果股价处在低位，而且成交量也突然放大，这就说明有主力在尾盘扫货，此股后期上涨的概率非常大。遇到这种走势的个股，投资者就要及时跟进，即使追涨也要买进，不要担心追高被套；如果股价处在高位，尾盘拉升时，无论成交量有没有随之放大，都要提防主力采用诱多手法吸引散户跟进，以便在尾盘或者第二天达到出货的目的。

②遇到尾盘急跌这种情形，如果股价处在低位，投资者就要小心主力采用诱空的方法诱出散户的恐慌盘，以便在低位接货。这时如果成交量没有放大，换手率又较小，投资者可以继续持股；如果股价处在高位，成交量随之放大，换手率也较高，就要小心主力出货。当出现这种走势时，投资者应该在尾盘进行减仓操作，第二天一旦发现形势不妙，就要马上抛空离场。

一般来说，短线瞬间冲高，分时价位线大幅上翘，偏离分时均价线过远（3% 以上），是短线减仓卖出的好时机；短线瞬间砸低，分时价位线大幅下探，偏离分时均价线过远（3% 以上），可以考虑短线买进搏一次反弹。但是这种操作主要着眼于超短期的波动，所以最适合滚动的"T + 0"操作。

三、利用多日分时走势的操作技巧

多日分时线在绝大多数行情分析软件上都有，它是将多日的分时走势图在同一个坐标界面上显示出来，以方便投资者更直观地观察多日的股价波动趋势和主力的操盘规律。对短线操作来说，多日分时图是一个很有用的工具。

多日分时图的看盘重点有两点：一是多日股价的主要波动区间和波动规律；二是放量拉升或者下跌的波动区间，这种区间容易形成短期两三天的支撑位和阻力位。

在多日分时走势图中，一旦发现一只股票的每日波动有一定的范围和规律，那么短线投资者可以利用这个规律做"T + 0"交易，一段时间下来，获利会很可观。另外，由于多日分时图比较直观，可以很容易地画出趋势线辅助操作。一旦股价有效突破趋势线，便是短线买入或者卖出的好机会。

此外，经常使用多日分时走势图可以了解主力操盘的拉升习惯，对中小投资者跟随主力操作非常有效。要想达到这一境界，就必须多看盘，逐步培养自己的盘感。

四、分析分时量价关系

在观察指数或股价的分时走势时，利用量价关系来进行综合分析，不仅可以观察全天盘中分时走势的强弱，还可以捕捉到当天操作的时机。在大盘或个股进入震荡调整或横盘的时候，短线介入的时机应该是量价配合，或者是量价关系由反向配合转为同步配合的时候；而短线出局的机会，则是量价关系从同步配合转变为反向配合的时候。

成交量在一段时间内可能放量或是缩量，因此在分时走势图中总有相对较大的变化，也就是说在一天的走势中，会有局部的高峰或低谷。同样，无论指数或股价运行的趋势如何，即使指数或股价走直线，分时图中的成交量也会有高点或低点出现，不可能是平均分布的。

根据股价分时走势与对应的成交量变化，可以分为以下两种情况：

（一）量价同步配合

在分时走势图中，成交量变化的每一个波峰对应的都是指数或股价分时走势小波段的高点，局部放量对应的是指数或股价冲高的波段，而局部缩量对应的是盘中回调的阶段。这种情况与技术分析中通常所说的量增价涨或量缩价跌的走势是一致的，这表示大盘或个股的短线走势处在强势状态中。

（二）量价反向配合

所谓量价反向配合，就是说在分时走势图中，成交量变化的每一个波峰对应的都是指数或股价分时走势小波段的低点。局部放量集中在指数或股价盘中下跌的波段，而指数或股价的反弹波段对应的则是缩量。出现这种情况，表示大盘或个股向上运行的力度减弱，指数或股价处在弱势之中，后市将很可能调头向下或继续向下运行。

本章操作提示

打听消息、单凭经验以及单靠感觉做短线交易，犹如盲人摸象，技术分析已经成为股市实际操作的前提。出色的短线图表分析源于对图表的深刻理解。当前信息技术非常发达，各种操作软件可以随时为我们提供所需图表。原则上来说，时间越短的图表越敏感，但也越难以把握。不同的图表有不同的适用范围和特点，在利用分时图确定某只股票的买卖点时，请结合分析其他短期指标。

第三章

炒短线如何透过K线图看盘

利用K线图分析股票，是目前各种技术方法中最常用，也是最容易学习、最容易看懂和最有用的。经过人们的不断探索和完善，对于K线图的分析已经形成了一套科学的系统。经股市的检验，也证明K线分析法有很强的实际操作性和指导性。

第一节

K线图的基本知识

K线起源于日本德川幕府时代（1603—1867年）的米市交易，最初是用来计算米价每天的涨跌，后来人们把它引入股票市场价格走势的分析中，目前已成为股票技术分析中的一种重要方法。K线是用红、绿线（本书中用白色代表红K线，黑色代表绿K线）分别表示单位时间段内价格变化情况的技术分析图。由于它的形状像蜡烛，所以又称蜡烛曲线图。"蜡烛"和"曲线"的英文分别是Candle和Curve，头一个字母发音均与字母"K"的发音相似，所以简称K线。由于K线是表示买卖双方争夺的结果，是对立的，故又称为阴阳线或红黑线。

一、日K线图

所谓K线图，就是将各只股票每日、每周、每月的开盘价、收盘价、最高价、最低价等涨跌变化状况，用图形的方式表现出来。

K线图按时间划分可分为日K线图、周K线图、月K线图。为了满足不同的需要，K线图又可以细分为5分钟K线图、15分钟K线图、30分钟K线图和60分钟K线图。

日K线图是用当天的最高价、当天的最低价、当天的开盘价和当天的收盘价四个数据来画K线图。

先要找到当日的最高价和最低价，垂直地连成一条直线；然后再找出当日的开盘价和收盘价，用一根小短横线来表示，把这两个价位连接成一条狭长的长方柱体，就是通常所说的实体。

当开盘价低于收盘价时，以红色来表示，或是在柱体上留白，这种柱体就称为阳线；当开盘价高于收盘价时，以绿色表示，或是将柱体涂黑，这种柱体称为阴线。在阳线中，当最高价高于收盘价时，最高价与收盘价之间的连线称为上影线；当最低价低于开盘价时，最低价与开盘价之间的连线称为下影线。在阴线中，当最高价高于开盘价时，最高价与开盘价之间的连线称为上影线；当最低价低于收盘价时，最低价与收盘价之间的连线称为下影线。如图 3-1 所示。

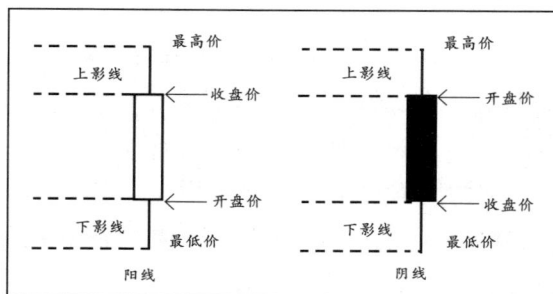

图3-1　K线

此外，周 K 线图和月 K 线图也是常用的。周 K 线图是用 1 周内的最高价、最低价、该周第一个交易日的开盘价和最后一个交易日的收盘价四个数据来画 K 线图。月 K 线图则用 1 个月内的最高价、最低价、该月第一个交易日的开盘价和最后一个交易日的收盘价四个数据来画 K 线图。周 K 线图和月 K 线图一般用来判断中期的股市行情。

二、大盘K线走势图与个股K线走势图

（一）大盘 K 线走势图

我们以常用的日 K 线图为例来解释如何看懂大盘 K 线技术走势图。如图 3-2 所示。

其中我们可以看到三个部分，上部是日 K 线走势图，中部为成交量图形，下部是某个技术指标图形，这个技术指标是可以任意选择的。

1. 技术指标

"日线"表示整幅图的变动都是以日为单位的，图中所看到的 K 线走势图就是日 K 线走势图，成交量也是日成交量，指标（指各种技术分析指标）走势图也是日指标走势图。如果本栏中显示的是"月线"，则表示整幅图的变动都是以"月"为单位的，图中所看到的 K 线走势图就是月 K 线走势图，其他情况可以依此类推。

2. 均价线采样

日 K 线图中可以显示 5 个不同时间周期的移动平均线在某一天的数值。例如，本栏中最前面的"MA5：3063.18"表明该图所显示的最后一个交易日的上证指数 5 日移动平均线位于 3063.18 点。本栏中后面的 4 条移动平均线表示方法与此相同。

3. 移动平均线走势图

日 K 线图中一般设 5 条移动平均线，分别用不同颜色表示。这 5 条移动平均线是 5 日、10 日、20 日、30 日、60 日移动平均线，这在"均价线采样"中有明确提示。通常，时间最短的移动平均线（如 5 日移动平均线）用白色表示，时间最长的移动平均线（如 60 日移动平均线）用蓝色表示，时间居中的10 日、20 日、30 日移动平均线分别用黄色、紫色、绿色表示。

4. 均量线显示栏

均量线显示栏显示当前两种不同时间周期的均量线在某日内的数值。该栏中显示"MA5：424158422"就是表示途中最后一个交易日的 5 日移动平均线的平均交易量是 424158422 手。

5. 均量线

均量线是以一定时期成交量的算术平均值在图形中形成的曲线。它是参照移动平均线的原理以成交量平均数来研判行情趋势的一种技术指标，又称为成交量均线指标。

6. 成交量柱体

绿色（黑色）柱体表示大盘指数收阴时每日、每周或每月的成交量，红色（白色）柱体表示大盘指数收阳时每日、每周或每月的成交量。如图 3-2 所反映的是大盘日线走势，因此，一条柱状线就表示一天的成交量。

7. 常用技术指标图形显示栏

常用技术指标图形显示栏可以根据采样需要任意选择技术指标，如MACD、DMI、RSI、KDJ、SAR 等指标。具体选择方法可以参照不同股票分析软件的说明。

（二）个股 K 线走势图

个股 K 线技术走势图可以全面而又细致地分析特定的股票。图 3-3 是凤凰光学（600071）的日 K 线技术走势图，其分析方法可以参阅"大盘 K 线走势图"和"个股分时走势图"。

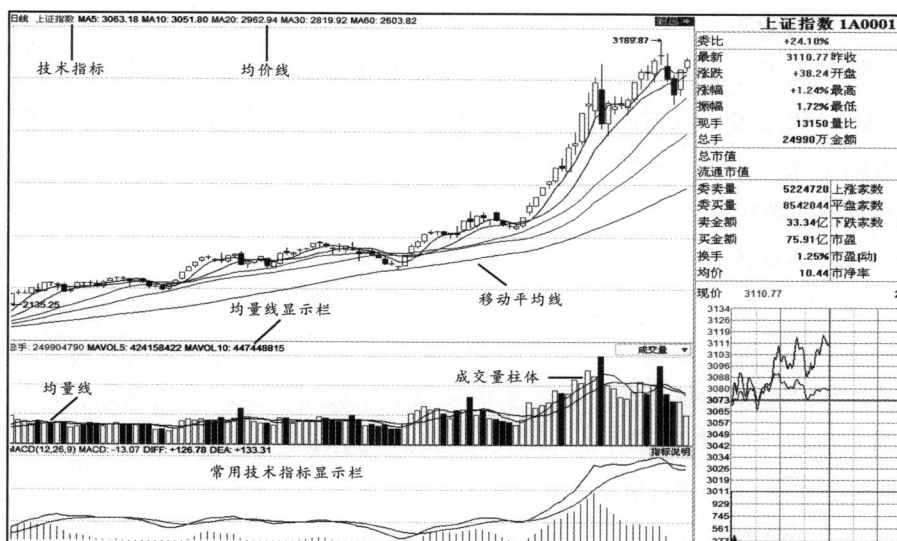

图3-2　大盘K线走势例图

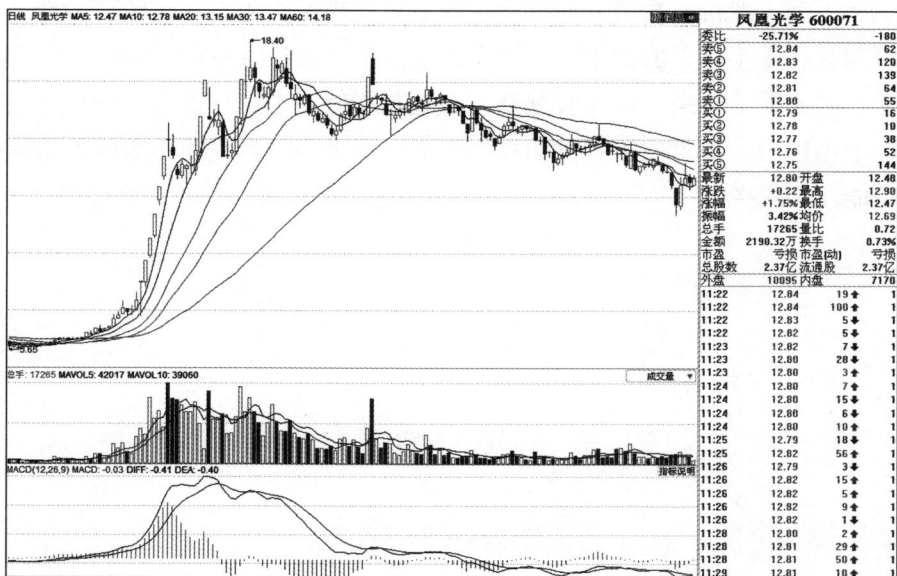

图3-3　凤凰光学日K线图

三、K线图分析要点

投资者初学K线图，需要了解下面一些前人总结出来的分析要点，这样能更好地入门。

（一）看阴阳

阴阳代表趋势方向，阳线表示将继续上涨，阴线表示将继续下跌。以阳线为例，在经过一段时间的多空博杀后，收盘时收盘价高于开盘价，表明多头占据上风，预示下一阶段股价仍将继续上涨，最起码下一阶段初期能惯性上冲。阴线则相反。

（二）看实体

看实体主要是看实体的长短，实体长短代表股价的内在动力，实体越长，上涨或下跌的趋势越明显；反之趋势则不明显。以阳线为例，其实体就是收盘价高于开盘价的那部分，阳线实体越长说明股价上涨的动力越足，内在上涨动力也越大，其上涨的动力将大于实体短的阳线。同理，阴线实体越长，则代表股价下跌的动力也越足。

（三）看影线

看影线同样要观察影线的长短。影线代表转折信号，一个方向的影线越长，越不利于股价向这个方向变动，即上影线越长，越不利于股价上涨，下影线越长，越不利于股价下跌。以上影线为例，在经过一段时间的多空斗争之后，多头败下阵来，不论 K 线是阴线还是阳线，上影线部分已构成下一阶段的上档阻力，股价向下调整的概率居多。同理，下影线预示着股价将向上的可能性大一些。

第二节

单根K线图

K 线图的独到之处在于，利用单根的 K 线形态即可初步判断市场的强弱。单根 K 线图有以下 12 种典型形态。

一、大阳线

大阳线表示最高价与收盘价相同（或略高于收盘价），最低价与开盘价一样（或略低于开盘价），上下没有影线或影线很短。从一开盘，买方就积极进攻，中间也可能出现买方与卖方的斗争，但买方发挥最大力量并始终占据优势，使股价一路上扬，直至收盘，表示市场涨势强烈。如图 3-4 所示。

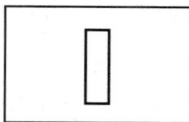

图3-4 大阳线

投资者需要注意的是：

（1）如果在低价区突然出现大阳线，应该买进。

（2）如果长期盘整之后出现大阳线，可及时跟进。

（3）如果高价区出现大阳线时，应谨慎对待，持币观望为佳。

二、大阴线

大阴线表示最高价与开盘价相同（或略高于开盘价），最低价与收盘价相同（或略低于开盘价），上下没有影线或影线很短。表示市场跌势强烈，特别是出现在高价区域，更加危险。如图 3-5 所示。

图3-5 大阴线

投资者需要注意的是：

（1）如果在高价区出现大阴线时，是股价反转之兆，投资者应及时卖出股票，走为上策。

（2）如果在盘整之后出现大阴线，表示多数投资者看淡后市，此时投资者应卖出股票。

（3）如果在低价区出现大阴线时，表示市场的卖压并不大，投资者可持观望态度。

三、下影阳线

下影阳线表示开盘后，卖方力量较强，股价下挫，当跌幅较深时，抛盘减轻，股价回升，不断上涨，最终以最高价报收。如图 3-6 所示。

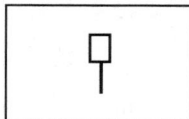

在低价区出现下影阳线时，投资者可买入。

图3-6 下影阳线

投资者需要注意的是：

（1）如果实体部分比下影线长，说明股价下跌不久，即受到买方支撑，将价格上推；冲破开盘价之后，股价还大幅度推进，表明买方实力很强。

（2）如果实体部分与下影线相等，表示买卖双方交战激烈，但大体上，买方占主导地位，对买方有利。

（3）如果实体部分比下影线短，表示买卖双方在低价位上发生激战，遇买方支撑逐步将价位上推，但从图3-6中可发现，上面实体部分较小，说明买方所占据的优势不太大，若卖方次日全力反攻，则阳线的实体很容易被攻占。

四、下影阴线

下影阴线表示开盘后，卖方力量大于买方力量，股价大幅度下跌。当跌幅较深时，部分投资者不愿斩仓，低位抛压逐渐减轻，股价反弹。如图3-7所示。

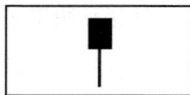

图3-7　下影阴线

投资者需要注意的是：

（1）如果实体部分比下影线长，表示卖压比较大，一开盘便将价位大幅度下压，在低点遇到买方抵抗，买方与卖方发生激战，下影线较短，说明买方把价位上推不多，从总体上看，卖方占了比较大的优势。

（2）如果实体部分与下影线同长，表示卖方把价位下压后，买方的抵抗也在增加，但可以看出，卖方仍占优势。

（3）如果实体部分比下影线短，表示卖方把价位一路压低，但在低价位上遇到买方顽强抵抗，买方随后组织反击，逐渐把价位上推，最后虽以阴线收盘，但可以看出卖方只占极少的优势。后市买方很可能会全力反攻，把小黑实体全部吃掉。

五、上影阳线

上影阳线表示在开盘后，买方发动较强的攻势，卖方难以阻挡，股价一路上升，但在收盘前，股价受卖方打压，价格回落。如图3-8所示。

投资者需要注意的是：

（1）如果实体比上影线长，表示买方在高价位遇到阻力，部分多头获利回吐，但买方仍是市场的主导力量，后市继续看涨。

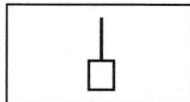

图3-8　上影阳线

（2）如果实体与上影线同长，表示买方把价位上推，但卖方压力也在增加。两者交战后，卖方把价位压回一半，买方虽占优势，但显然不如其之前的优势大。

（3）如果实体比上影线短，表示买方在高价位遇卖方的压力，卖方全面反击，买方受到严重考验。大多数短线投资者纷纷获利回吐，在当日交战结束后，卖方已收回大部分失地，这种 K 线如出现在高价区，则后市看跌。

六、上影阴线

上影阴线表示开盘后，买方力量较强，股价上涨。当涨幅较大后，卖方力量越来越强，股价下跌，并以最低价收盘，后市看跌，如图 3-9 所示。

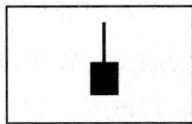

图3-9　上影阴线

投资者需要注意的是：

（1）如果实体比上影线长，表示买方把价位上推不多，立即遇到卖方强有力地抵抗，之后卖方组织反击，在把股价打压至开盘价以下后乘胜追击，再把价位下推很大一段，卖方力量非常强大，局势对卖方有利。

（2）如果实体与影线相等，表示买方把价位上推，但卖方力量更强，占据主动地位，卖方具有优势。

（3）如果实体比影线短，表示卖方虽将价格下压，但优势较少，次日开盘，买方力量可能再次反攻，黑实体很可能被攻占。

七、上下影阳线

上下影阳线表示开盘后价位下跌，遇买方支撑，买卖双方争斗之后，买方占优势，价格一路上推，临收盘前，部分买者获利回吐，在最高价之下收盘，这是一种反转信号。如在大涨之后出现，表示高档震荡，如成交量大增，后市可能会下跌。如在大跌后出现，后市可能会反弹。如图 3-10 所示。

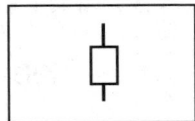

图3-10　上下影阳线

投资者需要注意的是：

（1）如果上影线长于下影线的实体，则影线部分长于实体表示买方力量受挫；实体长于影线部分表示买方虽受挫，但仍占优势。

（2）如果下影线长于上影线的实体，则实体长于影线部分表示买方虽受挫，但仍居于主动地位；影线部分长于实体表示买方尚需接受考验。

八、上下影阴线

上下影阴线表示在交易过程中，股价在开盘后虽有上攻，但随着卖方力量的增加，买方不愿追逐高价，卖方渐居主动，股价逆转，在开盘价下交易，股价逐渐下跌。随后在低价位遇买方支撑，买气转强，不至于以最低价收盘。如图 3-11 所示。

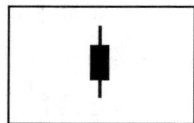

图3-11　上下影阴线

有时股价在上午以低于开盘价成交，下午买意增强，股价回至高于开盘价成交，临收盘前卖方又占优势，而以低于开盘价之价格收盘，这也是一种反转试探。如在大跌之后出现，表示低档有承接，行情可能反弹；如大涨之后出现，则后市可能下跌。

九、十字形

十字形又称十字星，表示买卖双方势均力敌。十字形可以用来判断行情是否反转，一般来说，如果十字形出现在连日上涨之后，就可能是下跌的信号；而如果出现在连日下跌之后，就可能是上涨的信号。如图 3-12 所示。

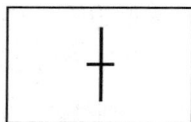

图3-12　十字形

投资者需要注意的是：

（1）如果上下影线看似等长，则表示在交易中，买方与卖方势均力敌。

（2）如果下影线较上影线长，则买方旺盛。

（3）如果上影线较下影线长，则卖压沉重。

十、一字形

一字形是四价合一的 K 线，表示成交价全天都是一样，反映出市场成交清淡，后市难有大的变化；但如果出现在涨停（跌停）处，表明买卖双方力量悬殊太大，后市方向明确，短期难以逆转。

十一、T 字形

T 字形又称多胜线，表示开盘后，卖方力量强于买方力量，股票价格下跌，但在随后，买方力量强于卖方力量，股价开始反弹，并以和开盘价一样的最高价收盘。如图 3-13 所示。

图3-13　T字形

在低价区出现该种图形时，投资者可酌情买进；在高价区出现该种图形，投资者可酌情卖出。

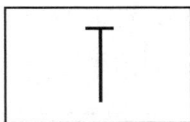

十二、⊥形

⊥形又称灵位塔形或下跌转折线。它表示开盘后，买方力量强于卖方力量，股价上涨到全日的最高价位，随后，卖方力量逐渐加强，股价受挫后下跌，以与开盘价一样的最低价收盘。如图 3-14 所示。

图3-14　⊥形

在高价区出现⊥形，投资者要酌情卖出；在低价区出现⊥形，投资者应持币观望。

第三节

多根K线组合

单根 K 线图在一定程度上只能预示未来较短时间内的股价走势，要想准确判断未来较长时间内的股价变动，就需要将近几天的 K 线组合起来分析。

以 K 线组合为分析对象，对未来股价走势进行预测，通常必须把 K 线组合放在大的长期的行情中去分析理解。

根据行情的升降，K 线组合大致可以分为三类，即上升的 K 线组合、反弹的 K 线组合和下跌的 K 线组合。

一、上升的 K 线组合

（一）两颗星

上升行情中连续出现两个或三个十字线形的组合图形即称为两颗星或三颗

星。此时股价上涨若再配合成交量放大，即为可信度极高的买进时机，股价必再出现另一波上升行情。如图3-15所示。

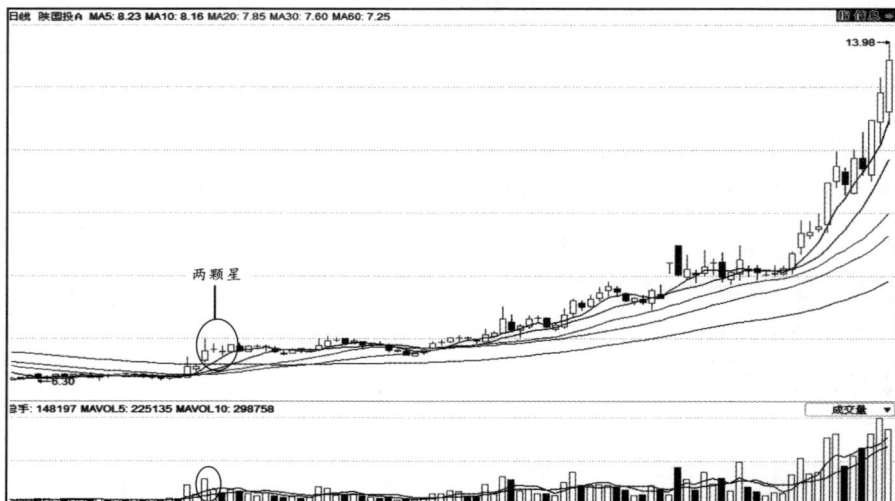

图3-15　两颗星

（二）跳空上扬

在上涨行情中，某日跳空拉出一条阳线后，即刻出现一条下降阴线，此为股价加速上涨的前兆，投资者无须惊慌，可继续持股待涨，股价必将持续前一波涨势继续上升。如图3-16所示。

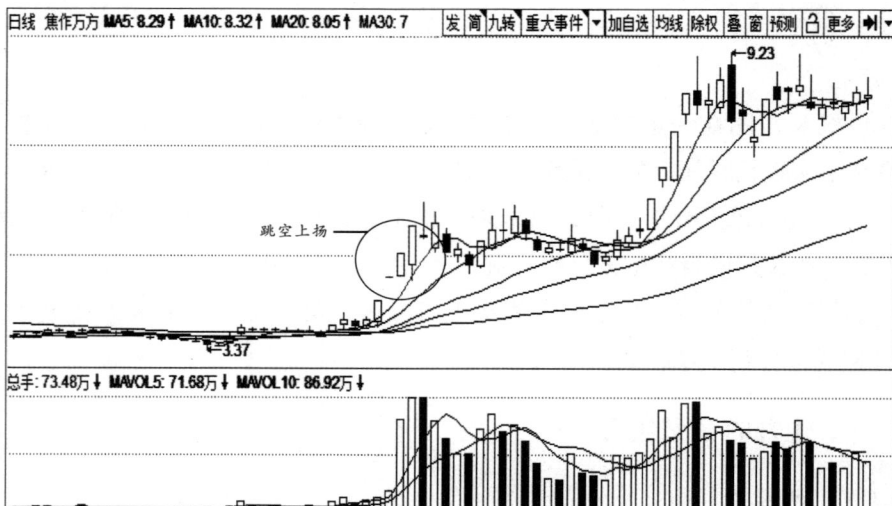

图3-16　跳空上扬

（三）上档盘旋

股价随着强而有力的大阳线上涨，在高档将稍做整理即等待大量换手，随着成交量的放大，即可判断另一波涨势的出现。上档盘整期间约为6～11日，若时间过长则表示上涨无力。如图3-17所示。

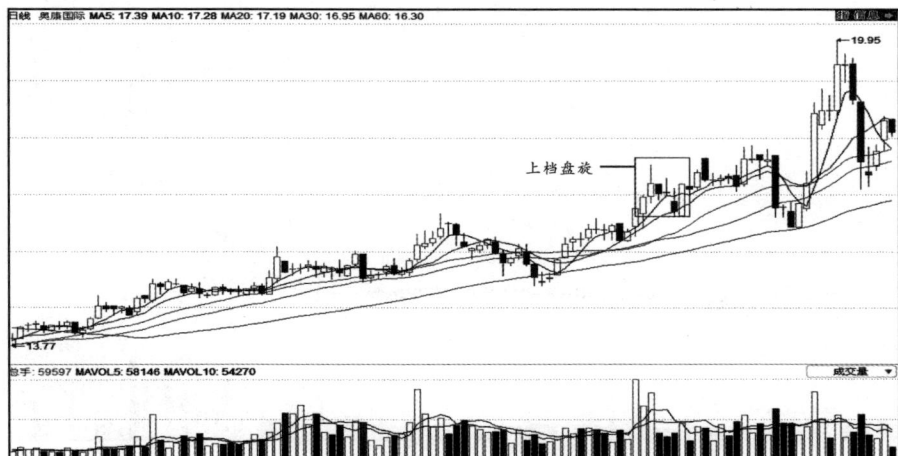

图3-17　上档盘旋

（四）双阳线

持续涨势中，某日跳空出现阳线，次日又出现一条与其几乎并排的阳线，此时，若接下来的交易日继续开高盘，则可期待大行情的出现。如图3-18所示。

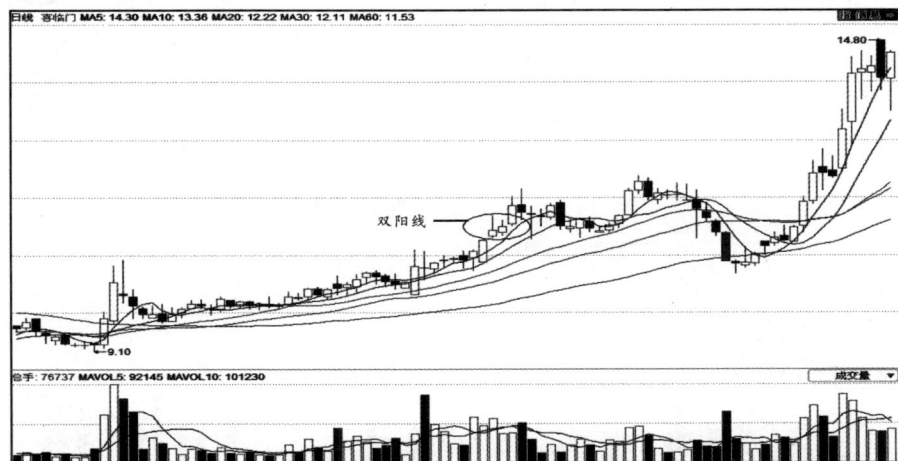

图3-18　双阳线

（五）阳线超过阴线

行情上涨途中若是出现覆盖线，表示已达高价区，此后若是出现创新高的阳线，代表行情有持续走强的迹象，股价会继续上涨。如图 3-19 所示。

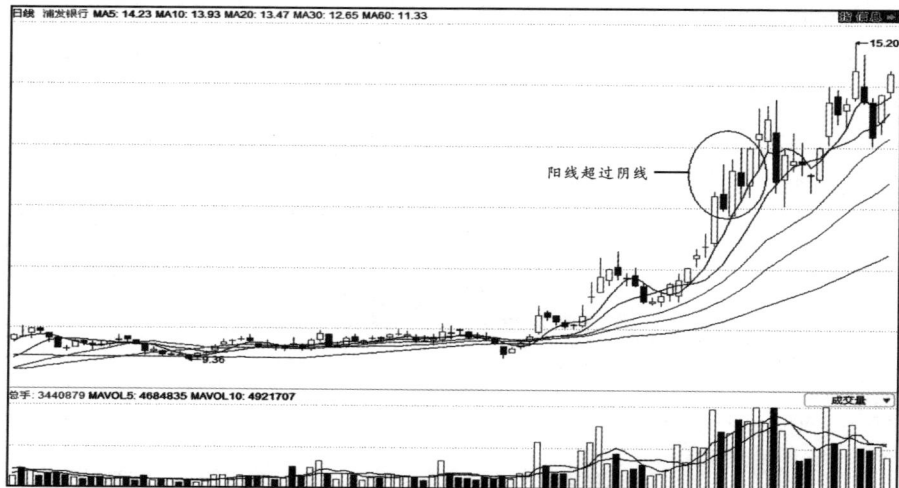

图3-19　阳线超过阴线

（六）下降阴线

在行情涨升的途中，出现的三条连续下跌阴线，为逢低承接的大好时机。当第四天的阳线超越前一天的开盘价时，表示买盘强于卖盘，应立刻买进，持股待涨。如图 3-20 所示。

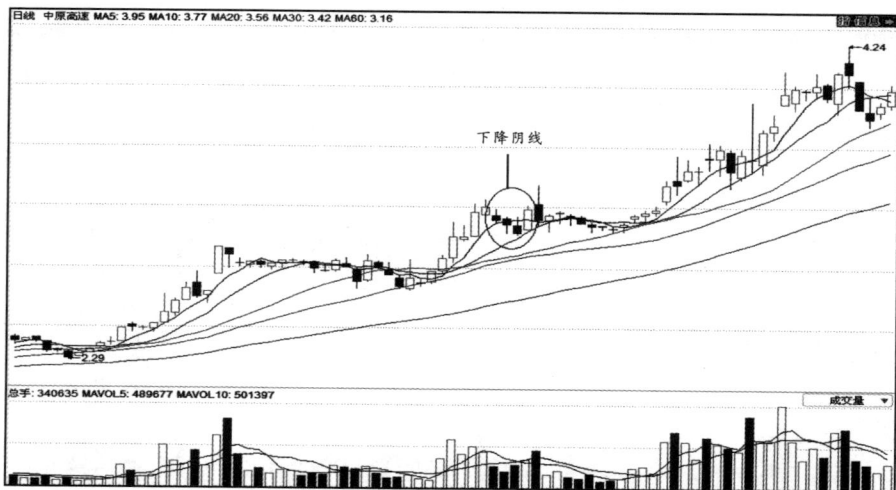

图3-20　下降阴线

二、反弹的K线组合

（一）长下影线

在低价区内，行情出现长长的下影线时，往往即为买进时机，出现买进信号之后，投资者可立即买进，也可等待行情反弹回升之后再买进，若无重大利空出现，则会出现反弹行情。如图3-21所示。

图3-21　长下影线

（二）大阴线后的小阴线

在下跌行情中，出现大阴线的次日，行情呈现一条完全包容在大阴线内的小阴线，显示卖盘出尽，有转盘的迹象，股价将反弹。如图3-22所示。

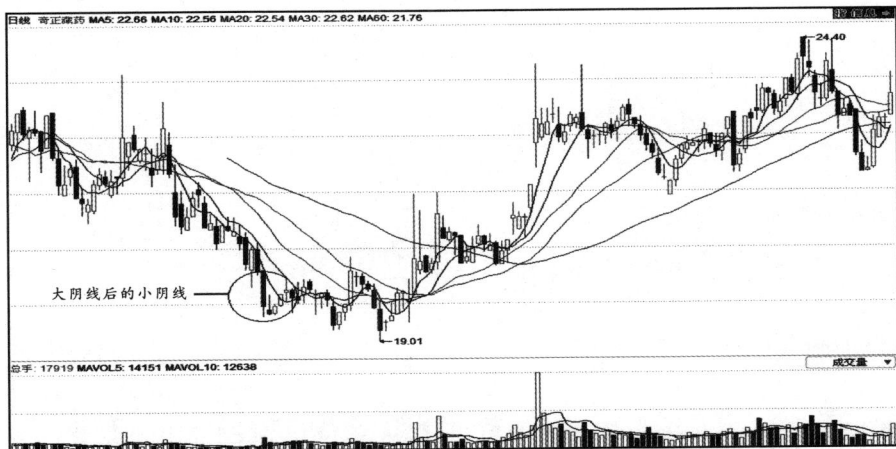

图3-22　大阴线后的小阴线

（三）五条阴线后的一条大阴线

当阴阳交错拉出五条阴线后，出现一条长长的大阴线，可判断行情已到底部，如果次日开高盘，则可视为反弹的开始。如图 3-23 所示。

图3-23　五条阴线后的一条大阴线

（四）小阳线后的大阴线

在连续的下跌行情中出现小阳线，次日即刻出现包容的大阴线，出现此种情况代表筑底完成，行情即将反弹。虽然图形看起来呈现弱势，但该杀出的浮筹均已出尽，股价必将反弹而上。如图 3-24 所示。

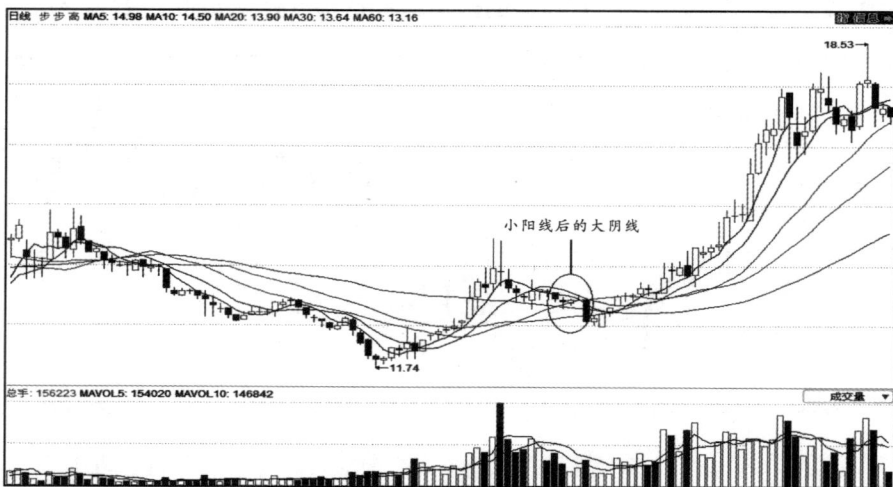

图3-24　小阳线后的大阴线

（五）下档五根阳线

在低价区内出现五根阳线，暗示逢低接手力道不弱，底部已形成，股价将反弹。如图 3-25 所示。

图3-25　下档五根阳线

（六）反弹阳线

确认股价已经跌得很深，某日行情出现阳线，即反弹阳线时，即为买进信号，若反弹阳线附带着长长的下影线，表示低档已有主力大量承接，股价将反弹而上。如图 3-26 所示。

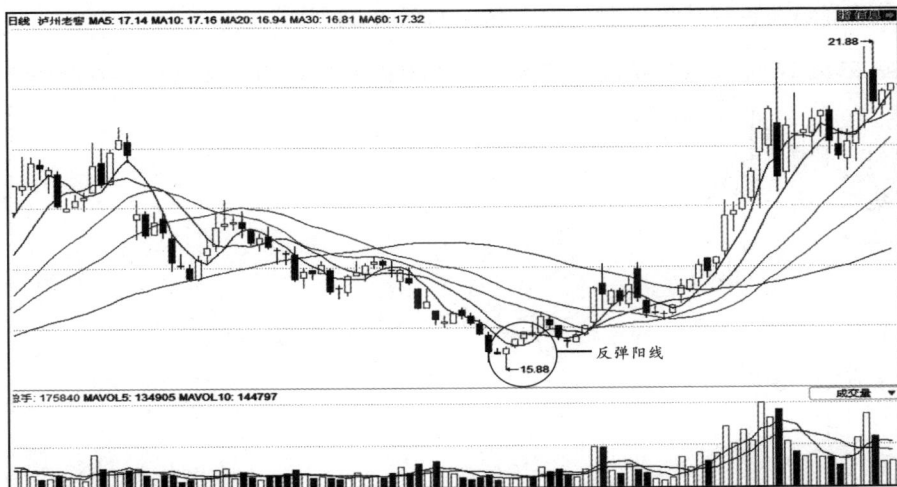

图3-26　反弹阳线

（七）十字线

在大跌行情中，跳空出现十字线，这暗示着筑底已经完成，为反弹的征兆。如图3-27所示。

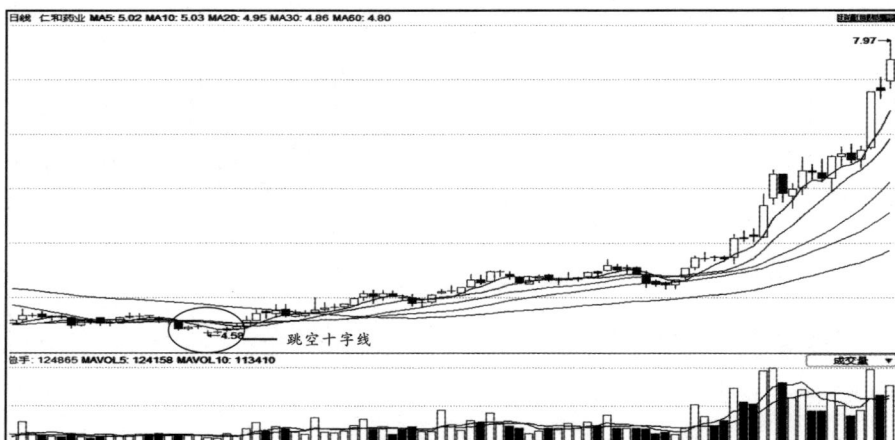

图3-27 十字线

三、下跌的K线组合

（一）高位大阴线

股价连续数天上涨之后，隔日以高盘开出，随后买盘不愿追高，大势持续滑落，收盘价跌到前一日阳线之内，这是超买之后所形成的卖压涌现，获利了结筹码大量释放出，股价将下跌。如图3-28所示。

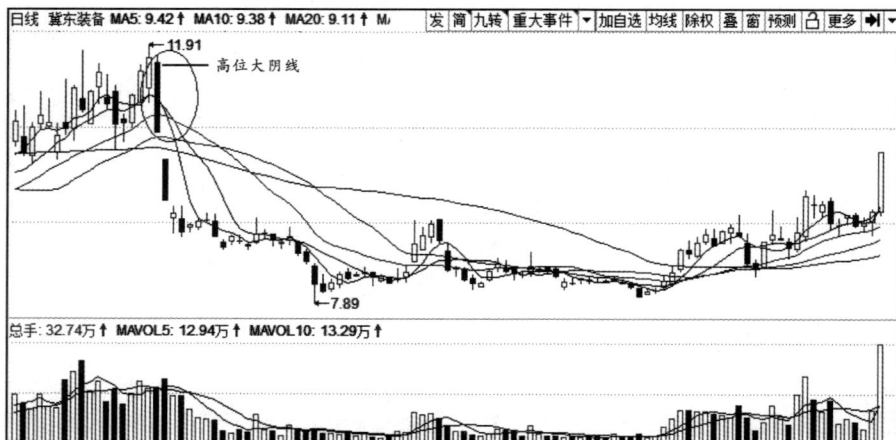

图3-28 高位大阴线

（二）大阳线后的小阴线

经过连日飙涨后，当日的开盘价在前一日的大阳线之中，并收出了一根阴线，这代表上涨力度不足，是股价下跌的前兆，若次日再拉出一根上影阴线，则可判断为股价下跌的征兆。如图3-29所示。

（三）大阳线后的小阳线

股价连续数天上涨之后，次日出现一根小阳线，并完全孕育在前日之大阳线之中，表示上升乏力，是暴跌的前兆。如图3-30所示。

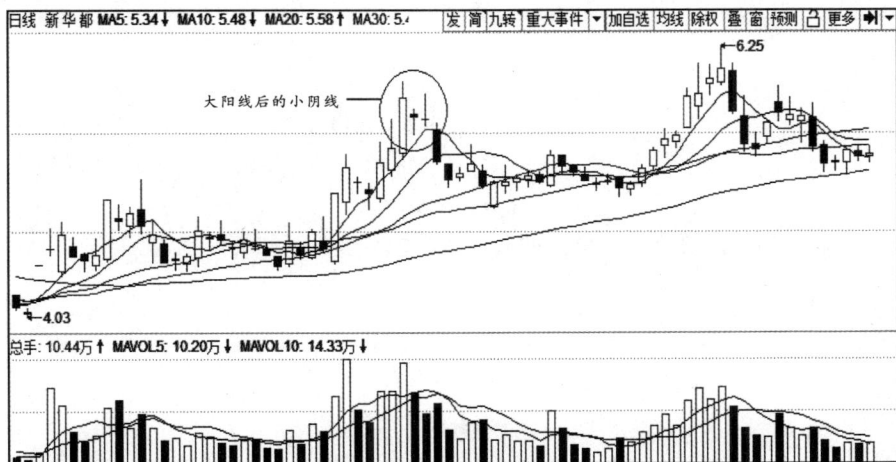

图3-29　大阳线后的小阴线

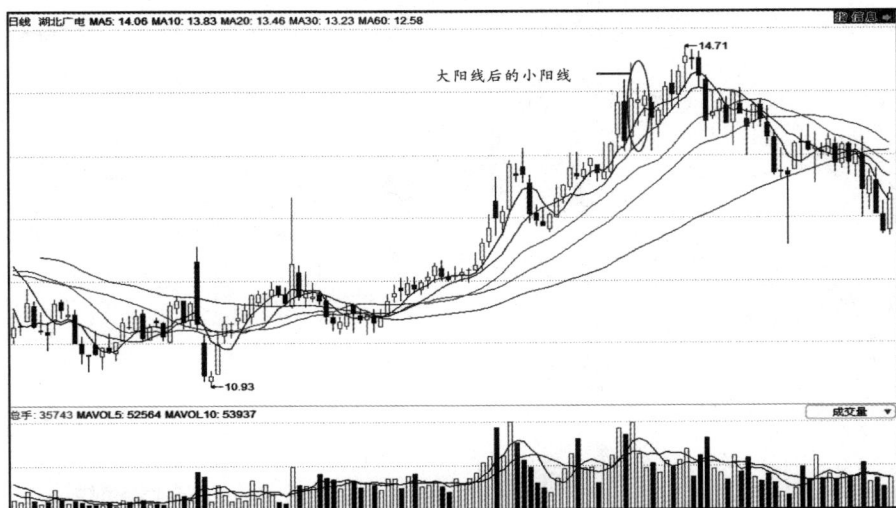

图3-30　大阳线后的小阳线

（四）高档五阴线

股价涨幅已高，图形上出现五连阴，显示股价进入盘局，此时若成交量萎缩，更加可以确信行情不妙。如图 3-31 所示。

（五）跳空下降二阴线

在下降行情中又出现跳空下降的连续两条阴线，这是暴跌的前兆。通常在两条阴线出现之前会有一小段反弹行情，但若反弹无力，连续出现阴线时，股价将继续往下探底。如图 3-32 所示。

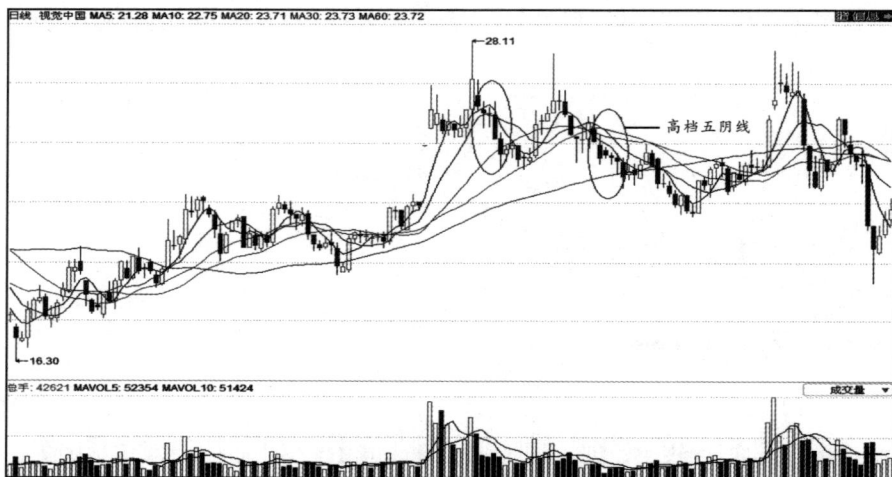

图3-31　高档五阴线

图3-32　跳空下降二阴线

四、经典K线组合

在股市中，许多有经验的人把股价的升降与K线的图形结合起来分析，总结出一些看跌或看涨的经典K线组合。

（一）早晨之星

在阴线之后，下方先出现一小阳线或小阳十字线，接着再出现跳空上升的一条大阳线。这一组合多出现在个股久跌或久盘之后，这时下方出现的小阳线犹如市场人士心目中那久盼的启明星，随后再出现一根有力上升的阳线，表明长夜已经过去，个股走势将迎来光明。所以，早晨之星组合，成为走势上升的反转点。如图3-33所示。

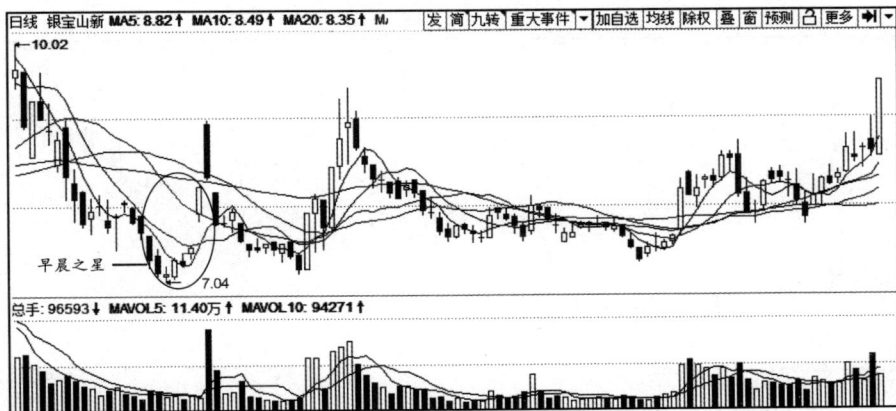

图3-33　早晨之星

（二）黄昏之星

黄昏之星恰与早晨之星组合相反，是走势反转下跌的转折点。顶部跳空的十字线在随后出现跳空下跌的大阴线形成后，终于成为一颗黄昏之星。如果顶部是中长上影的⊥字线，则又形象地称这一组合为射击之星。如图3-34所示。

（三）红三兵

K线连续出现三根阳线称为红三兵。一般认为在低档区出现红三兵，表示个股已经走出长期下跌的阴影，即将步入反弹上升之路。如图3-35所示。

（四）黑三兵

K线连续出现三根阴线称为黑三兵。在高档区出现黑三兵的组合时，表示上升走势已经完结，下跌走势即将开始。如图3-36所示。

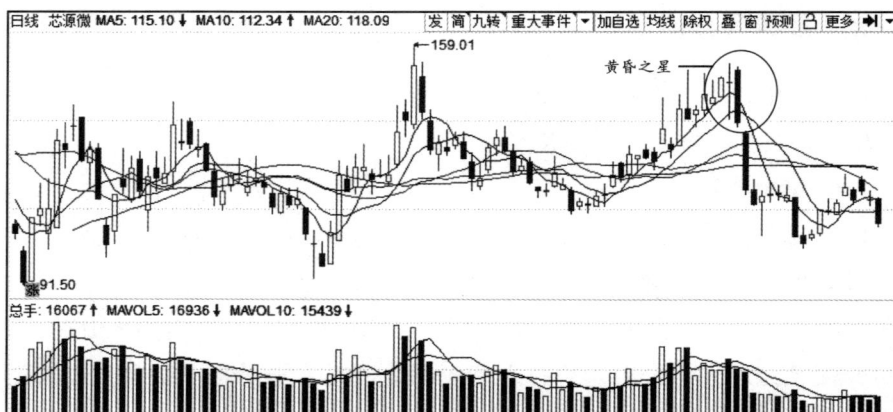

图3-34 黄昏之星

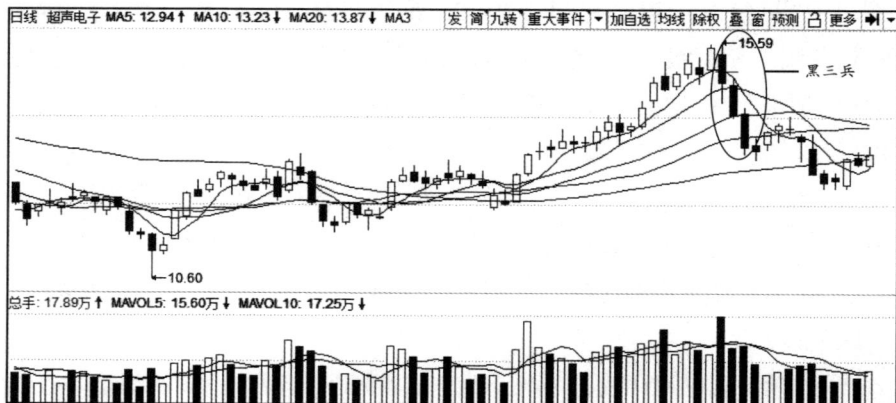

图3-35 红三兵

图3-36 黑三兵

（五）白三鹤

白三鹤在确认前容易被误认为是红三兵组合，其实它是红三兵的失败型。要想有把握的进行区分，主要应注意它们出现的区域，即是高档区、低档区还是行情中途，这种组合是"上升途中的白三鹤"，没有红三兵那样好的后势。如图3-37所示。

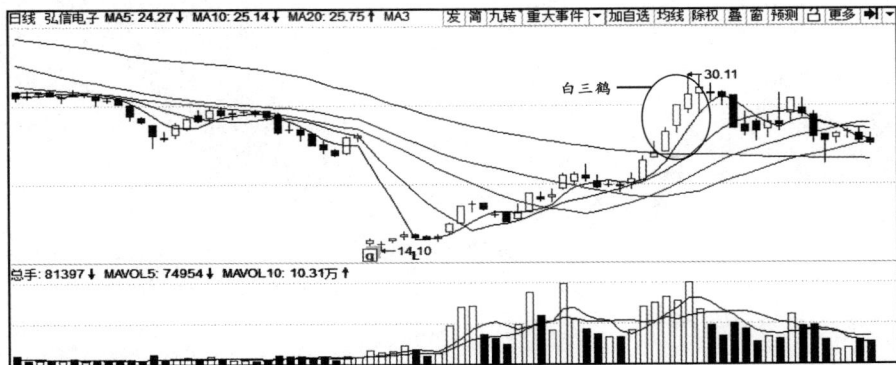

图3-37 白三鹤

（六）黑三鸦

很多人都会把"上升途中的黑三鸦"看成是"黑三兵"组合。但是这个组合却对股价不会产生大的影响。如图3-38所示。

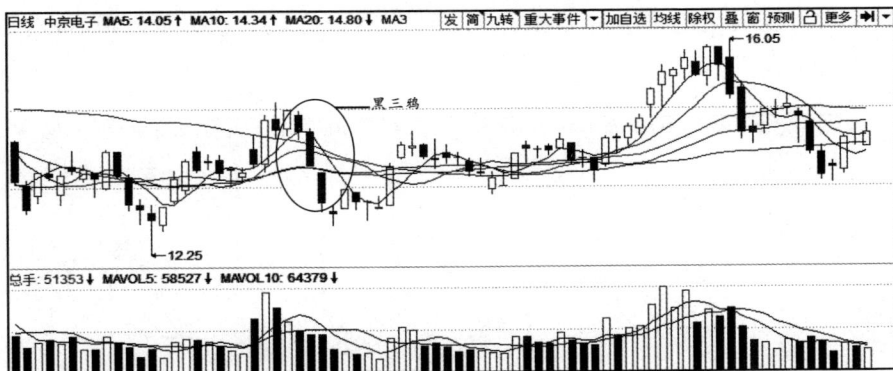

图3-38 黑三鸦

（七）强调组合

强调组合是指两条实体大致相同的K线并列的组合，即所谓双阳或双阴组合。

双阳组合中，前以阳线高收，但后开盘便将前阳尽失，不过，最终仍以前阳的高位收市，形成后一并列阳线，这后一阳线是对前一阳线的重复，是对上升方向的再次强调和肯定，故双阳组合出现，意味着后市看涨。如图3-39所示。

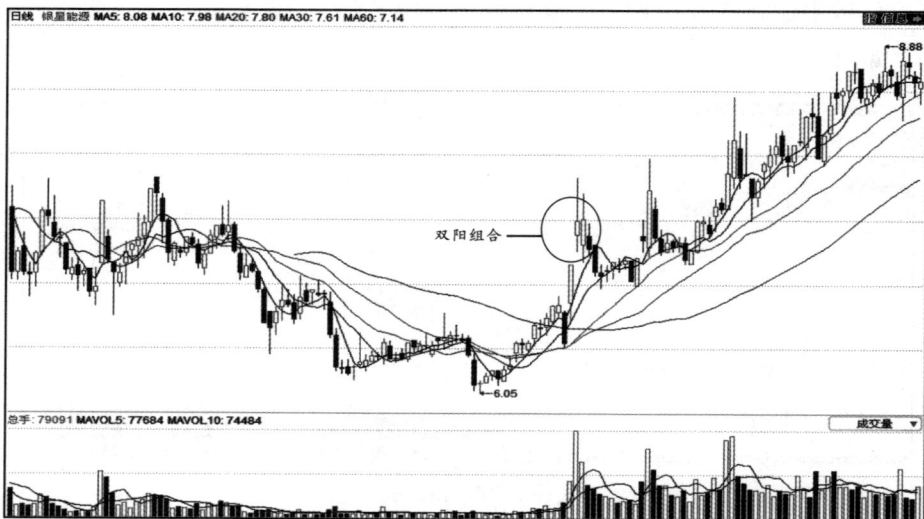

图3-39 双阳组合

双阴组合中，前以阴线低收，但后开盘便将前阴尽收，不过，最终仍以前阴的低位收市，形成后一并列阴线，这后一阴线是对前一阴线的重复，是对下跌方向的再次强调和肯定，双阴组合出现，意味着后市看跌。如图3-40所示。

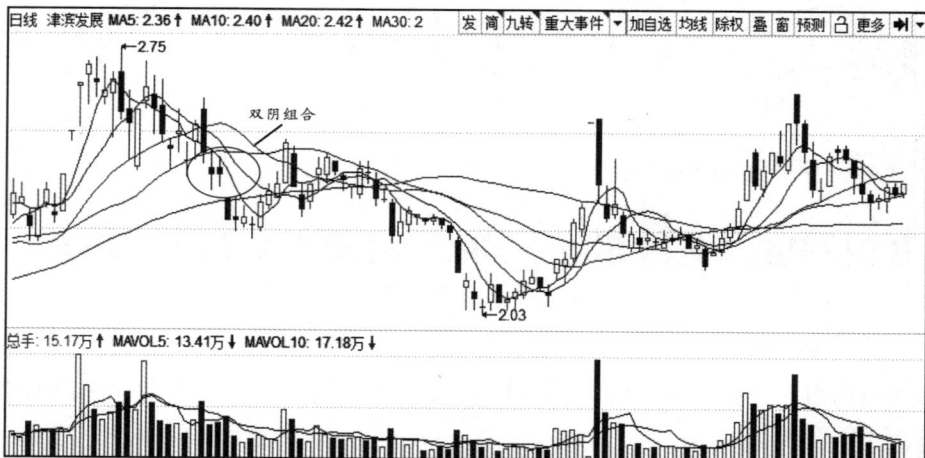

图3-40 双阴组合

（八）乌云盖顶

在价格出现阳线上涨之后，又出现阴线，且该阴线令收盘价格落到前阳线实体 1/2 以下。这一组合常在市势已经大涨一段时间，甚至创下天价的时候出现，表示市势逆转，随后将为下跌行情。如图 3-41 所示。

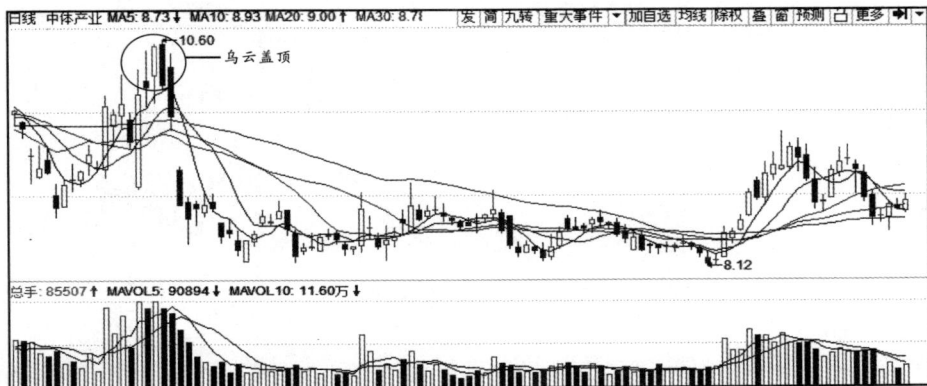

图3-41　乌云盖顶

（九）中流砥柱

中流砥柱组合相对于乌云盖顶组合，在价格出现下跌阴线之后，又出现上涨阳线，且该阳线令价格升到前阴线实体 1/2 以上。这一组合常在个股已经大跌一段时间，甚至创下地价的时候出现，表示走势逆转，随后将变为上升行情。如图 3-42 所示。

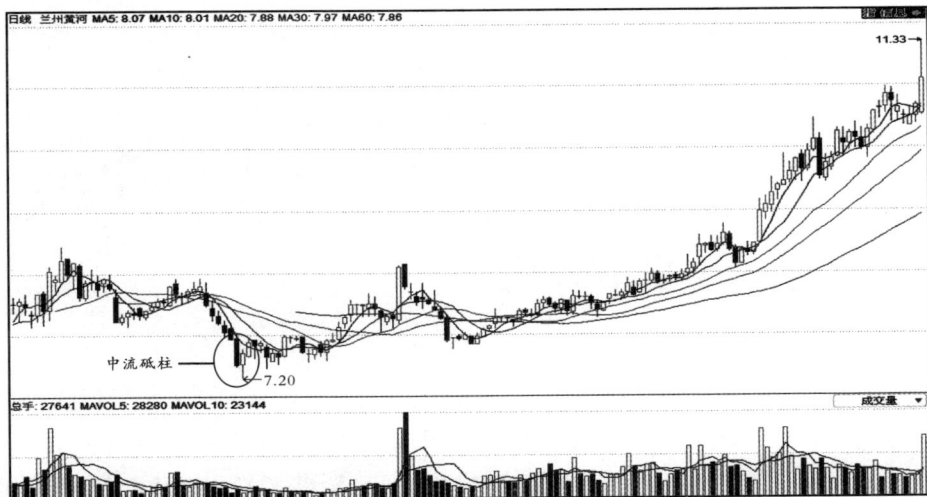

图3-42　中流砥柱

（十）孤岛组合

在经过一段上涨行情之后，出现一根跳空的阴线，形如孤岛。这一组合，尽管以阴线收盘，但股价仍比前日高，但已可窥见市场人心涣散以及前期获利盘的回吐，表示后市已不看好。如图 3-43 所示。

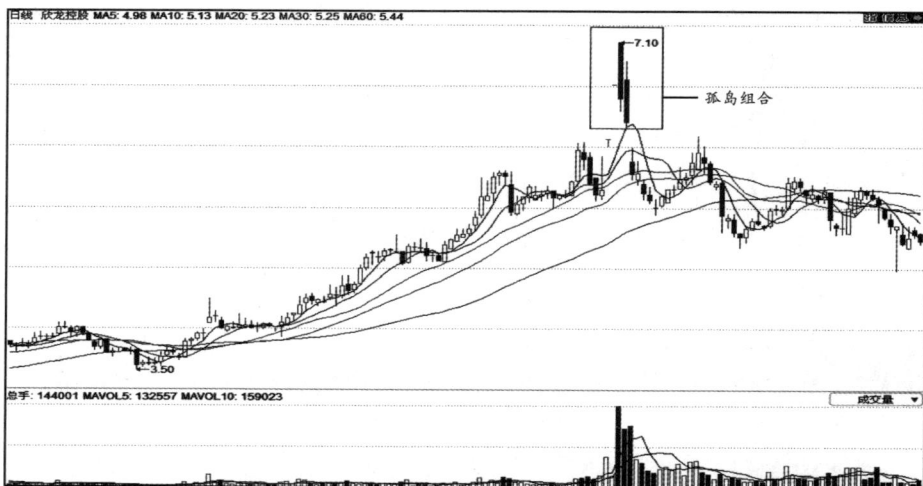

图3-43　孤岛组合

（十一）包容组合

实体间为阴阳两性，但都是当日的长实体将前日的小实体完全包容，预示后市将沿长实体的方向发展。如图 3-44 所示。

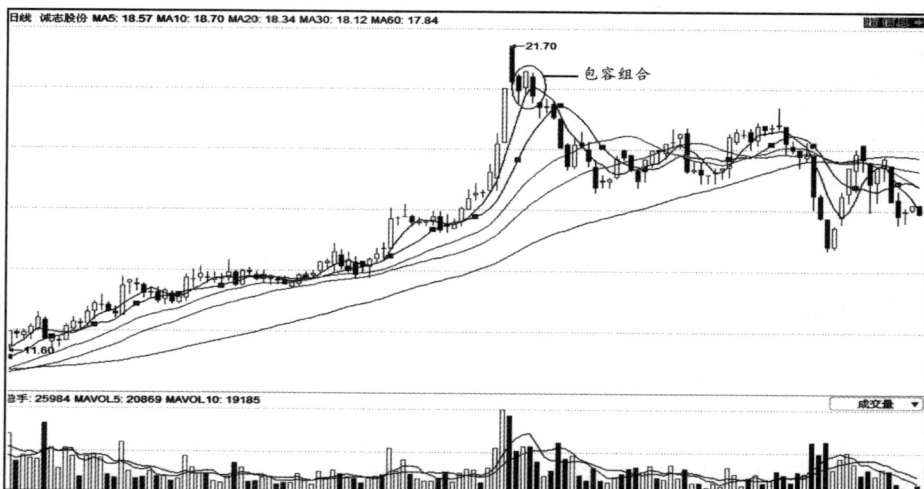

图3-44　包容组合

（十二）孕育组合

实体间为阴阳两性，但与包容组合形式相反，它是当日的小实体被前日的大实体所包容，形似为母胎所孕，故称为孕育组合。这种组合预示后市的发展方向往往为母体的方向，即阳孕阴生阳，阴孕阳生阴。如图3-45所示。

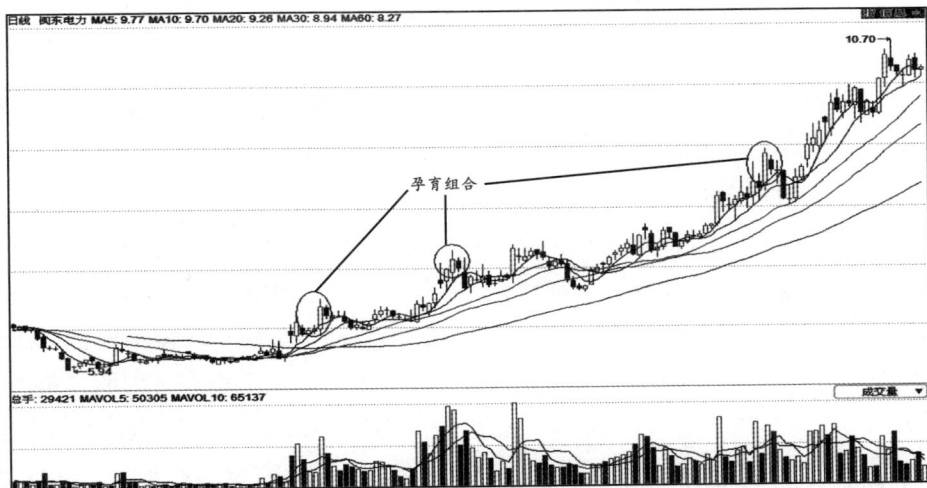

图3-45 孕育组合

第四节

K线组合突破形态

做短线讲究"快"和"准"。"快"能抢到时机，"准"是买和卖的时机选择准确。何时买入、何时卖出，要依趋势而定。在基本趋势上涨或下跌的中途，往往会出现一些时间不长、振幅不一的盘整走势，它们就像一个歇脚站，股价在此盘整蓄势，然后终止盘整，继续沿原趋势方向运行，这种形态在技术上叫突破。由于盘整积蓄了新的能量，股价突破盘整局面后所能够达到的点位是特别值得短线关注的。因此，突破形态是短线操作最应注意的转势信号。如果确认后及时跟进向上的突破形态，一般都可以获得 10% 以上的收益；看到向下突破的信号，则应及时止损。

适合做短线的突破形态有很多，其中较为常见的有以下几种。

一、三角形

三角形走势，反映股价在盘整过程中，经过不断地被高抛低吸，振幅从宽到窄，呈现三角形的变化。

（一）对称三角形

对称三角形（图 3-46）由一系列的价格变动所组成，其变动幅度逐渐缩小，即每次变动的最高价低于前次的水准，而最低价比前次水准高，呈一压缩图形，如从横的方向看股价变动领域其上限为向下斜线，下限为向上斜线，把短期高点和低点分别以直线连接起来，就可以形成一个相当对称的三角形。对称三角形的成交量，因股价变动幅度越来越小而递减，然后当股价突然跳出三角形时，成交量随之变大。

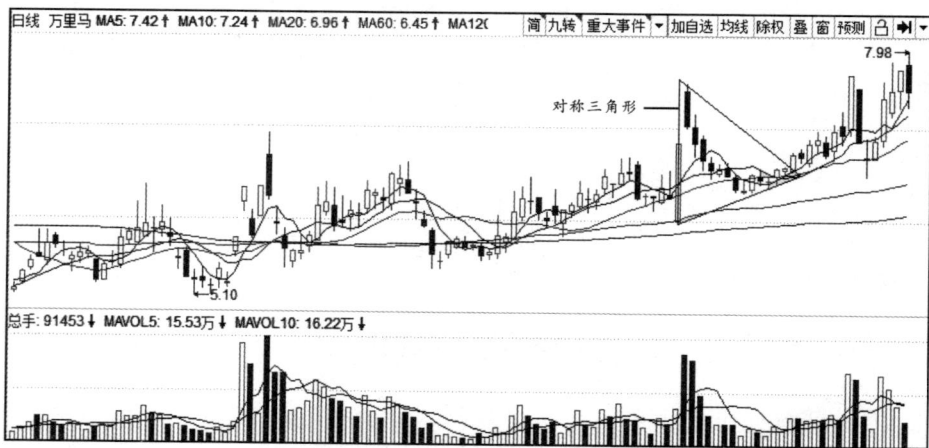

图3-46　对称三角形

通常，对称三角形在走到尖端后，行情的突破方向最大的可能是股价原来的变动方向。

（二）上升三角形

股价在某水平呈现强大的卖压，价格从低点回升到某水平便告回落，但市场的购买力十分强劲，股价未回至上次低点即告弹升，这种情形持续使股价随着一条阻力水平线波动日渐收窄。把每一个短期波动高点连接起来，可画出一条水平阻力线；而每一个短期波动低点则可相连出另一条向上倾斜的线，这就形成了上升三角形（图3-47）。成交量在形态形成的过程中不断减少。

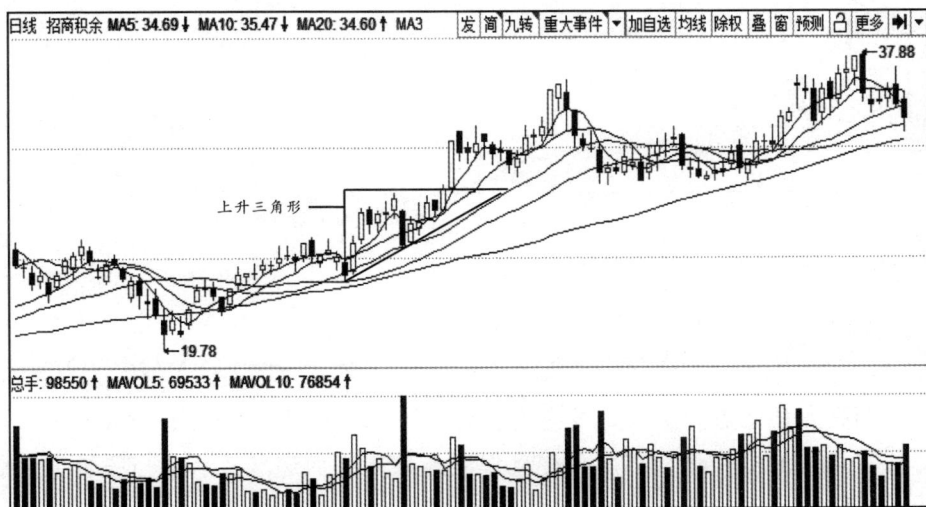

图3-47　上升三角形

上升三角形显示买卖双方在该范围内的较量，但买方的力量在争持中已稍占上风。卖方在其特定的股价水平不断沽售而不急于出货，股价每升到理想的沽售水平便立即沽出，这样在同一价格的沽售形成了一条水平的供给线。不过，市场的购买力量很强，他们不待股价回落到上次的低点，便迫不及待地买进，因此形成一条向右上方倾斜的需求线。

上升三角形的高点是一致的，低点一个比一个高，形成一个由一条水平的上线和一条向上倾斜的下线组成的直角三角形。

（三）下降三角形

下降三角形（图3-48）与上升三角形正好相反，股价在低位遇到承接，因此每次回落至该价位便告回升，形成一条水平的需求线。但市场的沽售力量却不断增强，股价每一次波动的高点都较前次更低，于是形成一条向下倾斜的压力线，如此反复，股价突破低点再续跌势。成交量在完成整个形态的过程中，一直是萎缩的。

下降三角形同样是多空双方在某价格区域内较量的表现，然而双方力量却与上升三角形所显示的情形相反。空方不断地增强沽售压力，股价还没回升到上次高点便再次沽出，而多方只是坚守着某一价格的防线，使股价每次回落到该预定点位便获得支撑。这有可能是主力在低位托盘，以达到出货的目的。

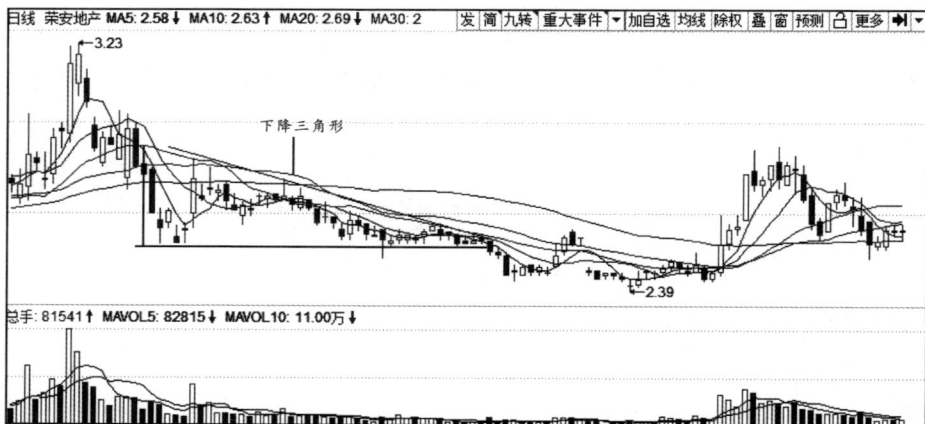

图3-48　下降三角形

二、矩形

矩形也称箱形整理。矩形是由股价在两条水平的上下界线之间反复震动而成的形态。股价在一定范围之内出现整理，价格上升到某水平时遇到阻力，掉头回落，但很快便获得支撑而回升，可回升到上次同一高点时再一次受阻，而回落到上次低点时则又得到支撑，这些短期高点和低点分别用直线连接起来，便可以绘出一条通道，这条通道既非上倾也非下降，而是平行发展，这就是矩形形态。如图3-49所示。

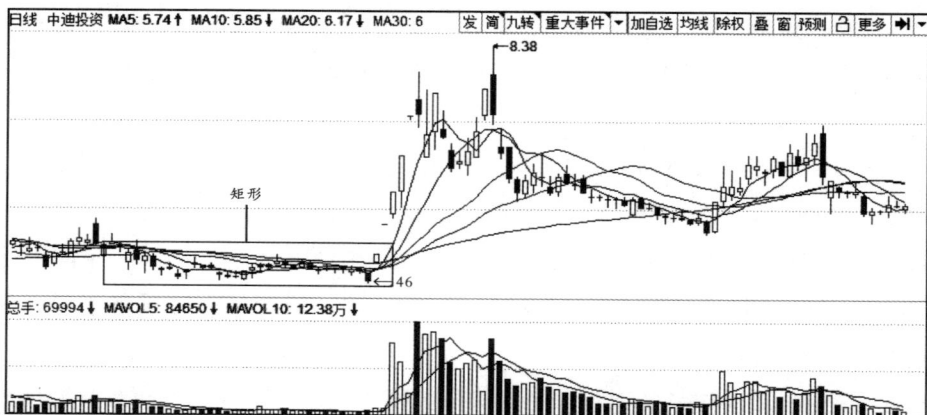

图3-49　矩形

　　矩形形态说明，多空双方的力量在该范围内达到均衡状态，在这范围内谁也占不了谁的便宜。从另一个角度看，矩形也可能是投资者因后市发展不明朗，投资态度变得迷惘和不知所措而形成的。

　　一般来说，矩形是整理形态，牛市、熊市和平衡市都可能出现。

　　长而窄且成交量小的矩形在原始底部较常出现，突破上下限后有买入和卖出的信号，涨跌幅度通常等于矩形本身宽度。

　　投资者需要注意的是，在矩形形成的过程中，除非有突发性的消息扰乱，其成交量应该是不断减少的。矩形呈现突破后，股价经常出现反抽，这种情形通常会在突破后的 3 ～ 4 周内出现。反抽将止于顶线水平之上，是往下跌破后的假性回升，将受阻于底线水平之下。此外，一个高、低波幅较大的矩形，较一个狭窄而长的矩形形态更具威力。

三、旗形

　　旗形在形状上是一个上倾或下倾的平行四边形，就像一面挂在旗杆顶上的旗帜。该形态通常在急速而又大幅的市场波动中出现，股价经过一连串紧密的短期波动后，形成一个稍微与原来趋势呈相反方向倾斜的长方形。旗形又可分为上升旗形和下降旗形。

　　上升旗形（图 3-50）的形成过程是股价经过急速的飙升后形成旗杆，接着形成一个紧密、狭窄且稍微向下倾斜的价格密集区域，把这密集区域的高点

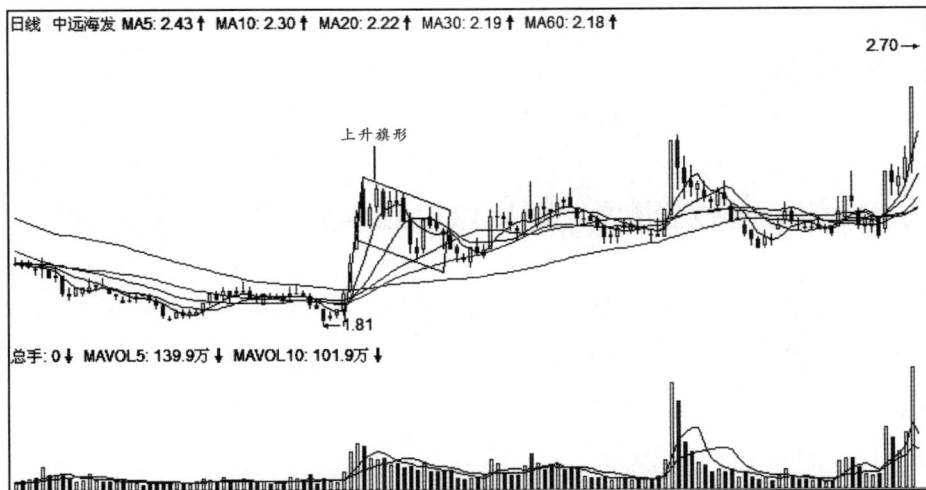

图3-50　上升旗形

和低点分别连接起来，就可以画出两条下倾的平行线，像一面旗子，这就是上升旗形。

下降旗形（图3-51）则刚好相反，当股价出现急速或垂直的下跌后形成旗杆，接着形成一个波动狭窄而又紧密稍微上倾的价格密集区域，成为一条上升通道，像是一面旗子，这就是下降旗形。

成交量在旗形的形成过程中，是显著地渐次递减的。

旗形属于整理形态，即形态完成后股价将继续沿原来的趋势方向运行，上升旗形将向上突破，而下降旗形则是往下跌破，上升旗形大部分在牛市第三期中出现，因此此形态暗示升市可能进入尾声阶段。下降旗形大多在熊市第一期出现，显示大市可能做垂直式的下跌，因此此阶段形成的旗形十分细小，可能在三四个交易日内已经完成。如果旗形在熊市第三期中出现，其形成则需要较长的时间，而且跌破后只有有限的下跌。

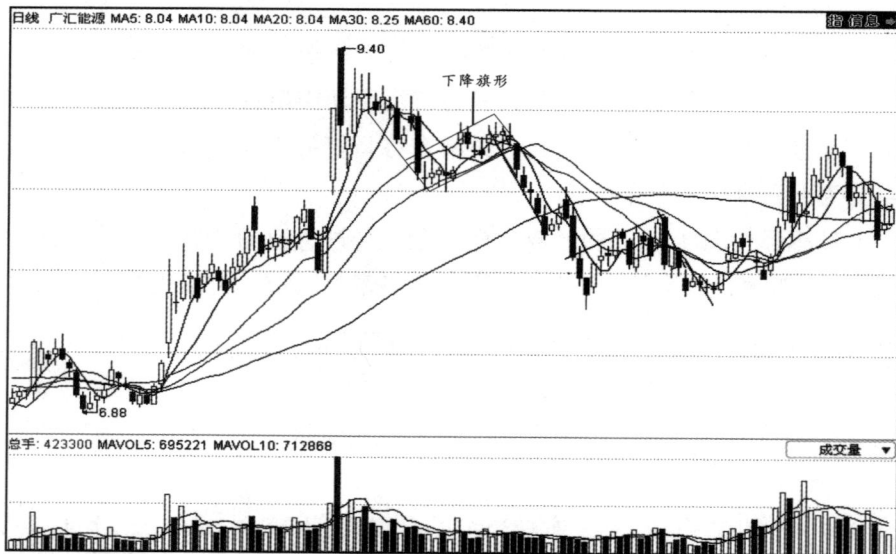

图3-51 下降旗形

旗形形态可量度出最少升幅和跌幅。其量度的方法为：突破旗形（上升旗形和下降旗形相同）后的最少升幅和跌幅，相等于整支旗杆的长度。旗杆的长度是自形成旗杆的突破点开始，直到旗形的顶点为止。

第五节

K线组合转势形态

转势形态的技术图形是指出现这些图形之后，行情往往会发生逆转，或由原来的升势转为跌势，或由原来的跌势转为升势。下面我们所列出的图形均为转势形态图形。

一、双重顶底

（一）双重顶

股价上升到某一价格水平时，成交量放大，股价随之下跌，成交量减少。接着股价又升至与前一个价格几乎相等之点，成交量再随之增加却不能达到上一个高峰的成交量，继而形成第二次下跌，股价的移动轨迹就像字母"M"。这就是双重顶（图3-52），又称M头走势。

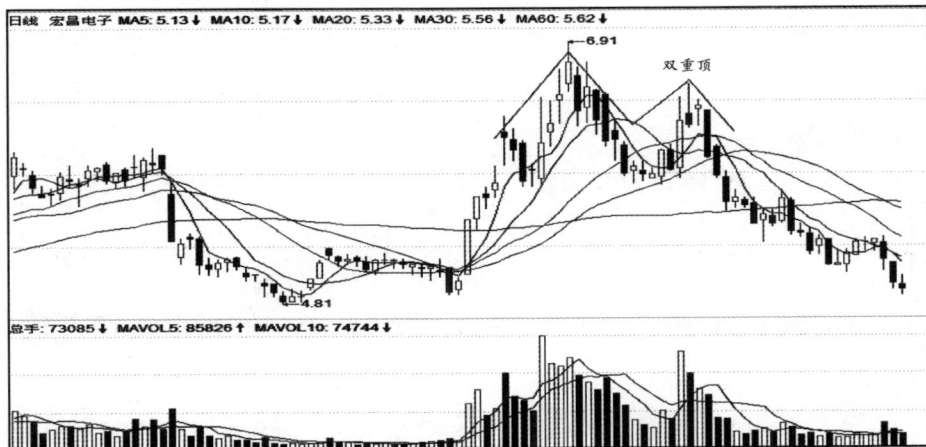

图3-52　双重顶

双重顶必须突破颈线，形态才算完成，双头的颈线是第一次从高峰回落的最低点。

股价持续上升为投资者带来了相当的利润，于是他们开始卖出，卖出力量令上升的行情转为下跌。当股价回落到某水平，吸引了短线投资者的兴趣，另外较早前卖出获利的投资者也可能再次买入补回，于是行情开始恢复上升；到前期高点附近时，对该股信心不足的投资者会因觉得错过了在第一次的高点出货的机会而马上出货，加上在低水平获利回补的投资者也同样再度卖出，强大的卖出压力令股价再次下跌。由于两次在高点都受阻，令投资者感到该股无法再继续上升（至少短期是如此），越来越多的投资者卖出，使股价跌破上次回落的低点（即颈线），于是完整的双重顶形态便告形成。

当出现双重顶时，即表示股价的升势已经终结。所以当双重顶形成时，可以肯定双重顶的最高点就是该股的顶点。

当颈线被跌破时，就是一个可靠的出货信号。

（二）双重底

股价持续下跌到某一水平后出现技术性反弹，但回升幅度不大，时间也不长，股价便再次下跌，当跌至上次低点时获得支撑，股价再一次回升，这次回升时成交量要大于前次反弹时的成交量，股价在这段时间的移动轨迹就像字母"W"。这就是双重底（图3-53），又称W走势。

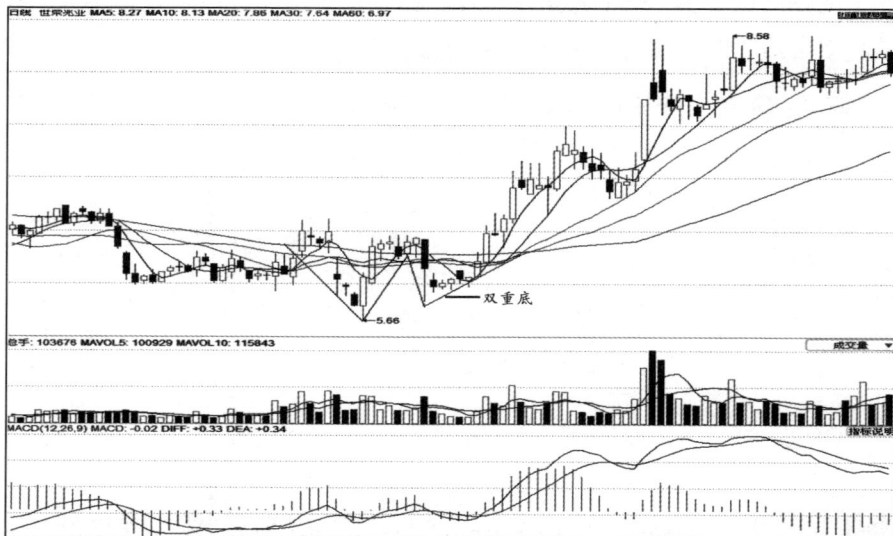

图3-53 双重底

双重底必须突破颈线，形态才算完成，双底的颈线就是第一次从低点反弹的最高点。

股价持续的下跌令持股的投资者觉得价格太低而惜售，而另一些投资者则因为新低价的吸引尝试买入，于是股价呈现回升，当上升至某一水平时，较早的短线投资买入者获利回吐，那些对后势没有信心的持股者也趁回升时卖出，因此股价又再一次下挫。但对后市充满信心的投资者觉得他们错过了上次低点买入的良机，所以这次股价回落到上次低点时便立即跟进，当越来越多的投资者买入时，求多供少的力量便推动股价上升，而且还突破上次回升的高点（即颈线），扭转了过去下跌的趋势。

双重底是一个反转形态，当它出现时，即表示跌势将告一段落。双重底通常出现在长期性趋势的底部，所以双重底的最低点就是该股的底部。

双底的颈线被冲破，是一个入货的信号。

二、头肩顶底

头肩顶（底）是最经典的反转形态，其他反转形态大多是头肩形的变化形态。

（一）头肩顶

当头肩顶形成的时候，通常在最强烈的上涨趋势中形成左肩，小幅回调后再次上行形成头部，再次回调后上行形成右肩，由此形成最简单的头肩顶形态（图3-54）。

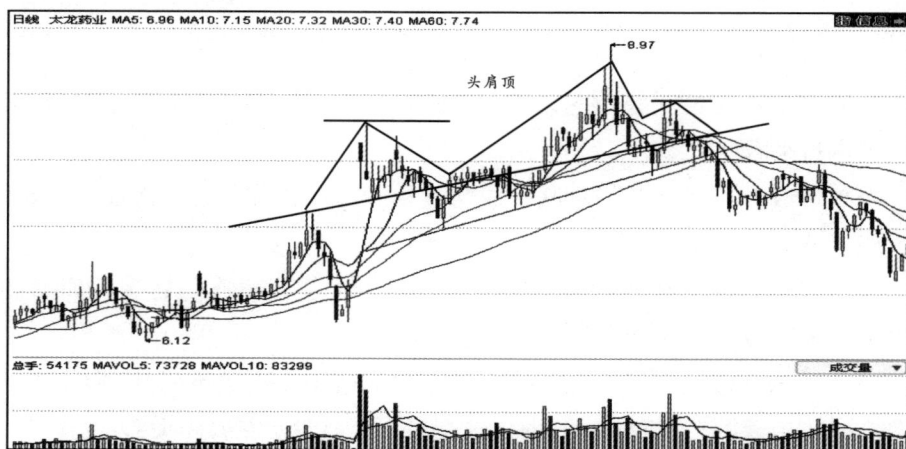

图3-54　头肩顶

头肩顶走势由以下不同的部分构成：

（1）左肩部分：持续一段上升的时间，成交量放大，过去在任何时间买进的投资者都有利可图，随后投资者开始获利卖出，令股价出现短期的回落，成交量较上升到某一顶点时有显著的减少。

（2）头部：股价经过短暂的回落后，又有一次强劲的上升，成交量也随之增加。不过，形成顶点时的成交量较之于左肩部分明显减少。股价突破上次的高点后再一次回落，成交量在此回落期间也同样减少。

（3）右肩部分：股价下跌到接近上次的回落低点又再次获得支撑而回升，可是，市场投资的情绪明显减弱，成交量较左肩和头部明显减少，股价没到前次的高点便告回落，于是形成右肩部分。

（4）突破：从右肩顶下跌，穿破由左肩底和头部底所连接的底部颈线，其突破颈线的幅度要达到 3% 以上。

总之，头肩顶的形状呈现三个明显的高峰，其中位于中间的一个高峰较其他两个高峰的高点高。在成交量方面，则出现梯级形的下降。

头肩顶是一个长期性趋势的转向形态，通常会在牛市的尽头出现。当最近一个高点的成交量较前一个高点低时，就暗示了头肩顶出现的可能性；当第三次回升股价无法升到上次的高点，成交量继续下降时，有经验的投资者就会把握机会卖出。

当头肩顶颈线被股价击破时，就是一个真正的卖出信号，虽然股价和最高点比较已回落了相当的幅度，但跌势还会继续，未出货的投资者应该及时卖出。

（二）头肩底

头肩底（图 3-55）是倒过来看的头肩顶，许多形态与头肩顶相类似，只不过要倒过来看。

（1）形成左肩时，股价下跌，成交量相对增加，接着是一次成交量较小的次级上升。

（2）股价再次下跌且跌破上次的最低点，成交量再次随着下跌而增加，较左肩反弹阶段时的成交量要大，于是形成头部。

（3）从头部最低点回升时，成交量有可能增加。当股价回升到上次的反弹高点时，出现第三次回落，这时的成交量很明显少于左肩和头部。

（4）股价在跌至左肩的水平时，跌势便稳定下来，形成右肩。

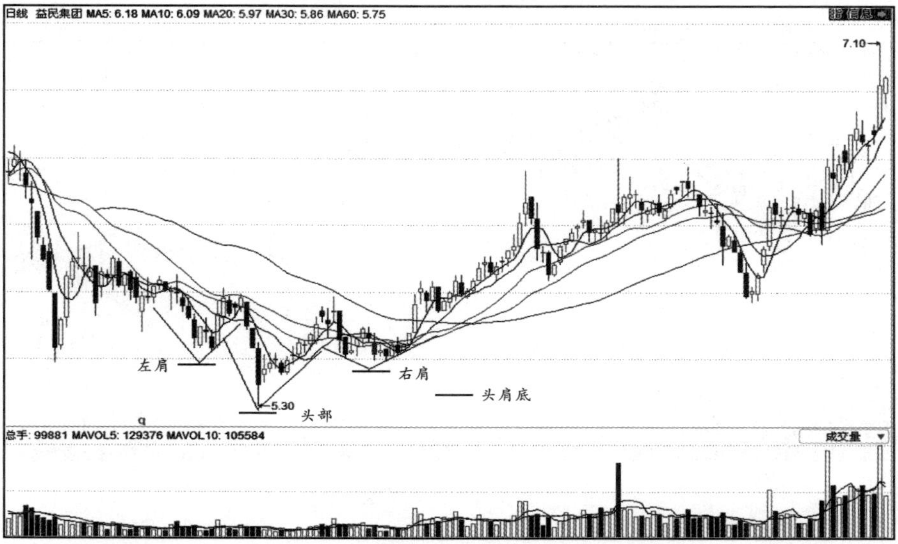

图3-55　头肩底

（5）股价正式策动一次升势，且伴随成交量的增加，当其颈线阻力冲破时，成交量便显著上升，整个头肩底形态便告成立。

头肩底走势说明过去的长期性趋势已扭转过来，看好的力量正逐步改变市场过去向淡的形势。当两次反弹的高点阻力线（颈线）被打破后，显示看好的一方已完全把看淡的一方击倒，买方代替卖方完全控制了市场。

三、三重顶底

（一）三重顶

三重顶（图3-56）形态与双重顶形态十分相似，只是多一个顶，且各顶分得很开、很深。成交量在上升期间一次比一次少。

股价上升一段时间后投资者开始获利回吐，市场在他们的卖出压力下从第一个峰顶回落，当股价落至某一区域即吸引了一些看好后市的投资者的兴趣，另外以前一些在高位卖出的投资者也可能逢低回补，于是行情再度回升，但市场买气不是十分旺盛。在股价恢复至前一高位附近时，即在一些减仓盘的抛售下再度走软，但在前一次回档的低点被错过前一低点买进机会的投资者的买盘拉起，由于高点两次都受阻而回落，令投资者在股价接近前两次高点时都纷纷减仓，股价逐步下滑至前两次低点时一些短线买盘开始止损，此时越来越多的投资者意识到大势已去，均卖出，令股价跌破上两次回落的低

图3-56 三重顶

点（即颈线），于是整个三重顶形态便告形成。

三重顶的顶峰与顶峰的间隔距离与时间不必相同，同时三重顶的底部不一定要在相同的价位形成。三个顶点价位不必相同，大至相差 3% 左右。三重顶的第三个顶成交量非常小时，即显示出下跌的征兆。

（二）三重底

头肩底形态，特别是头部超过肩部不够多时，可称为三重底（图 3-57）。

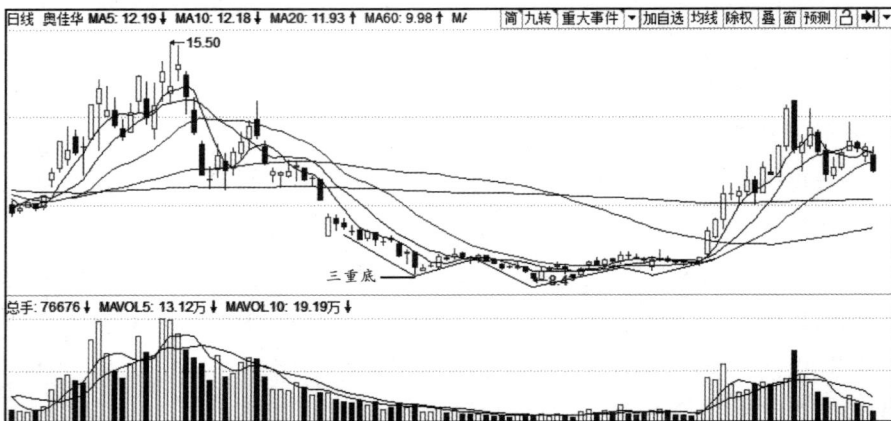

图3-57 三重底

股价下跌一段时间后，由于股价的调整，使得部分胆大的投资者开始逢低吸纳，而另一些高抛低吸的投资者也开始回补，于是股价出现第一次回升，当升至某一水平时，前期的短线投资者及解套盘开始卖出，股价再一次出现回落。当股价回落至前一低点附近时，一些短线投资者高抛后开始回补，由于市场抛压不重，股价再次回弹，当回弹至前次回升的高点附近时，前次未能获利而出的持仓者纷纷回吐，令股价重新回落，但这次在前两次反弹的起点处买盘活跃，当越来越多的投资者跟进买入，股价放量突破前两次回调的高点（即颈线）时，三重底走势正式成立。

三重底的谷底与谷底的间隔距离与时间不必一样，同时三重底的顶部不一定要在相同的价位形成。三个低点价格不必相等，大致相差3%左右。三重底在第三个底部上升时，成交量大增，即显示出股价具有突破颈线的趋势。

四、潜伏顶底

（一）潜伏顶

股价经过一段时间下跌之后，便在相对高位一个极狭窄的范围内横向整理，每日股价的波幅极小，且成交量也十分稀疏，形成一条横线般的形状，这种形态称为潜伏顶（图3-58）。

经过一段时间的潜伏静止后，价位和成交量同时摆脱了沉寂不动的闷局，股价大幅向下滑落，成交量也同时放大。

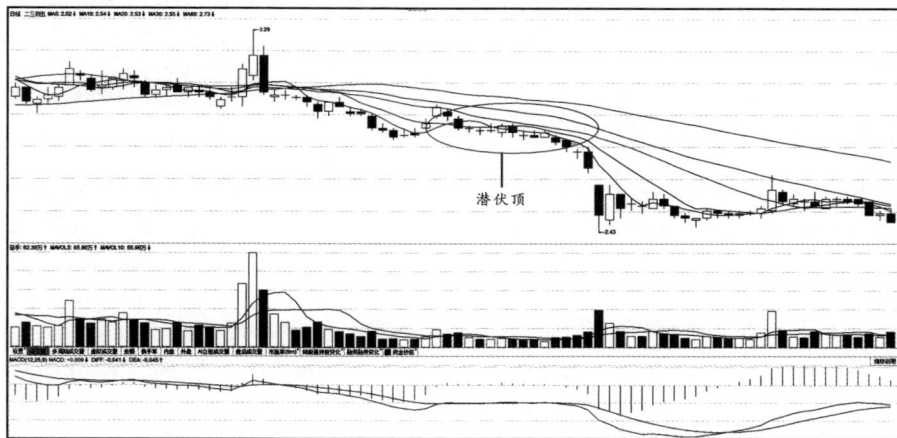

图3-58　潜伏顶

潜伏顶大多出现在下降过程的中间状态。短线投资者在下跌初期已经止损出局，剩下的是一些心存幻想的投资者，且没有新的投资者看好这只股票，于是股价就在一个狭窄的区域里波动，既没有上升的趋势，也没有下跌的迹象。

最后，该股突然出现不寻常的大量成交，同时伴随着股价的大幅度下跌，原因通常是由于股票基本面恶化的消息被证实。

（二）潜伏底

股价在相对低位一个极狭窄的范围内横向移动，每日股价的波幅极小，且成交量也十分稀疏，形成一条横线般的形状，这种形态称为潜伏底（图3-59）。

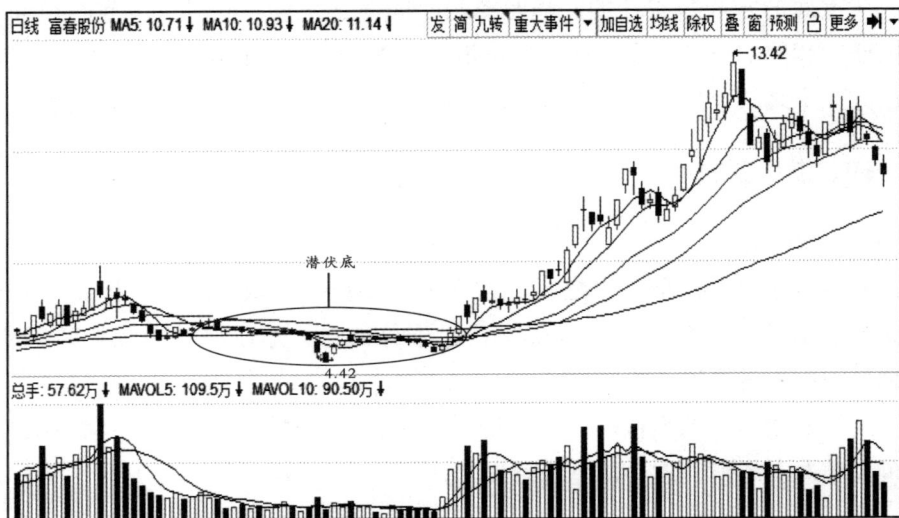

图3-59 潜伏底

经过一段长时间的潜伏静止后，价位和成交量同时摆脱了沉寂不动的闷局，股价开始大幅向上扬升，成交量也同时放大。

潜伏底大多出现在市场清淡之时以及冷门股上。持有股票的投资者找不到急于卖出的理由，有意买进的也找不到急于追入的原因，于是股价就在一个狭窄的区域里波动，既没有上升的趋势，也没有下跌的迹象，表现令人感到沉闷，就像是处于冬眠时期的蛇虫，潜伏不动。

最后，该股突然出现不寻常的大量成交，原因可能是受到某些突如其来的利好消息的影响，如公司盈利大增、分红前景好等的刺激，股价也脱离潜伏底，大幅向上扬升。

潜伏底中，先知先觉的投资者在潜伏底形成期间不断做收集性买入，当形态突破后，未来的上升趋势将会强而有力，而且股价的升幅很大。所以，当潜伏底明显向上突破时，值得投资者马上跟进，跟进这些股票风险很低，利润十分可观。

五、圆形顶底

（一）圆形顶

圆形顶（图 3-60）是典型的高位滞涨后的下跌形态。股价呈圆弧形上升，即虽不断升高，但每一个高点也较前次高点高不了多少就回落，先是新高点较前高点高，后是回升点略低于前点，这样把短期高点连接起来，就形成了圆形顶，成交量也会呈一个圆形状。

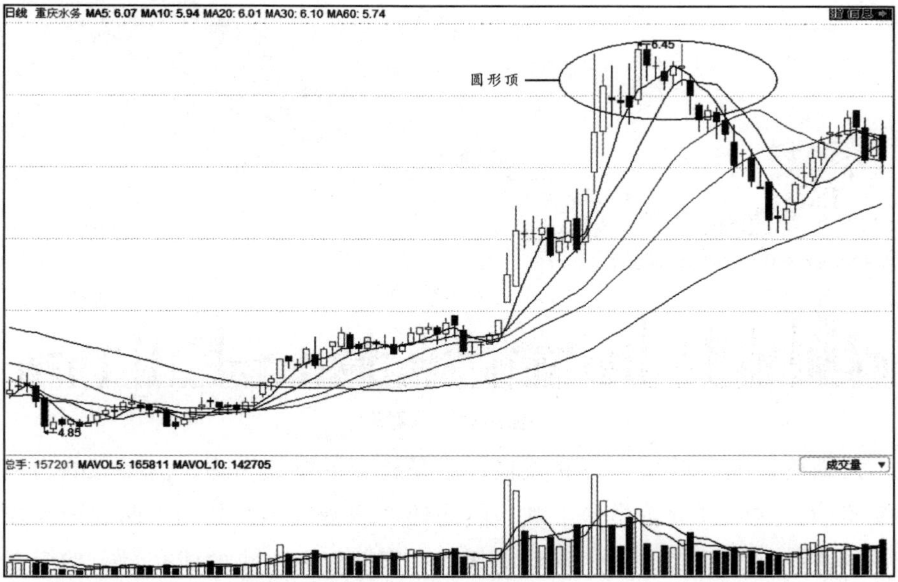

图3-60　圆形顶

经过一段买方力量强于卖方力量的升势之后，买方趋弱或仅能维持原来的购买力量，使涨势缓和，而卖方力量却不断加强，最后双方力量均衡，此时股价会保持没有涨跌的平衡状态。如果卖方力量超过买方，股价就回落，开始只是慢慢改变，跌势不明显，但后期卖方完全控制市场，一个大跌市即将来临，未来下跌行情将迅速展开，那些先知先觉者会在形成圆形顶前离市。

有时当圆形头部形成后，股价并不会马上下跌，只是横向整理形成徘徊区域，这个徘徊区称为碗柄。一般来说，碗柄很快便会被突破，股价继续朝着预期中的下跌趋势发展。投资者需要注意的是这是圆形顶完全形成前的最后撤离机会。

（二）圆形底

圆形底（图 3-61）是一种中长期的底部形态。股价经过初期的暴跌之后，虽还不断下降，但幅度已经越来越小。股价先是不断创新低，然后缓慢地回升，这样把股价的低点连接起来，就形成了圆形底，成交量也会呈一个圆形底。

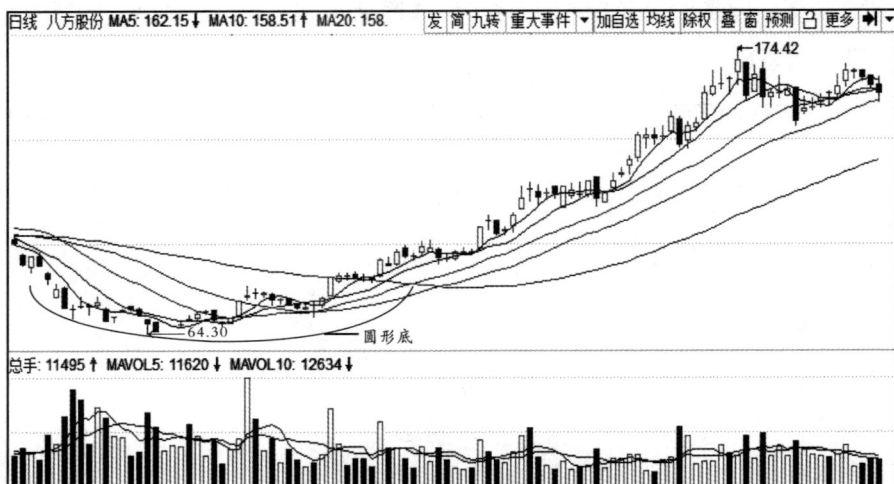

图3-61 圆形底

大跌后，卖方的压力不断减轻，于是成交量持续下降，但买入的力量仍畏缩不前，这时候股价虽是下跌，然而幅度缓慢且小，其趋势曲线渐渐接近水平。在底部时买卖力量达到均衡状态，因此仅有极小的成交量，然后需求开始增加，价格随之上升，最后买方完全控制市场，价格大幅上扬，出现突破性的上升局面。成交量方面，初时缓慢地减少到一个水平，然后增加，形成一个圆形底。

这种形态显示一次巨大的升势即将到来，投资者可以在圆形底转升之初追入。

六、V 形顶底

（一）倒 V 形顶

倒 V 形顶（图 3-62）走势可以分为以下三个部分：

（1）上升阶段：通常 V 形的左方升势十分陡峭，而且持续时间较短。

（2）转势点：V 形的顶部十分尖锐，一般来说形成这种转势点的时间仅两

图3-62　倒V形顶

三个交易日，而且成交量在此高点明显增多。

（3）下跌阶段：转势点形成后股价从高点回落。

倒V形顶在市场看好的情绪下使得股价节节攀升，可是突如其来的一个因素扭转了整个趋势，股价以上升时同样的速度下跌，形成一个倒转V形的移动轨迹。

（二）V形底

V形底（图3-63）走势可以分为以下三个部分：

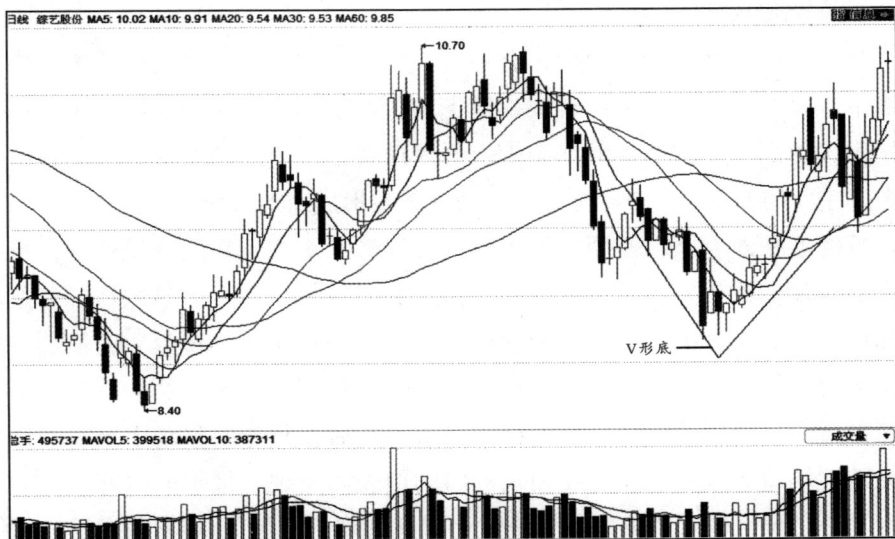

图3-63　V形底

（1）下跌阶段：通常 V 形的左方跌势十分陡峭，而且持续时间较短。

（2）转势点：V 形的底部十分尖锐，一般来说形成这种转势点的时间仅两三个交易日，而且成交量在这一低点增多，有时候转势点会在恐慌交易日中出现。

（3）回升阶段：股价从低点回升，成交量也随之增加。

（4）在形成 V 形走势期间，其中上升（或是下跌）阶段呈现变异，股价出现一部分横向发展的成交区域，形成了延伸 V 形走势，其后打破这一徘徊区，继续完成整个形态。延伸 V 形走势是 V 形走势的变形。

由于市场中卖方的力量很大，令股价稳定而又持续地回落，当卖方力量减弱之后，买方的力量便完全控制了市场，使得股价出现戏剧性地回升，几乎以与下跌时同样的速度收复所有失地，股价的运行形成一个像 V 字般的移动轨迹。

V 形走势是个转势形态，表示过去的趋势已逆转过来。V 形走势在转势点必须有明显的成交量配合，同样，股价在突破伸延 V 形的徘徊区顶部时，也必须有成交量增加的配合，在跌破倒转延伸 V 形的徘徊底部时，则不必有成交量增加的配合。

七、岛形顶底

（一）岛形顶

股市持续上升一段时间后，有一日忽然呈现缺口性上升，接着股价位于高水平徘徊，很快价格又出现缺口性下跌，两边的缺口大约在同一价格区域内发生，使高位争持的区域在图表上看来就像是一个岛屿的形状，两边的缺口令这座岛屿孤立独耸于海洋之上，成交量在形成岛形期间十分巨大。

股价不断地上升，使原来想买入的投资者无法在预期的价位追入，持续的升势令他们终于忍不住不计成本地抢入，于是形成一个上升缺口。可是股价却没有因为这样的跳空拉升而继续向上，在高位明显呈现阻力，经过一段短时间的争夺后，股价终于无法在高位站住，而出现缺口性下跌。

在岛形顶前出现的缺口为消耗性缺口，其后在反方向移动中出现的缺口为突破性缺口。这两个缺口在很短的时间内先后出现，最短的时间可能只持续一个交易日，也可能长达数天至数个星期左右。岛形顶从消耗性缺口开始，以突破性缺口结束。如图 3-64 所示。

图3-64 岛形顶

（二）岛形底

　　股市持续下降一段时间后，某一日忽然呈现缺口性下降，接着股价在低水平徘徊，很快价格又再出现缺口性上升，两边的缺口大约在同一价格区域发生，使低位争持的区域看来就像是一个岛屿的形状，成交量在形成岛形期间十分巨大。

　　股价不断地下降，使原来想卖出的投资者无法在预期的价位卖出，持续地下降令他们终于忍不住不计成本地割肉，于是形成一个下降缺口。可是股价却并没有因为这样的暴跌而继续向下，在低点明显获得支撑，经过一段短时间的争夺后，股价终于从低位徘徊脱离，而出现缺口性上升。

　　岛形底经常在长期或中期性趋势的底部出现，下跌一段时间后出现这一形态，就是一个买入信号。如图 3-65 所示。

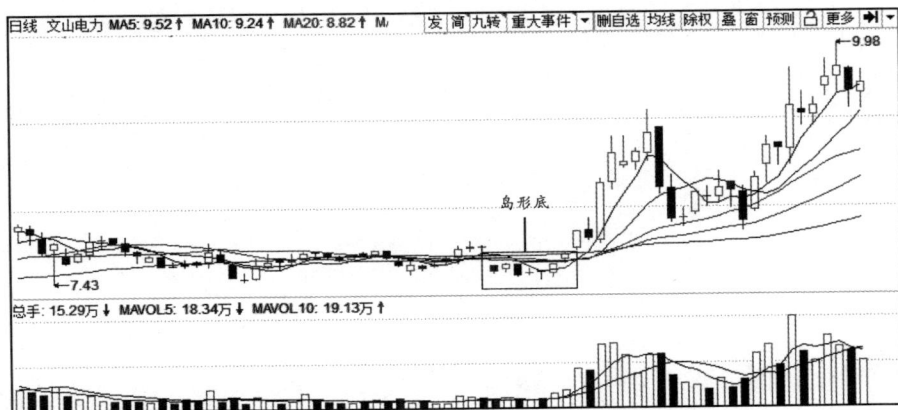

图3-65 岛形底

本章操作提示

　　股市是瞬息万变的，常见的一些K线组合形态，只是人们根据经验总结出来的一些典型图形，在股市实际操作中完全符合书中所介绍的组合形态的情况不多，这决定了K线图同其他技术指标一样，是一种不完美的技术指标。建议投资者在实际操作中要结合其他方法使用，用其他方法确定买卖之后，再用K线组合选择具体的买卖点。

第四章

几种常用技术指标的运用技巧

　　技术指标是人们为研究预测市场运行趋势而发明的一种指标参数。这些指标因为包含股市中的各种综合信息以及历史上的各种成功经验，所以对于后市走势的研判具有重要的指导意义。

第一节

移动平均线

一、什么是移动平均线

在证券市场中，对价格趋势进行平滑处理的最有效的方法，就是计算市场价格的移动平均线（MA）。所谓"移动"的概念，指的是每天产生的新价格会被纳入后一日的平均计算法里，形成更新的价格平均值。具体来说，移动平均线是运用统计处理的方式，将若干天的股价加以平均，然后连接成一条线，用以观察股价运动趋势的一种技术指标。

移动平均线的理论基础来源于道氏理论的"平均成本"概念，它是当今证券市场上广泛运用的技术指标，甚至一些业内人士把它作为股票价格的一部分来对待。由于移动平均线的构成简单，效果易于检验，且信号明确客观，所以构成了绝大部分自动顺应趋势系统的运作基础。

移动平均线是股价的生命线，是对交易成本的最直观的反映。移动平均线实质上是一种追踪趋势的工具，其目的在于显示旧趋势已终结或反转、新趋势正在萌生的行情走势，因此它也可以称为弯曲的趋势线。它的另一个作用是使价格运动变得平滑，使价格的各种扭曲现象减少。

移动平均线一般分为简单移动平均线、加权移动平均线（在简单移动平均线的计算基础上，将最近日期的数据增加权重，即越靠后的数据乘以的系数越大，以突出反映最近日期价格对当前股价的影响力）和指数加权移动平均线（一种简单的加权移动平均法）三种。这里所介绍的移动平均线仅仅是简单移动平均线，在计算的时候，每日数据的权重都是相同的，取的是算术平均值。

该指标是反映价格运行趋势的重要指标，其运行趋势一旦形成，将在一段时间内保持，趋势运行所形成的高点或低点又分别具有支撑或阻挡作用，因此移动平均线指标所在的点位往往是十分重要的支撑位或阻力位，这就为我们提供了买进或卖出的有利时机，均线系统的价值也正在于此。移动平均线向上是均线多头，向上产生的交叉是金叉，反之是死叉。

移动平均线计算方法具体如下：

$$日平均价 = \frac{当日成交金额}{当日成交手数}$$

$$5日平均价 = \frac{当日平均价 + 前4日平均价 \times 4}{5}$$

$$10日平均价 = \frac{当日平均价 + 前9日平均价 \times 9}{10}$$

30 日、60 日、13 周、26 周等平均价的计算方法依此类推。

二、移动平均线的分类

由于移动平均线的理论基础来源于道氏理论的"平均成本"概念，而道氏理论将股价的波动情形依照时间的长短划分为基本趋势、次级趋势和短暂趋势三种，所以也可以将移动平均线分为长期移动平均线、中期移动平均线和短期移动平均线，用以研判股价的长期、中期和短期变动趋势。

不论是短期移动平均线、中期移动平均线还是长期移动平均线，其本质上都是反映了股票在不同时间周期里的平均交易价格。投资者可以从不同的时间角度去观察现有的股价比过去是便宜还是贵了，过去的吸筹者现在是获利丰厚还是处于套牢状态，并由此决定目前股票买卖的问题。

在行情分析软件上，移动平均线可随 1 分钟 K 线、5 分钟 K 线、10 分钟 K 线、15 分钟 K 线、30 分钟 K 线、60 分钟 K 线、日 K 线、周 K 线、月 K 线、45 日 K 线、季 K 线、年 K 线一同出现。如同成交量一样，它们也构成了分析股价的基石。

移动平均线通常放在以日为周期的 K 线图上进行分析。如果以日为周期，移动平均线可以分为以下三类（即使还有其他分类方法，也不过是时间周期不同罢了，不同的时间周期是需要交易者自行调试的）：

（1）短期移动平均线。短期移动平均线包括 3 日、5 日、7 日、10 日、13 日、15 日、17 日、20 日、21 日、25 日和 30 日移动平均线等。

（2）中期移动平均线。中期移动平均线包括 34 日、40 日、45 日、50 日、55 日、60 日、65 日、70 日、75 日、80 日、85 日、89 日和 90 日移动平均线等。

（3）长期移动平均线。长期移动平均线包括 100 日、110 日、115 日、120 日、125 日、144 日、150 日、180 日、220 日、233 日、250 日和 255 日移动平均线等。

三、短线看盘常用的几种移动平均线

短线看盘常用的是短期移动平均线，做短线的投资者要注重分析研究这些移动平均线。在各类短期移动平均线中，比较常用的有 3 日、5 日、10 日、20 日和 30 日移动平均线。

（一）3 日移动平均线

3 日移动平均线一般是行情分析软件中周期最短的移动平均线。由于计算的时间短，3 日移动平均线常随股价出现敏感的波动状况，不能很好地起到价格平滑的作用。

（二）5 日移动平均线

股票每周正常的交易日为 5 日，即 5 日移动平均线对应着 1 周交易的平均价格。而在实际生活和工作中，人们的计划往往也是以周为时间单位的，所以，不少投资者将 5 日移动平均线作为短期移动平均线的研判周期线。只要股价不跌破 5 日移动平均线，就说明该股处于强势状态。

（三）10 日移动平均线

10 日移动平均线又称半月线，它是股票连续两周交易的平均价格，是考察股价在半个月内走势的重要参考线。相比于 3 日移动平均线和 5 日移动平均线，10 日移动平均线既弥补了前两者随股价频繁起伏的缺点，又能及时和准确地反映短期平均股价的变动情况，因此常被投资者用作短线进出的依据。

（四）20 日移动平均线

20 日移动平均线又称月线，标志着股价在过去一个月中的平均交易价格达到的水平，在这一个月中，市场投资者是处于获利状态还是被套状态。20 日移动平均线是考察股价短期走势向中期走势演变的中继线，很多投资者将 20 日移动平均线与 10 日移动平均线组合使用，以研判股价的短期运动趋势。

（五）30 日移动平均线

30 日移动平均线具有特殊的重要性，它是股价短期移动平均线和中期移动平均线的分界线，日常使用的频率非常高，常被用来与其他移动平均线组合使用，是中短期买卖股票的重要依据。有一种说法得到了业内的普遍认同，即 30 日移动平均线是短线主力的护盘线。这意味着当股价向上突破 30 日移动平均线时，是市场短线主力进场的表现，只要股价一直运行在 30 日移动平均线之上，就说明短线主力仍在其中，短期上升行情没有结束；而当股票经过一段较长时间的上涨后，一旦 30 日移动平均线被股价向下突破，则可能预示着短线主力已经出局，但这并不意味着该股从此走弱，还要看有无其他中长线主力在此股中（有些短线主力也会以 25 日移动平均线或 34 日移动平均线作为短期的护盘线）。

移动平均线的预测意义往往是通过各种移动平均线组合来实现的。将代表不同时间周期的平均交易价格放在一起参考时，可以更好地分析出市场多空双方的士气和意图。短期移动平均线组合就是将短期的日移动平均线放在一起进行专项判断。短期移动平均线组合主要是用来研究股价的短期变动趋势的，它的时间跨度视股价趋势是否会反转而可能是半个月，也可能是 3 个月。这些移动平均线组合具有对股价变化敏感和反应迅速的优点，是短线投资者买卖股票的重要参考依据。

四、利用移动平均线看盘的技巧

（一）均线多头排列

均线多头排列是指短期移动平均线在上，中期移动平均线居中，长期移动平均线在下，几根移动平均线同时向上移动的一种排列方式。

无论大盘还是个股，当移动平均线出现多头排列时，都表明买盘力量较强，做多主力正在控制局势，这是一种典型的看多、做多信号。投资者遇到这种图形，应持股待涨。

均线多头排列与 K 线形态向好是相辅相成的，如果 K 线形态走坏，均线多头排列也就不存在了。所以在均线多头排列还没有被破坏之前，就不应该认为 K 线形态会走坏；在多头排列没有改变之前，要坚持持股待涨，不要随意把股票卖掉。

图 4-1 为浙江富润（600070）在移动平均线形成多头排列后的 K 线走势

图，从图上可以看出，在移动平均线形成多头排列后，股价出现了强势上涨。

图4-1 均线多头排列

（二）均线空头排列

几根不同周期的移动平均线同时以圆弧形向下滑落，长期移动平均线在上，中期移动平均线居中，短期移动平均线在下，这种均线排列方式叫空头排列。

当大盘或个股移动平均线出现空头排列时，表明大盘或个股进入了空头行情，这时大盘或个股会呈现下跌的状态，尤其是大盘或个股有了一定的涨幅后，移动平均线出现空头排列，预示大盘或个股会有一轮较大的跌势。投资者遇到大盘和个股移动平均线出现空头排列后，就要及时做空，离场观望。

投资者在看盘选股时，首先要看该股移动平均线以什么样的排列方式运行。如果移动平均线呈多头排列，就可以在股价调整的时候介入；如果呈空头排列，就要远离该股。

图4-2是四川路桥（600039）在移动平均线形成空头排列后的K线走势图，从图中可以看到，在移动平均线形成空头排列后，股价一路下滑，走出了一波大幅下跌的行情。

（三）多头陷阱

多头陷阱指的是指数或股价向上突破强阻力区后，形成一种向上运行的趋势，但不久指数或股价就开始大幅度下跌，结果使高位跟进的投资者严重被套。

多头陷阱中的向上突破是假突破，其技术特征是：股价在前期已有了较大的涨幅，均线系统出现了明显的头部，短期、中期和长期移动平均线出现死叉。

股价下跌幅度不大便开始回升，虽然均线系统得到修复，但总的向下的趋势并没有改变。股价回升过程中，成交量不仅没有放大，反而呈现出萎缩状态。

多头陷阱是主力故意设置的圈套，目的是引诱散户投资者在高位接盘，以便主力在高位趁机出货和脱逃。

图4-3为世纪星源（000005）的K线走势图。从图中可以看出，该股在下跌初期出现了快速反弹，之后便一路下跌。下跌初期形成多头陷阱，使在这一阶段跟进的投资者全线被套。

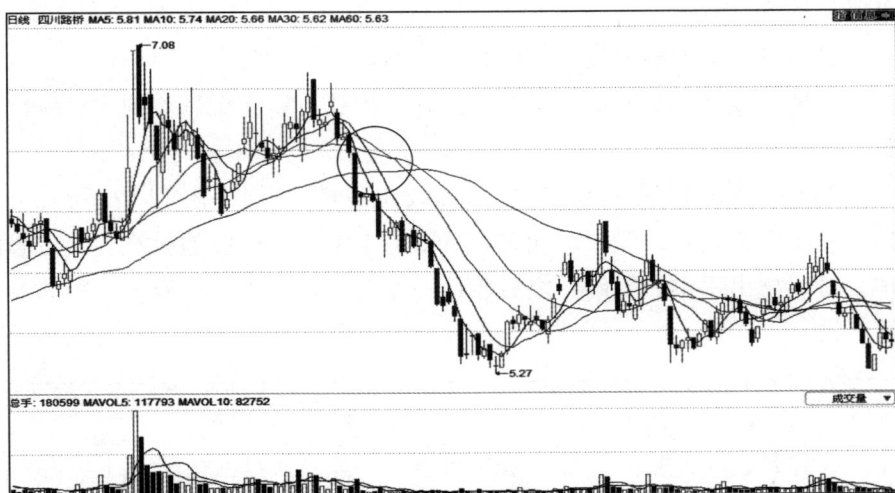

图4-2　均线空头排列

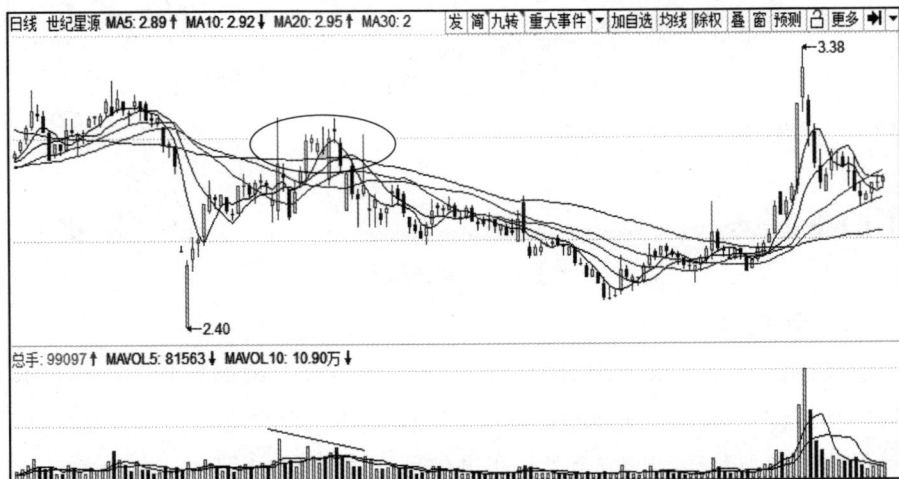

图4-3　多头陷阱

（四）空头陷阱

空头陷阱指的是指数或股价向下跌破强支撑位后，形成一种向下突破的趋势，但不久之后指数或股价就开始大幅上涨，结果使低位割肉的投资者失去了赚钱的机会。

空头陷阱中，指数或股价的向下突破是假突破，其技术特征是：股价前期出现过大幅度下跌，近期均线系统开始向上发散运行，上升趋势开始显露，但均线系统在修复过程中又受到破坏，指数或股价上升时成交量放大，而下跌时成交量则缩小。

空头陷阱是主力故意设置的圈套，目的是让持股心态不稳的投资者以为运行趋势发生改变，从而放弃持股，这样主力就可以在低位捡到大量廉价的筹码。

如图 4-4 为大悦城（000031）的 K 线走势图。从图中可以看到，主力挖出了一个空头陷阱，股价出现破位下跌的走势，使持股的投资者产生恐慌心理，纷纷抛出手中的筹码，之后股价一路上扬，走出了一波大幅度的上涨行情。

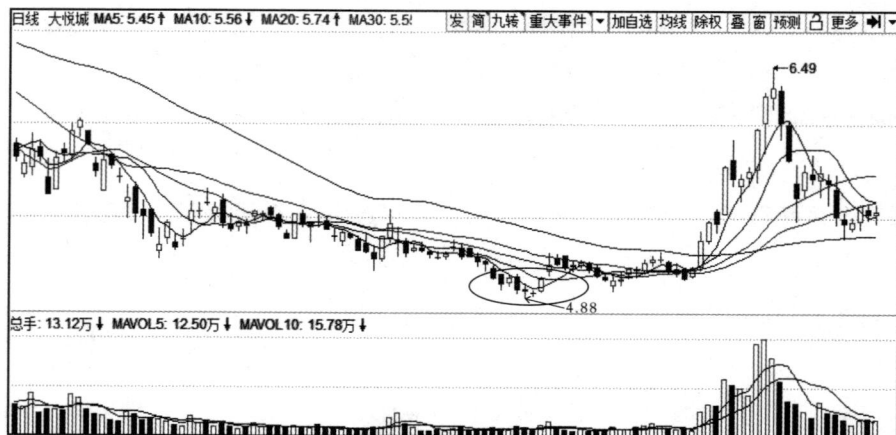

图4-4　空头陷阱

（五）金叉和死叉

金叉的特点是一根周期短的均线由下向上穿越一根周期长的均线，并且长周期均线向上移动，这种形态技术上叫作移动平均线黄金交叉，简称金叉。移动平均线向上移动，形成金叉是买进信号。如图 4-5 所示。

均线金叉释放的买进信号有强弱之分，两根长期移动平均线形成的金叉要比两根短期移动平均线形成的金叉信号强，长期移动平均线释放出的买进信号相对来说也比较可靠。

图4-5　金叉

一根周期短的移动平均线由上向下穿过一根周期长的移动平均线，并且周期长的均线正在向下移动，这种走势形态在技术上叫作移动平均线死亡交叉，简称死叉。如图 4-6 所示。

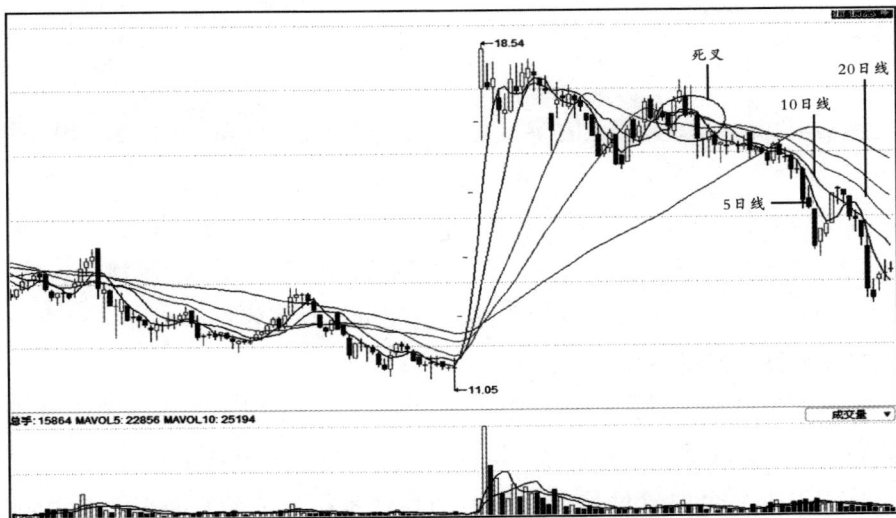

图4-6　死叉

从技术上来说，均线死叉是卖出信号，但不同周期的均线死叉，其发出的信号也有强弱之分。两根长期移动平均线形成的死叉，要比两根短期移动平均线形成的死叉释放的卖出信号强烈，传达出的做空信号也相对比较可靠。

（六）银山谷、金山谷与死亡谷

银山谷出现在股价上涨初期，是指短期移动平均线（如10日移动平均线）上穿中期移动平均线（如30日移动平均线）和长期移动平均线（如60日移动平均线），中期移动平均线上穿长期移动平均线交叉形成的一个尖头向上的不规则三角形。银山谷在技术上是股价见底的信号，可视为短线投资的买入点。如图4-7所示。

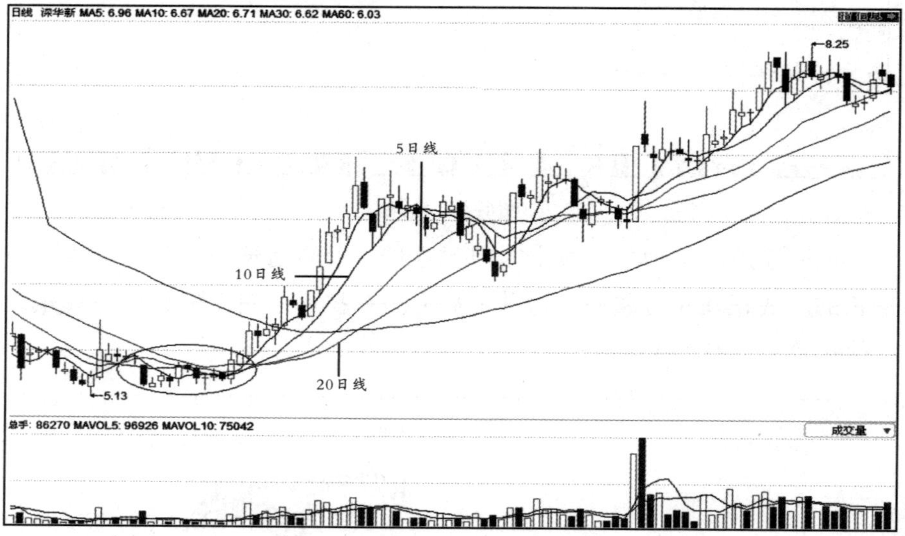

图4-7　银山谷

金山谷出现在银山谷之后，在形态上与银山谷的构成方式相同。当3根移动平均线交叉形成银山谷以后，再次交叉形成一个尖头向上的不规则三角形，如果这个三角形所在位置与银山谷的位置相近或高于银山谷，那么这个三角形就叫金山谷。如图4-8所示。

如果股价处在下跌的初期，由短期、中期、长期三根移动平均线形成一个尖头向下的不规则三角形，这就叫作死亡谷。如图4-9所示。

死亡谷是一个股价见顶的信号，当均线系统形成死亡谷时，形势对多头极为不利，后期趋势向下运行的概率非常大。投资者见到这种信号，就要看空、做空，尤其是在股价大幅上扬后出现这种图形，更要及时清仓离场。

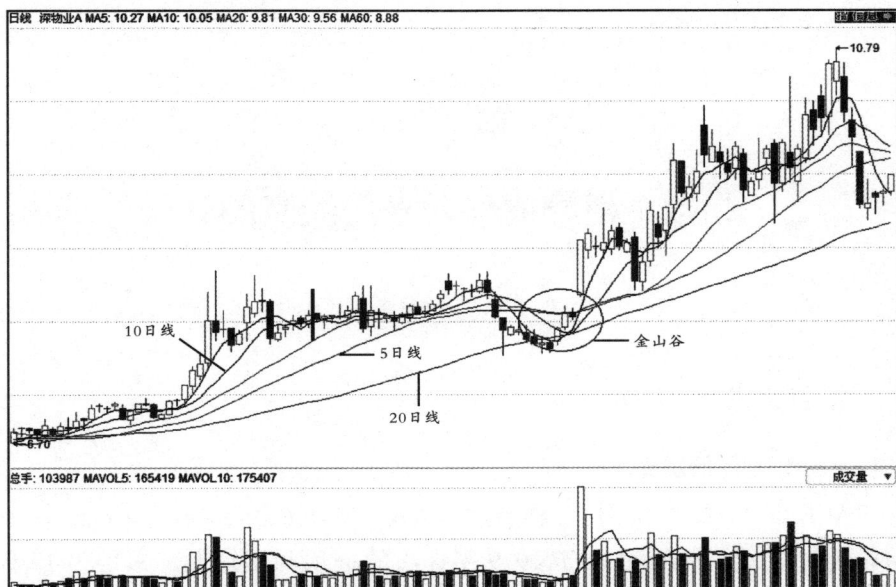

图4-8 金山谷

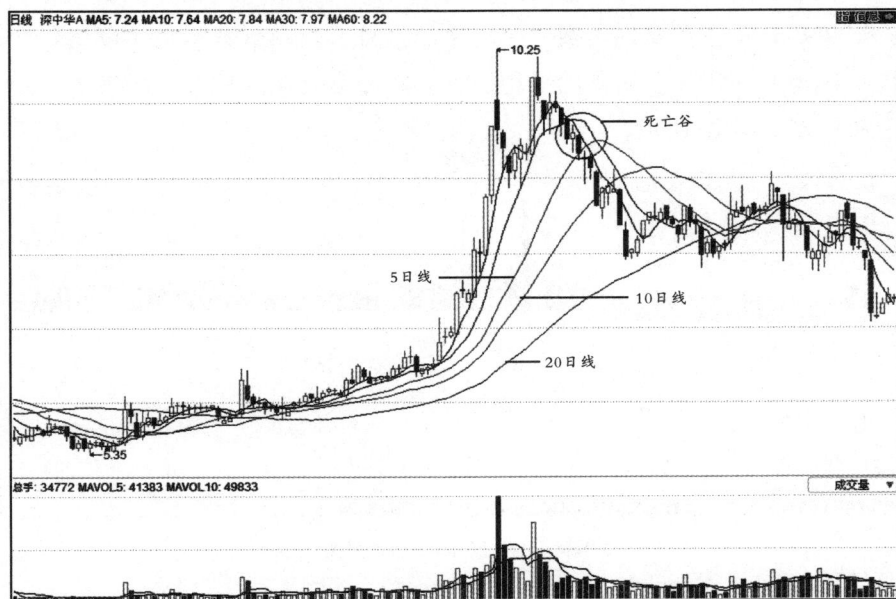

图4-9 死亡谷

第二节

指数平滑异同移动平均线MACD

一、什么是 MACD

（一）MACD 的定义

MACD 即指数平滑异同移动平均线（Moving Average Convergence and Divergence），是 Geral Appel 于 1979 年提出的一项利用短期（常用为 12 日）移动平均线与长期（常用为 26 日）移动平均线之间的聚合与分离状况，对买进、卖出时机做出研判的技术指标。当 MACD 从负数转向正数，是买进的信号；当 MACD 从正数转向负数，是卖出的信号。当 MACD 以大角度变化，表示快的移动平均线和慢的移动平均线的差距非常迅速地拉开，代表了大趋势的转变。如图 4-10 所示。

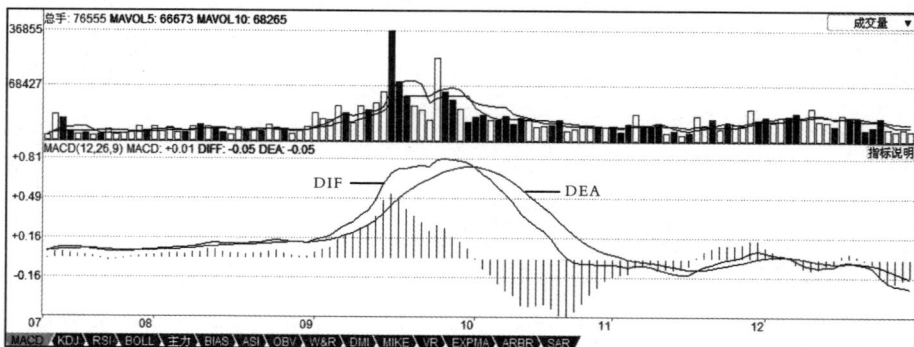

图4-10　MACD指标例图

（二）MACD 的计算公式

MACD 指标主要是通过 EMA、DIF 和 DEA 三者之间的关系，即通过 DIF

和 DEA 连接起来的移动平均线以及 DIF 减去 DEM 值而绘制成的柱状图（BAR）等来分析判断行情，是预测股价中短期趋势的主要的股市技术分析指标。其中，DIF 是核心，DEA 是辅助。DIF 是快速平滑移动平均线（EMA1）和慢速平滑移动平均线（EMA2）的差。BAR 在股市技术软件上是用红柱和绿柱的收缩来研判行情。具体计算公式如下：

（1）加权平均指数 DI=（当日最高指数＋当日最低指数＋当日收盘指数）×2

（2）12 日平滑系数（L12）=2／（12＋1）=0.1538

26 日平滑系数（L26）=2／（26＋1）=0.0741

12 日指数平均值（12 日 EMA）=L12×当日收盘指数＋11／（12＋1）×前日的 12 日 EMA

26 日指数平均值（26 日 EMA）=L26×当日收盘指数＋25／（26＋1）×昨日的 26 日 EMA

差离率（DIF）=12 日 EMA－26 日 EMA

（3）9 日 DIF 平均值（DEA）=最近 9 日的 DIF 之和／9

柱状值（BAR）=DIF－DEA

MACD=（当日的 DIF－前日的 DIF）×0.2＋前日的 MACD

二、MACD 的基本应用方法

MACD 指标主要用于对大势中长期的上涨或下跌趋势进行判断，当股价处于盘局或指数波动不明显时，MACD 买卖信号不明显。当股价在短时间内上下波动较大时，因 MACD 的移动缓慢，所以不会立即对股价的变动产生买卖信号。

（1）MACD 金叉。当 DIF 线由下向上突破 DEA 线形成 MACD 金叉，为买入信号。

（2）MACD 死叉。当 DIF 线由上向下突破 DEA 线形成 MACD 死叉，为卖出信号。

（3）MACD 绿转红。当 MACD 由负变正，股市由空头转为多头。

（4）MACD 红转绿。当 MACD 由正变负，股市由多头转为空头。

（5）当 DIF 线与 DEA 线均在零轴以下时，即都为负值时，大势属空头市场。当 DIF 线向上突破 DEA 线，这时可买入。

（6）当 DIF 线与 DEA 线都在零轴以上时，即均为正值时，大势属多头市场。当 DIF 线向下突破 DEA 线，这时可卖出。

（7）当 DEA 线与 K 线趋势发生背离时为反转信号。

（8）DEA 线在盘整局面时失误率较高，但如果配合 RSl（相对强弱指数）指标及 KD 指标可适当弥补缺点。

三、MACD 的买入形态

（1）DIF 与 DEA 金叉后，先随股价的上行而上行，而后，随股价的回调而下行。当主力洗盘时，股价回调，而 DIF 线回调到 MACD 线零轴附近时，DIF 线反转向上，便形成了向上形态，此时是买入的机会。

（2）DIF 线在零轴之下金叉 DEA 线以后，并没有上穿零轴或上穿一点就回到零轴之下，然后向下死叉 DEA 线，几天以后再次金叉 DEA 线。该形态为股价在下跌探底之后，抛盘穷尽之时呈现的底部形态，应该理解为见底反弹信号，此时可择机入市。

（3）DIF 线在零轴以上死叉 DEA 线，然后下穿零轴，然后在零轴或零轴以上金叉 DEA 线。该形态形成是股价在探底回升途中做盘整，也有一些是筑底形态，呈上攻之势，应理解为积极介入信号，投资者可果断入市。

（4）DIF 线在零轴以下金叉 DEA 线，随后没有上穿零轴就回调，向 DEA 线靠拢，MACD 线红柱缩短，但没有死叉 DEA 线就再次反转向上，同时配合 MACD 线红柱加长。该形态的形成多为底部形态，是股价在下跌探底之后，抛盘穷尽之时呈现的底部形态，应理解为主力建仓区域，可择机介入。

（5）MACD 指标中的 DIF 线之前在零轴之下金叉 DEA 线，之后在零轴之上运行一段时间，然后随股价回调，DIF 线也开始向下回调。当 DIF 线调到 DEA 线的时候，两条线黏合成一条线，当它们再次分离，多头发散的时候，形成买入时机，新的涨势开始。该形态的出现多为上档盘整和主力洗盘所为，股价在上升途中作短暂的盘整后，呈现强势上攻形态，应理解为积极介入信号，投资者可果断买入。

（6）DIF 线在零轴之上死叉 DEA 线，但不下穿零轴，过几天即再次在零轴以上金叉 DEA 线。该形态的出现多为上档盘整和主力洗盘所为，股价作短暂调整后，呈现强劲上升动力，可理解为积极介入信号，如能连续放量可坚决看多。

（7）DIF 线和 DEA 线一直在零轴以下呈直线运动。此时股价多处于持续下跌阶段，在持续一段时间后，DIF 线和 DEA 线形成金叉，这时形成买入机会。

（8）DIF 线在零轴以下产生的二次金叉，表明该股筑底完成，开始走出底部，可以择机介入。在第一个金叉后要观察是否为真正的反弹，在出现死叉后要谨慎进入，当出现第二个金叉后，涨势已经确认，要果断买入。

第三节

随机指标KDJ

一、什么是 KDJ

KDJ 即随机指标是由乔治·蓝恩博士提出的，常用于期货和股票市场的技术分析工具，它在图表上是由 K 线、D 线和 J 线三条线所形成。如图 4-11 所示。

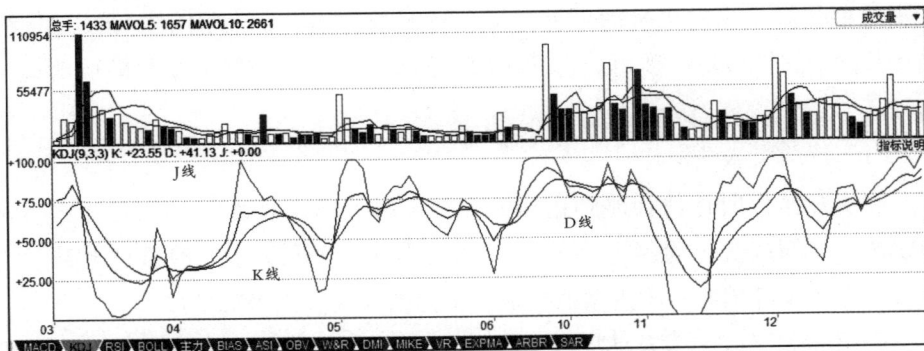

图4-11　KDJ指标例图

在各类软件中，KDJ 指标的颜色是：K 线为白色，D 线为黄色，J 线为紫色。KDJ 指标在设计中综合了动量观念、强弱指标和移动平均线的一些优点，在计算过程中主要研究高价位、低价位与收市价的关系，即通过计算当日或最近数日的最高价、最低价及收市价等价格波动的真实波幅，反映价格走势的强弱和超买超卖现象。

随机指数在设计中充分考虑价格波动的随机振幅和中、短期波动的测算，使其短期预测市势的功能比移动平均线更准确有效，在市场短期超买超卖的预测方面，又比强弱指标敏感。因此，随机指标作为股市的中、短期技术测试工具，颇为实用有效。

KDJ 指标的计算比较复杂，首先要计算周期（n 日、n 周等）的 RSV 值，即未成熟随机指标值，然后再计算 K 值、D 值、J 值等。以日 KDJ 数值的计算为例，其计算公式如下：

$$n 日 RSV = \left(\frac{当日收盘价 - n 日内最低价}{n 日内最高价 - n 日内最低价} \right) \times 100$$

K = 2/3 前日 K + 1/3 当日 RSV

D = 2/3 前日 D + 1/3 当日 K

J = 3 当日 D − 2 当日 K

式中，K、D 初始值为 50。

二、KDJ 指标的看盘买入法

KDJ 是一个敏感指标，变化快，随机性强，经常发生虚假的买卖信号，使投资者根据其发出的买卖信号进行买卖时无所适从。而运用周线 KDJ 与日线 KDJ 共同金叉选股法，就可以过滤掉虚假的买入信号，找到高质量的成功买入信号。

（1）提前买入法。

在实际操作时往往会碰到这样的问题：由于日线 KDJ 的变化速度比周线 KDJ 快，当周线 KDJ 金叉时，日线 KDJ 已提前金叉几天了，股价也上升了一段，买入成本已抬高。激进型的投资者可提前买入，以求降低成本。

采用提前买入法需要满足以下两个条件：一是收周阳线，周线 K、J 两线勾头上行将要金叉（未金叉）；二是日线 KDJ 在这一周内发生金叉，金叉日收放量阳线（若日线 KDJ 金叉当天，当天成交量大于 5 日均量更佳）。

（2）周线 KDJ 刚金叉，日线 KDJ 已金叉买入法。

（3）周线 K、D 两线"将死不死"买入法。

此方法的采用需要满足以下三个条件：一是周线 K、D 两线将要形成死叉，但并没有真正发生死叉，K 线重新上行；二是周线 KDJ 金叉后，股价回档收周阴线，然后重新放量上行；三是日线 KDJ 金叉，用此方法买入股票时，可捕捉到快速强劲上升的行情。

KDJ 指标主要是利用价格波动的真实波幅来反映价格走势的强弱和超买超卖现象，在价格尚未上升或下降之前发出买卖信号的一种技术工具。它在设计过程中主要是研究最高价、最低价和收盘价之间的关系，同时也融合了动量、强弱指标和移动平均线的一些理念，因此，能够比较迅速、快捷、直观地研判行情。

第四节

布林线指标BOLL

一、什么是BOLL

BOLL 指标又叫布林线指标，是由约翰·布林提出的，它是股市的一种通道指标，简单来说，就是股价的"信赖区间"。由于布林通道的灵活性和顺应趋势的特点，它已成为市场上最受欢迎的技术分析指标之一。

根据股价趋势线的原理，股价高点的连接（压力线）和低点的连接（支撑线）会形成一个通道，这个通道就是布林通道。在上升趋势下，该通道被称为上升通道；在下降趋势下，该通道被称为下降通道。布林通道利用统计学原理计算股价的标准差及信赖区间，指标更能随机调整其变异性，上下限的范围不被固定，随股价变动。

在所有的指标计算中，BOLL 指标的计算方法是最复杂的计算方法之一，其中引进了统计学中的标准差概念，涉及上轨线（UP）、中轨线（MB）和下轨线（DN）的计算。另外，和其他指标的计算一样，由于选用的计算周期不同，BOLL 指标也包括日 BOLL 指标、周 BOLL 指标、月 BOLL 指标、年 BOLL 指标以及分钟 BOLL 指标等各种类型。经常被用于股市研判的是日 BOLL 指标和周 BOLL 指标。虽然它们在计算时的取值有所不同，但基本的计算方法一样。

以日 BOLL 指标计算为例，其计算方法如下：

1. 日 BOLL 指标的计算公式

中轨线 = n 日的移动平均线

上轨线 = 中轨线 ＋ 2 倍的标准差

下轨线 = 中轨线 — 2 倍的标准差

2. 日 BOLL 指标的计算过程

（1）计算 MA。

$$MA = \frac{n日内的收盘价之和}{n}$$

（2）计算标准差 MD。

$$MD = \sqrt{\frac{(C - MA)^2}{n}}$$

（3）计算 MB、UP、DN 线。

MB=（$n-1$）日的 MA

UP=MB ＋ 2×MD

DN=MB — 2×MD

在股市分析软件中，BOLL 指标一共由四条线组成，即上轨线 UP、中轨线 MB、下轨线 DN 和价格线。其中上轨线 UP 是 UP 数值的连线，用黄色线表示；中轨线 MB 是 MB 数值的连线，用白色线表示；下轨线 DN 是 DN 数值的连线，用紫色线表示；价格线是以 K 线表示，颜色为浅蓝色。与其他技术指标一样，在实战中，投资者不需要进行 BOLL 指标的计算，主要是了解 BOLL

指标的计算方法和过程，以便更加深入地掌握 BOLL 指标的实质，为运用指标打下基础。如图 4-12 所示。

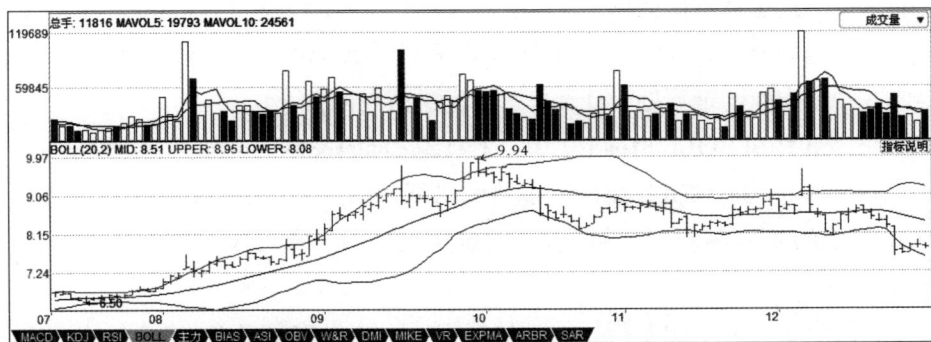

图4-12　布林指标例图

二、BOLL 指标看盘研判标准

（一）BOLL 指标上、中、下轨线之间的关系

BOLL 指标中的上、中、下轨线所形成的股价通道的移动范围是不确定的，通道的上下轨随着股价的上下波动而变化。在正常情况下，股价应始终处于股价通道内运行。如果股价脱离股价通道运行，则意味着行情处于极端的状态下。

在 BOLL 指标中，股价通道的上下轨线是显示股价安全运行的最高价位和最低价位。上轨线、中轨线和下轨线都可以对股价的运行起到支撑作用，而上轨线和中轨线有时则会对股价的运行起到压力作用。

一般而言，当股价在布林线的中轨线上方运行时，表明股价处于强势趋势；当股价在布林线的中轨线下方运行时，表明股价处于弱势趋势。

（1）当布林线的上、中、下轨线同时向上运行时，表明股价强势特征非常明显，股价短期内将继续上涨，投资者应坚决持股待涨或逢低买入。

（2）当布林线的上、中、下轨线同时向下运行时，表明股价的弱势特征非常明显，股价短期内将继续下跌，投资者应坚决持币观望或逢高卖出。

（3）当布林线的上轨线向下运行，而中轨线和下轨线却还在向上运行时，表明股价处于整理态势之中。如果股价处于长期上升趋势，表明股价在进行上涨途中的强势整理，投资者可以持股观望或逢低短线买入；如果股价处于长期下跌趋势，表明股价在进行下跌途中的弱势整理，投资者应以持币观望或逢高减仓为主。

（4）布林线的上轨线向上运行，而中轨线和下轨线同时向下运行的可能性非常多，这里就不做研判。

（5）当布林线的上、中、下轨线几乎同时处于水平方向横向运行时，则要依据股价当前的走势处于什么样的情况进行判断。

（二）K线和BOLL指标上、中、下轨线之间的关系

（1）当K线从BOLL指标的中轨线以下、向上突破BOLL指标中轨线时，预示着股价的强势特征开始出现，股价将上涨，投资者应以买入股票中长线持有为主。

（2）当K线从BOLL指标的中轨线以上、向上突破BOLL指标上轨线时，预示着股价的强势特征已经确立，股价将可能短线大涨，投资者应以持股待涨或短线买入为主。

（3）当K线向上突破BOLL指标上轨线以后，其运动方向继续向上时，如果BOLL指标的上、中、下轨线的运动方向也同时向上，则预示着股市的强势特征依旧，股价短期内还将上涨，投资者应坚决持股待涨，直到K线的运动方向开始有掉头向下的迹象时再密切注意行情是否转势。

（4）当K线在BOLL指标上方向上运动了一段时间后，如果K线的运动方向开始掉头向下，投资者应格外小心，一旦K线掉头向下并突破BOLL指标上轨线时，预示着股价短期的强势行情可能结束，股价短期内将大跌，投资者应及时短线卖出股票、离场观望，特别是对于那些短线涨幅很大的股票。

（5）当K线从BOLL指标的上方、向下突破BOLL指标上轨线时，如果BOLL指标的上、中、下轨线的运动方向也开始同时向下，预示着股价的短期强势行情即将结束，股价的短期走势不容乐观，投资者应以逢高减仓为主。

（6）当K线从BOLL指标中轨线上方向下突破中轨线时，预示着股价前期的强势行情已经结束，股价的中期下跌趋势已经形成，投资者应中线及时卖出股票。如果BOLL指标的上、中、下轨线也同时向下则更能确认。

（7）当K线向下跌破BOLL指标的下轨线并继续向下时，预示着股价处于极度弱势行情，投资者应坚决以持币观望为主，尽量不买入股票。

（8）当K线在BOLL指标的下轨线运行了一段时间后，如果K线的运动方向有掉头向上的迹象时，表明股价短期内将止跌企稳，投资者可以少量逢低建仓。

（9）当 K 线从 BOLL 指标下轨线下方、向上突破 BOLL 指标下轨时，预示着股价的短期行情可能回暖，投资者可以及时适量买进股票，做短线反弹行情。

（10）当 K 线一直处于中轨线上方，并和中轨线一起向上运动时，表明股价处于强势上涨过程中，只要 K 线不跌破中轨线，投资者就应坚决持股。

（11）当 K 线一直处于中轨线下方，并和中轨线一起向下运动时，表明股价处于弱势下跌过程中，只要 K 线不向上反转突破中轨线，稳健的投资者就应以观望为主。

三、布林线"喇叭口"的研判

布林线"喇叭口"的研判是 BOLL 指标所独有的研判手段。所谓布林线"喇叭口"是指在股价运行的过程中，布林线的上轨线和下轨线分别从两个相反的方向，与中轨线大幅扩张或靠拢而形成的类似于喇叭口的特殊形状。根据布林线上轨线和下轨线运行方向和所处的位置的不同，我们又可以将"喇叭口"分为开口型喇叭口、收口型喇叭口和紧口型喇叭口三种类型。开口型喇叭口形态常出现在股票短期内暴涨行情的初期，收口型喇叭口形态常出现在股票暴跌行情的初期，紧口型喇叭口形态则常出现在股价大幅下跌的末期。

（一）开口型喇叭口

当股价经过长时间的底部整理后，布林线的上轨线和下轨线逐渐收缩，上下轨线之间的距离越来越小，随着成交量的逐渐放大，股价突然出现向上急速飙升的行情，此时布林线上轨线也同时急速向上扬升，而下轨线却加速向下运动，这样布林线上下轨线之间的形状就形成了一个类似于大喇叭的特殊形态，我们把布林线的这种喇叭口称为开口型喇叭口。

开口型喇叭口是一种显示股价短线大幅向上突破的形态。它是形成于股价经过长时间的低位横盘筑底后，即将向上变盘时所出现的一种走势。布林线的上下轨线出现方向截然相反而力度却很大的走势，预示着多头力量逐渐强大而空头力量逐步衰竭，股价将处于短期大幅拉升行情之中。

开口型喇叭口形态的形成必须具备两个条件：其一，股价要经过长时间的中低位横盘整理，整理时间越长、上下轨线之间的距离越小则未来涨升的幅度越大；其二，布林线开始开口时要有明显的大的成交量出现。

开口喇叭口形态的确立是以 K 线向上突破上轨线、股价带量向上突破中长期移动平均线为准。对于开口喇叭口形态的出现，投资者如能及时短线买进定会获利丰厚。

（二）收口型喇叭口

当股价经过短时间的大幅拉升后，布林线的上轨线和下轨线逐渐扩张，上、下轨线之间的距离越来越大，随着成交量的逐步减少，股价在高位出现了急速下跌的行情，此时布林线的上轨线开始急速掉头向下，而下轨线还在加速上升，这样布林线上、下轨之间的形状就变成一个类似于倒大喇叭的特殊形态，我们把布林线的这种喇叭口称为收口型喇叭口。

收口型喇叭口是一种显示股价短线大幅向下突破的形态。它是形成于股价经过短时期的大幅拉升后，面临着向下变盘时所出现的一种走势。布林线的上、下轨线出现方向截然相反而力度很大的走势，预示着空头力量逐渐强大而多头力量开始衰竭，股价将处于短期大幅下跌的行情之中。

收口型喇叭口形态的形成虽然对成交量没有要求，但它也必须具备一个条件，即股价经过前期大幅的短线拉升，拉升的幅度越大、上下轨之间的距离越大则未来下跌幅度越大。

收口型喇叭口形态的确立是以股价的上轨线开始掉头向下、股价向下跌破短期移动平均线为准。对于收口型喇叭口形态的出现，投资者如能及时卖出则能保住收益、减少较大的下跌损失。

（三）紧口型喇叭口

当股价经过长时间的下跌后，布林线的上、下轨线向中轨线逐渐靠拢，上、下轨线之间的距离越来越小，随着成交量的越来越小，股价在低位的反复震荡，此时布林线的上轨线还在向下运动，而下轨线却在缓慢上升。这样布林线上、下轨线之间的形状就变成一个类似于倒小喇叭的特殊形态，我们把布林线的这种喇叭口称为紧口型喇叭口。

紧口型喇叭口是一种显示股价将长期小幅盘整筑底的形态。它是形成于股价经过长期大幅下跌后，面临着长期调整的一种走势。布林线的上、下轨线的逐步小幅靠拢，预示着多空双方的力量逐步趋于平衡，股价将处于长期横盘整理的行情中。

紧口型喇叭口形态的形成条件和确认标准比较宽松，只要股价经过较长时间的大幅下跌后，成交量极度萎缩，上、下轨线之间的距离越来越小的时候就可认定紧口型喇叭口初步形成。当紧口型喇叭口出现后，投资者既可以观望等待，也可以少量建仓。

四、BOLL 指标应用技巧

（1）当市场价格沿着布林通道上轨线运行时，说明市场是单边上涨行情，持有的多单要守住，只要价格不脱离上轨线区域就可耐心持有。

（2）在中轨线和下轨线之间时，只要不破中轨线，就说明是空头市场，交易策略是逢高卖出，不考虑买进。

（3）当价格运行在布林通道的中轨线和上轨线之间的区域时，只要不破中轨线，就说明市场处于多头行情中，投资者应考虑逢低买进。

（4）沿着下轨线运行时，说明市场目前为单边下跌行情，一般为一波快速下跌行情，持有的空单，只要价格不脱离下轨线区域就可耐心持有。

（5）布林通道的时间周期应以周线为主，在单边行情时，所持仓单已有高额利润，为防止大的回调，可以参考日线布林通道的原则出局。

（6）当价格运行在中轨线区域时，说明市场目前为盘整震荡行情，对趋势投资者来说，这是最容易赔钱的一种行情，应回避，空仓观望为上。

（7）布林通道缩口后的突然扩张状态，意味着一波爆发性行情将来临，此后，行情很可能走单边，可以积极调整建仓，顺势而为。

（8）当布林通道缩口后，在一波大行情来临之前，往往会出现假突破行情，这是主力的陷阱，应提高警惕，可以通过调整仓位化解。

（9）布林通道的缩口状态。价格在中轨线附近震荡，上、下轨线逐渐缩口，此是大行情来临的预兆，应空仓观望，等待时机。

本章操作提示

每一种技术指标都有各自的优缺点，都有其适用的环境，如果用单一的一个技术指标去判断趋势或是买卖点，都不是明智的。在实际操作中最好的办法是用几种技术指标同时去分析一种情况，如果几种技术指标叠加出相同的趋势或买卖点，结果的可靠性就会大一些。股民朋友一定要记住，没有哪一种技术指标是万能的，只有经历过市场的实践和考验之后，或许才能真正懂得其中的内涵和运用的奥妙。

第五章

短线看盘选股的技巧

　　股市中的每一个投资者都想在茫茫股海中选到一只赚钱的好股票，但是沪深两市的上千种股票中没有哪只股票能让投资者一眼就看出是赚钱的好股。

　　一方面是众人求好股，另一方面是好股难求。其实挑选好股并没有很多投资者想象的那么难，只要掌握了一些技巧，赚钱的好股便会手到擒来。本章提供了诸多短线看盘选股的技巧，投资者掌握了这些技巧，若能在实践中加以灵活运用，定会获益匪浅。

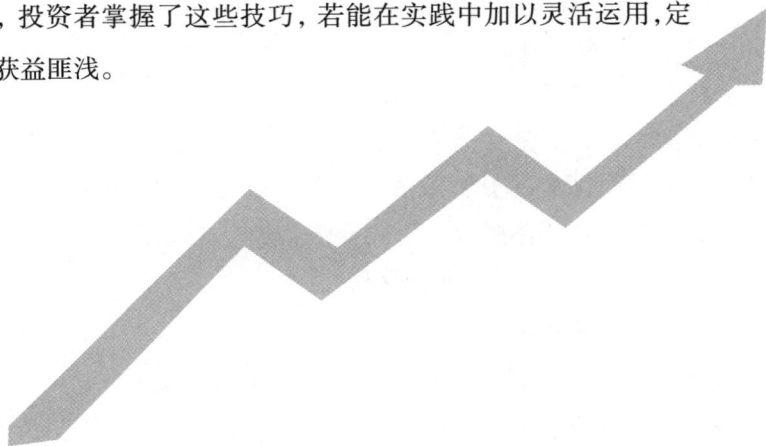

第一节

短线选股的常识

在股票投资过程中，大家赚钱的方法可能各有不同，但亏钱的人几乎都是因为犯了同样的错误——选股失误。从近两年的行情分析，每次上扬行情中涨升的个股所占比例不过 50%，而走势超过大盘的个股更是稀少，很多人即使判断对了大势，却由于选股的偏差，仍然无法获取利润。所以，掌握好的选股方法，对短线投资者来说是很重要的。

一、选股的基本策略

选股的基本策率可以归纳为以下几种。

（一）技术分析选股

利用技术分析选股须满足以下三大假设：

（1）市场行为涵盖一切信息。

（2）价格沿趋势变动。

（3）历史会重演。

在上述假设成立的前提下，以技术分析方法进行选股，一般不必过多关注公司的经营、财务状况等基本面情况，而是运用技术分析理论或技术分析指标，通过对图表的分析来进行选股。该方法的基础是股票的价格波动性，即不管股票的价值是多少，股票价格总是存在周期性的波动，技术分析选股就是从中寻找超跌个股，捕捉获利机会。

（二）选择高成长股

挑选高成长股进行投资近年来在国内外越来越流行。选择高成长股要关注的是公司未来利润是否具有高增长性，而市盈率等传统价值判断标准则显得不那么重要了。采用这一价值取向选股，人们最倾向的是高科技股。

（三）发现价值

发现价值方法的基本思路，是运用市盈率、市净率等一些基本指标来发现价值被低估的个股。该方法由于要求分析人具有相当的专业知识，对于非专业投资者具有一定的困难。该方法的理论基础是价格总会向价值回归。

二、短线选股的原则

短线投资者一般持股时间不长，短则一两天，长则一两周；一般不太关心个股的业绩和潜质，只关心个股近期会不会涨，会涨多少。所以短线投资者的选股方法更倾向于技术分析，尤其是盘面分析。短线投资者的选股标准有以下几个方面。

（一）选择走势较强的个股

判断个股是否是强势股主要通过以下三个方面进行：

（1）看个股走势。个股走势图比大盘强，即总体涨幅高于大盘，上涨时走得快，下跌时抗跌性强回落慢，而且会脱离大势，走出自己的独立行情。

（2）在技术上表现出强势。如RSI值在50以上，股价在5日、10日、30日移动平均线上，大盘下跌时该股在关键位有支撑，不管大盘怎样走，股价都不会创新低，等等。

（3）看盘口。主动性抛盘和大笔抛单少，下跌无量，上涨有量。短线操作一定要选择带量的股票，对底部放量的股票尤其应加以关注。

（二）选择有强主力介入的个股

如果股票的成交活跃，经常有大手笔买单，有人为控盘迹象，关键处有护盘和压盘迹象，成交量急剧放大又很快萎缩，报纸传媒经常刊登文章推荐等，都说明主力力量不小，选股时可作考虑。

（三）选择有潜在题材的个股

短线投资者喜欢炒作具有朦胧题材的个股，至于是否真实并不考虑，只要市场认同。题材一旦见光便结束炒作，即"利好出尽便是空"。

（四）选择目前市场炒作热点的个股

做短线最忌买冷门股，但若冷门股有爆炸性题材，且主力收集了很长时间，也极可能成为短线投资者的投资对象。

（五）选择技术形态向多的个股

要把握这一点较难，但一般而言，应回避技术指标出现见顶信号和卖出信号的股票，少选择已进入超买区的股票，尽量选择技术形态和技术指标刚刚发出买入信号的股票。

三、分析基本面

通过分析基本面选股，即对拟投资公司的基本情况进行分析，包括公司的经营情况、管理情况、财务状况及未来发展前景等，从研究公司的内在价值入手，确定公司股票的合理价格，进而通过比较市场价位与合理定价的差别来确定是否购买该公司股票。

（一）分析公司所处行业和发展周期

选择个股时，要考虑到行业因素的影响，尽量选择高成长行业的个股，而避免选择夕阳行业的个股。例如，我国的通信行业的经济增长速度远远高于我国总体经济增长速度，是典型的朝阳行业。通信类的上市公司在股市中备受青睐，其市场定位通常较高，往往成为股市中的高价贵族股。另外像生物工程行业、电子信息行业的个股，源于行业的高成长性也都受到追捧。

一般来说，任何行业都有其自身的产生、发展和衰落的生命周期，人们把行业的生命周期分为幼稚期、成长期、成熟期、衰退期四个阶段，不同行业经历这四个阶段的时间长短不一。一般在幼稚期，盈利少、风险大，因而股价较低；成长期利润大增，风险有所降低但仍然较高，行业总体股价水平上升，个股股价波动幅度较大；成熟期盈利相对稳定但增幅降低，风险较小，股价比较平稳；衰退期的行业通常称夕阳行业，盈利减少、风险较大、财务状况逐渐恶化，股价呈跌势。

（二）分析公司竞争地位和经营管理情况

市场经济的规律是优胜劣汰，无竞争优势的企业，注定要随着时间的推移逐渐萎缩及至消亡，只有确立了竞争优势，并且不断地通过技术更新、开发新产品等各种措施来保持这种优势，公司才能长期存在，公司的股票才具有长期投资价值。决定一家公司竞争地位的首要因素是公司的技术水平，其次是公司的管理水平，另外市场开拓能力和市场占有率、规模效益和项目储备及新产品开发能力也是决定公司竞争能力的重要方面。

除此之外，还要对公司的经营管理情况进行分析，主要从以下几个方面入手：管理人员素质和能力、企业经营效率、内部管理制度、人才的合理使用等。通过对公司竞争地位和经营管理情况的分析，对公司的基本情况有了比较深入的了解，对制定投资决策很有帮助。

（三）分析公司财务

对公司的竞争地位和经营管理情况进行的分析，主要是定性分析；对公司财务报表进行的财务分析则是对公司情况的定量分析。

（四）预测公司未来发展前景和利润

投资者可以综合分析公司各方面的情况，对公司的未来发展前景做一个基本的评估，分析方法主要从上面介绍的几个方面加以考虑。另外还可通过对公司的产品产量、成本、利润率、各项费用等各因素的分析，预测公司下一期或几期的利润，以便为公司的内在价值进行定量估计。由于专业性较强，这项工作一般由专业分析师进行。普通投资者虽然对利润预测难度较大，仍然可以根据自己掌握的信息做大概的估计，对于选股的投资决策不无裨益。

（五）结合市盈率指标

运用基本分析方法，我们可以通过每股盈利、市盈率等指标，并综合考虑公司所在板块、股本大小、公司发展前景等因素，确定公司的合理价格，如果价格被低估，则可作为备选股票，择机买入。

市盈率受多种因素影响，因此要辩证地看待市盈率，而且应该把市盈率和成长性结合起来考虑。在成长性类似的企业中，应选择市盈率低的股票，若一个企业成长性良好，即使市盈率高一些也可以介入。

在此方法中，市盈率是最重要的参考指标，究竟市盈率处在什么位置比较合理，并没有一个绝对的标准。市盈率水平与公司所处行业密切相关，市盈率还受股本大小和股价高低的影响。此外，公司是否具有高成长性，对市盈率有重大影响。

四、结合市场走势

除运用前面提到的基本分析和技术分析选股外，在不同的市场走势中，选股的思路也应有所不同，投资者应结合市场走势进行选股。当然在这一过程中基本分析和技术分析还是我们的主要分析工具。

（一）在牛市中选股

牛市中由于大部分个股都在上涨，因此如果只要求获利即可，难度不是很大，但想获取超过大盘涨幅的利润，则要颇费些工夫。

1. 选择龙头股

龙头股是股市的灵魂和核心，牛市中的龙头股更是起到带领大盘冲锋陷阵的作用，往往在整个牛市中一直向上不回头，一旦龙头股涨势乏力，也许牛市就快到尽头了。投资者只要跟定龙头股，一般均可收获不菲，而且风险较小。这一选股思路简单、易行，尤其对散户投资者来说，可操作性强。

2. 选择超强势股

超强势股在牛市中有如顺风扬帆、高速前进。超强势股一般有以下几个特点：

（1）介入机构实力强大。

（2）公司基本面情况有重大变化或情况良好。

（3）社会公众对该股评价甚高。

（4）该股在拉升前有一段较长的蓄势过程。

（二）在熊市中选股

在熊市中选股的难度要远远大于牛市及盘整市，因为大盘是在不断下跌，大部分个股的走势也是逐级向下，只有极少数个股逆势上扬。要从众多个股中挑选熊市中的牛股，犹如大海捞针，没有一定功力的非专业投资者最好谨慎选择。在熊市中选股虽然难度很大，但是还是有一些方法可循。

1. 选择基本面情况发生重大变化，业绩有望突升的个股

这类个股，无论在牛市还是熊市，都是受追捧的对象。由于该股的基本面发生了重大好转，因此股价上涨是迟早的事情。当然要注意介入的时机，不要等股价已经涨上天了再买进。

2. 选择具有长期良好发展前景的个股

具有良好发展前景的公司，是大多数人选股时追求的目标。这类公司经营稳健、发展前景光明，为许多人所看好，在牛市中股价可能高高在上，业绩被提前预支。然而在熊市中股价则可能随大盘大幅下跌，尤其在暴跌时，反而为投资者提供了绝好的买入机会，可以以很低的价格买到优质股票。当然，选择这类个股应立足于中长线，不能指望短期内即获高额利润。

3. 选择主力机构介入的个股

股市中的主力机构实力强大，非一般中小投资者可比，但是他们也有进出不灵活的弱点，一旦介入一只个股，就会持有较长时间，尤其在熊市中，

除非认输割肉出局，否则就要利用每次反弹机会，伺机拉升个股。中小散户只要介入时机合适，成本价在庄家之下或持平，并且不要贪恋过高的利润，则获利的概率还是很大的。

4.选择在熊市后期超跌的个股

在熊市后期或熊市已经持续较长时间，一些个股总体跌幅已深，综合基本分析和技术分析，下跌空间已很有限，跌无可跌。即使大盘继续下跌，这批个股也会提前止跌，率先企稳反弹。

总之，在熊市中选股，应坚持谨慎原则，总体上调低收入预期，评估某只股票是否有投资价值，也应根据当时的市场情况和平均市盈率水平来确定。

（三）在盘整市道中选股

盘整市道中，大盘一般在一个箱体上运行，上有顶、下有底，上下震荡，这时可以选择走势与大盘相仿的个股，进行一些短线操作。这类个股典型的形态是矩形，如果在矩形的早期，能够预计到股价将按矩形进行调整，那么就可以在矩形的下界线附近买入，在矩形的上界线附近抛出，来回做短线的进出，如果矩形的上下振幅较大，则这种短线收益也很可观。

（四）在反弹市道中选股

当大盘从谷底反弹时，正是投资者买进的好时机，但这时投资者却面临一个问题，即哪些股票在反弹中涨得比较快、涨幅比较大。这里有几项原则供参考：

（1）当股价滑落时，一般跌幅最深的个股反弹较为迅速、较为凶猛，即压得狠、弹得高。

（2）某一板块或个股被冷落或压抑的时间越长，股价低于价值的幅度越大，越可能成为新的热点。

（3）庄家深套其中的个股，反弹力度大。

（4）在沉寂的股市中，率先带领大盘反弹的领头股票。

能从反弹的股市中选择正确的目标，才是赚钱的高手。

五、结合市场热点

股票市场永远是一个推陈出新、热点不断变幻的场所。一般而言，一个比较火的热点形成后，通常会持续较长一段时间，因为一个热点的形成，需要挖掘、培育、人气的聚集、持续、反复等过程。在这个过程中，股市中存在着许多机会，就看你能不能把握住。

捕捉市场热点，需要敏锐的感觉和深邃的洞察力，在热点形成之初就要及时抓住，不要等到市场尽人皆知后才发觉，因为开始一段的利润往往是最丰厚的。还可以通过对市场运行情况、特点及当前热点的分析，找出今后可能出现的热点所在，成为先知先觉者。

一般来说，热点板块有以下一些特点：

（1）该板块存在长期被冷落、价值被低估的情况，而且这种情况在该板块中普遍存在。

（2）由于科技的进步或政策上的变化等基本面情况的改变，形成新的热点。

（3）该板块中存在超强势股，即板块的领头羊。

（4）市场对该板块的兴趣越来越浓，最终达成共识。

（5）热点板块中的个股，通常不能用业绩和市盈率的标准来衡量股价的高低，而与市场认同程度的高低有关。

第二节

利用趋势线选股的技巧

一、什么是趋势线

在技术分析这种市场分析方法中，趋势是绝对的核心内容。运用各种技术分析手段的目的就是帮助我们认识市场的趋势，从而顺应趋势的方向买卖股票，或者识别具有趋势性的转折信号，让我们把握最佳的买卖点。

趋势就是市场运动的方向。在股票市场，我们已经看到，市场并不是一条直线地上涨或者下跌，市场运动的特征就是前进中的曲折迂回，它的运动轨迹就像一系列前赴后继的波浪，会出现明显的波峰与波谷。如果要给趋势下一个简单而直观的定义，可以说趋势是由连绵不断的一系列依次上升或下降的波峰与波谷构成的。

趋势线是用画线的方法将低点或高点相连，利用已经发生的事例来推测次日大致走向的一种图形。上涨行情中两个以上低点的连线以及下跌行情中两个以上高点的连线，前者被称为上升趋势线，后者被称为下降趋势线。在各种股的股价图形中，若出现上升趋势线，股价波动必是向上发展；相反，若出现下降趋势线，股价波动必定向下发展，即使暂时出现反弹也不影响其总体的跌势。

正确地画出趋势线，人们就可以大致了解股价未来的发展方向，按所依据波动的时间长短不同，便出现三种趋势线：跨度在 1 个月之内的为短期趋势线（连接各短期波动点）；跨度在 1 ～ 6 个月的为中期趋势线（连接各中期波动点）；跨度在半年以上的为长期趋势线（连接各长期波动点）。图 5-1 就是典型的趋势线图。

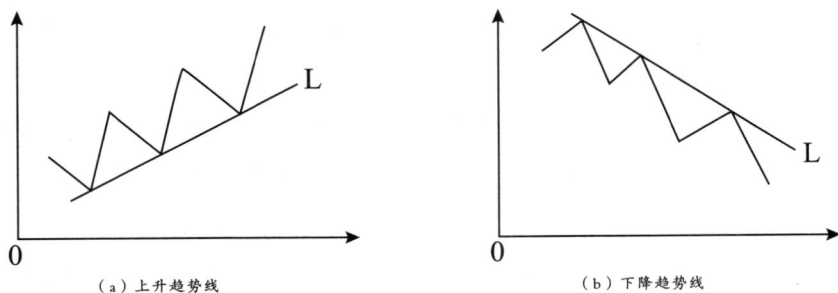

（a）上升趋势线　　　　　　　　（b）下降趋势线

图5-1　趋势线

二、趋势线选股的技巧

对趋势线有了了解以后，投资者就可以利用趋势线来选择股票进行短线操作了。

按照趋势线进行短线选股，主要有两种情况可以参与：一种情况是价格回探趋势线，另一种情况是价格向上突破趋势线。

（一）价格回探趋势线

价格回探趋势线，多发生在价格处于上升趋势时，或是区间震荡的情况下。如果股价是处于上升趋势中，则短线介入获利的概率极大。

在进行具体的选股操作时，可以先根据周K线图判断个股的整体运行方向，确定股票价格的中期、长期运行趋势并非处于下行趋势当中，然后再看日K线图，在日K线图中画出近期价格运行的趋势线。

如果价格回探趋势线的情况发生在区间震荡走势中，短线操作者可以考虑轻仓参与，进行波段操作。只要波动具有足够的幅度，控制好仓位，并且严格遵守操作原则，短线应可以获得不错的收益。

根据周K线及日K线图，确定股价运行的整体趋势为区间震荡走势。区间震荡走势的特点是临近的两个或两个以上的波峰高度基本相同，且临近的两个或两个以上的波谷位置也基本相同。两个波峰和两个波谷即可形成震荡区间，但通常需要第三个波峰或波谷来进行确认。

相比日K线呈上升趋势时股价回探趋势线的情况而言，区间震荡走势中股价上升的空间相对有限，而且成功的概率也略低于价格回探上升趋势线的情况，所以短线投资者持有的仓位也应相对较轻，且应设置更为灵活的止损计划。

（二）价格突破趋势线

价格也会出现对趋势线的向上突破。向上突破的有效性，可以通过突破的时间和突破的幅度两个指标来进行确认。在突破的时间和幅度上，短线投资者都可以根据自己的交易习惯进行调整，一般习惯于将时间指标定义为连续三个交易日，突破的幅度设定为5%。股价超过三个交易日运行于趋势线上方，即可视为趋势线被有效突破；股价向上突破趋势线超过5%，即可认为是趋势线被有效突破。

股价突破趋势线的阻力位难度较大，而阻力位一旦被有效突破，阻力位就会变成支撑位。所以，在上升趋势或区间震荡走势中，一旦趋势线被有效向上突破，可以看作新的上升趋势即将产生，或已有的上升趋势即将加速。通常价格向上突破趋势线后，股价上升的幅度和速度都会加剧，短线投资者可以以此为信号进行短线交易，而且操作成功的概率和收益的比例都比较大。也就是说，在上升或震荡的趋势中，价格有效向上突破趋势线后，短线投资者可以买入股票，而且持仓量可以略大于价格回探趋势线时的持仓量。

（三）趋势线选股操作的加减仓

在短线操作中，持仓仓位并非一成不变的，需要根据股价运行的不同情况灵活调整仓位，这样才能实现收益的最大化。

短线投资者在价格回探区间下沿时介入，价格震荡至区间上沿时，鉴于区间上沿产生的压力，短线投资者应考虑清仓或减掉部分仓位，因为相对来说股价突破区间上沿的可能性较小。之后，如果股价有效突破区间上沿，短线投资者则应果断重新进场。如果之前采取过减仓的策略，此时可以考虑重新加仓，以便在上升走势中持有更大的仓位，获得更大的资金收益。价格在原上升通道中运行时，每一次价格回调都可以看作是短线入市的机会，但仓位不应过高。在突破上升通道上沿之后，短线投资者应加重仓位，并在价格接近下一个阻力位时再行减仓。

（四）其他关键位置

除了上面讲解的两种关于趋势线的操作以外，其他一些关键位置的操作也很重要，如黄金分割价位、价格整数关口等。

1. 黄金分割价位

在股价的上涨或下跌过程中，运行一定的区间之后，股价通常会按照一些固定的百分比进行回撤，如33%、50%、67%以及黄金分割的61.8%和38.2%。至于价格按这些百分比回撤的原因，有人认为是潜在的自然规律，也有人认为仅仅是偶然现象。客观上来说，应该认为价格按百分比回撤是自然规律、正常供求关系加上投资者心理因素共同作用的结果。

价格按百分比回撤，本来只是股价运行中的一种倾向，本身并不会非常精确。但是，因为市场中有大量的投资者认同百分比回撤理论，所以在价格接近百分比回撤的位置时，短线投资者常会采取相应的操作，这些行为就使得这种倾向表现得更加具体和明显，这也就是为什么阻力位往往出现在非常精确的百分比回撤处。符合上述这些百分比的价位，对于判断支撑位和阻力位具有较强的实战意义。同样，投资者在短线选股时，也可以参照这些比例。

2. 价格整数关口

如低价股在面临以元为单位的价格整数关口时，高价股面临以5元或10元为单位的价格整数关口时，都存在阻力和支撑的作用。整数和百分比位置的阻力和支撑，主要来自投资者的心理。由于人性具有相似性，所以其作用具有普遍性和持久性。

第三节

利用移动平均线选股的技巧

很多投资者都希望能够掌握一种通过仅有的少量市场行情信息，即可对市场进行准确判断的方法，以避免股市投资中信息不对称给自己的投资造成的负面影响。那么通过移动平均线进行短线选股和操作，不失为一条有效的途径。移动平均线是将多日的关键价格通过平均计算得出的，反映了股价波动的内在规律，同时也暗示了未来价格可能存在的运行方向。充分了解移动平均线的内在规律，熟练掌握移动平均线的使用方法，对股票投资和短线操作有着重要的意义。

一、移动平均线的特性

移动平均线具有以下几项特性。

1. 趋势性

移动平均线能够表示股价运行趋势的方向，所以具有趋势的性质。

2. 稳定性

移动平均线不像日线那样会起起落落地震荡，而是起落相当平稳。上行时通常缓缓向上，下行时通常会缓缓向下。

3. 安定性

通常周期越长的移动平均线，越能表现安定的特性，即移动平均线不会轻易上下波动，必须待股价涨势真正明朗了，移动平均线才会往上延伸，而且经常股价开始回落之初，移动平均线却是向上的，等到股价下滑显著时，才能见到移动平均线调头向下，这是移动平均线最大的特点。周期越短的移动平均线安定性越差，越长的移动平均线安定性越强，但也因此使得移动平均线有延迟反应的特性。

4. 助涨性

股价从移动平均线下方向上突破，移动平均线也开始向右上方移动，这可以看作是多头支撑线。股价回跌至移动平均线附近，自然会产生支撑力量。短期移动平均线向上移动速度较快，中长期移动平均线向上移动速度较慢，但都表示一定期间内的平均持股成本增加。卖方力量若稍强于买方，股价回跌至移动平均线附近，便是买进的时机，这是移动平均线的助涨特性，直到股价上升缓慢或回跌，移动平均线开始减速移动，股价再回落至移动平均线附近时，移动平均线才失去助涨的功能。

5. 助跌性

股价从移动平均线上方向下突破，移动平均线也开始向右下方移动，成为空头阻力线。股价回升至移动平均线附近会产生阻力，因此移动平均线下行时，股价回升至移动平均线附近便是卖出时机，此时移动平均线有助跌作用。直到股价下跌速度减慢或开始回升时，移动平均线才开始减速移动。股价若再与移动平均线接近，移动平均线便失去了助跌作用。

二、单一移动平均线选股

（一）5日移动平均线选股

5日移动平均线由于周期较短，所以其对价格的反映也相对灵敏，同时波动也更为剧烈。正是因为这样的特点，决定了它不能反映市场的长期发展趋势，更适合投资者据此进行短线特别是超短线操作。

超短线操作的优势是买卖操作较为灵活，可以避免股票价格大幅回调时给投资者带来的资金风险。缺点是由于操作的周期较短，无法确定趋势是否真正形成，因此判断正确的概率与较长周期移动平均线相比略低，而且由于买卖信号出现频繁，操作次数相应增加，交易成本偏高。在横向震荡整理的走势中，多数超短线操作均为微利或小亏，但由于其本身是比较积极的追市交易策略，所以不容易错过市场中的主要拉升过程。

个股的短期走势容易受到主力资金操盘意图的影响，主力资金由于数量相对较大，所以在主力短线拉升股价之前，必定会有一个准备的周期。在主力准备拉升股价的这段时期，市场通常表现为相对平缓的震荡整理走势。市场震荡整理一定周期之后，个股开始启动，当某一日的5日移动平均线末端方向向上扬，当日股价从 5 日移动平均线下方向上穿越 5 日移动平均线，收盘价收于 5 日移动平均线之上，则可视为超短线入场的信号。为了避免日内股价大幅波动的影响，可以考虑在收盘前几分钟介入，这样可以避免日内大幅波动带来的风险。

使用移动平均线进行短线选股，通常是以某个移动平均线或均线组合信号为入场依据，以相同的移动平均线或均线组合信号为离场依据。短线投资者应以价格向上穿越 5 日移动平均线为介入信号参与市场，同样也要以价格向下穿越 5 日移动平均线作为离场信号。

如图 5-2 所示，日照港（600017）由于横向整理的时间相对较长，故价格在这一期间数次收盘于 5 日移动平均线上方及 5 日移动平均线下方，如果按照 5 日移动平均线选股的方法操作，则可能会多次建仓和离场。但在最终的上升行情出现时，采用这种方法选股的投资者不会踏空行情，可以及时参与到市场当中，坐享股价大幅度拉升所带来的收益。

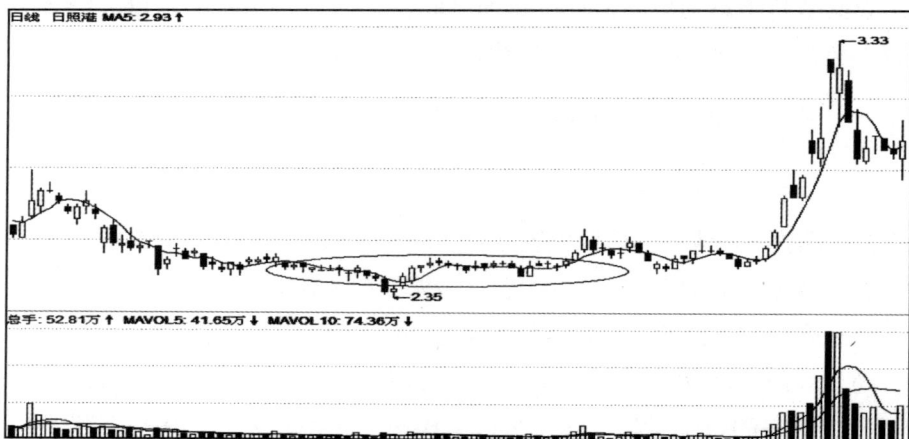

图5-2　5日单一均线例图

按 5 日移动平均线选择个股进行超短线操作的方法，需要注意以下几个要：

（1）股价并非处在明显的下降趋势中。明显处在下跌趋势中的个股，不仅不适合依据本方法参与，并且几乎在所有的技术分析方法中都不会建议买入。

（2）价格在穿越 5 日移动平均线之前，要有一个窄幅整理的过程。如果之前股价震荡幅度太大，显然不适合采用这种方法选股和短线操作。

（3）价格一定要从下方穿越末端向上扬起的 5 日移动平均线，这样才有较高的获胜概率。另外，短线操作时，一定要在收盘前介入，如果介入太早，可能当日要承担较大的价格波动风险。

由于 5 日移动平均线有较强的敏感性，所以同其他周期更长的移动平均线选股方法相比，其成功率和收益率并不是最理想的，但这种方法更适合习惯较频繁操作的超短线风格的投资者使用。

（二）10 日移动平均线选股

10 日移动平均线在短线走势中起到一个分界线的作用。如果股价运行于 10 日移动平均线上方，则其短线走势相对安全；如果运行于 10 日移动平均线以下，则说明短线走势可能隐藏着风险。

与依据 5 日移动平均线选股和操作的方法相比，采用 10 日移动平均线选股和操作，买卖操作的频繁程度大大减小，对短线趋势判断的准确率也有所提高。另外，如果市场出现加速上涨的行情，依据 10 日移动平均线提供的信号进行选股和操作，投资者也不会错过主要的拉升过程。

依据 10 日移动平均线选股和操作，具体方法与股价突破 5 日移动平均线的方法相似：当个股处在区间整理或震荡上行趋势当中时，某一日股票价格从 10 日移动平均线下方向上穿越 10 日移动平均线，并且临近收盘时价格始终在高于 10 日移动平均线的位置上运行，则可在收盘时买入参与。短线投资者以价格向上穿越 10 日移动平均线作为介入信号参与市场，同样也要以价格向下穿越 10 日移动平均线作为离场信号。

如图 5-3 所示的万科 A（000002），该股频繁在 10 日移动平均线上下震荡（图中圈出区域），此时按本方法操作，基本没有收益。但之后股价三次向上穿越 10 日移动平均线（图中向上箭头所示），其中前两次收益分别约为 6.6% 和 35%，第三次买入至收盘浮盈 36%。

以价格突破 10 日移动平均线进行选股和短线操作，需要注意的事项基本与价格突破 5 日移动平均线相同，但可以不过多地考虑 10 日移动平均线末端的指向。另外，采取任何一种选股方法，离场信号出现后，一定要果断地执行离场计划。

（三）20 日移动平均线选股

通常移动平均线的时间周期越长，对价格的作用力越大，其可靠性也就越强。所以，20 日移动平均线作为短线选股和操作依据的周期跨度较长的移动平均线，具有非常重要的作用。

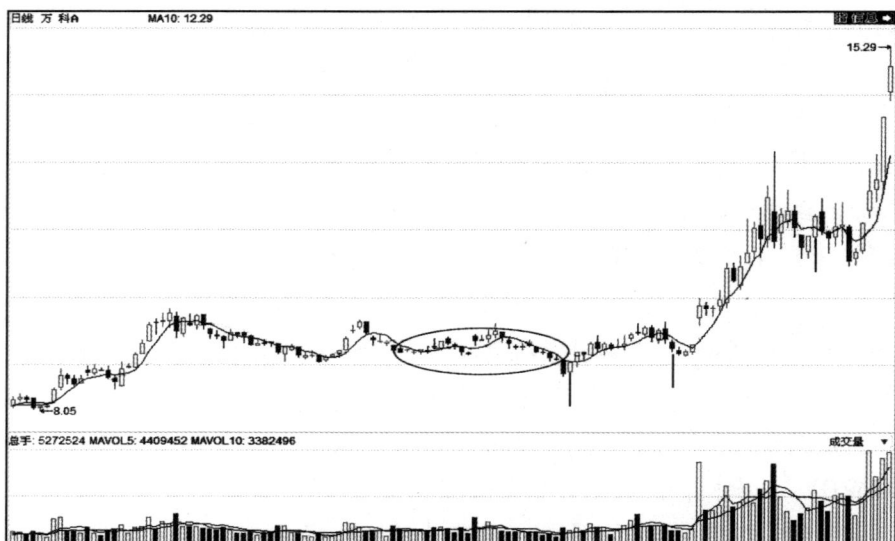

图5-3 10日单一均线例图

价格运行于 20 日移动平均线上方，意味着股票中线走势良好。如果股价原本运行在 20 日移动平均线下方，而某一日收盘价格突破 20 日移动平均线，常常意味着中线趋势已向上涨方向靠拢，投资者可以适当介入，短线持有。

当个股处于区间整理或震荡上行趋势中时，某一日股票价格从 20 日移动平均线下方向上穿越 20 日移动平均线，并且临近收盘时价格始终在高于 20 日移动平均线的位置上运行，则可在收盘时买入参与。同时，投资者要以价格向下穿越 20 日移动平均线作为离场信号。

如图 5-4 所示的中国宝安（000009），该股出现震荡回升的迹象。随后向上突破 20 日移动平均线，技术上出现买入信号。18 日后股价向下小幅穿越 20 日移动平均线，此时出现离场信号。短线投资者以该信号作为选股和操作的依据，那么此区间累计收益可达约 20%。

三、均线组合短线选股

投资者把不同周期的移动平均线结合起来使用，各种移动平均线相互补充，可以更好地发挥指导短线选股和操作的作用。

常用的均线组合有 20 多种，主要有 4 日、9 日均线组合，4 日、9 日、18 日均线组合，5 日、10 日、20 日均线组合以及 30 日、60 日、120 日均线组合。

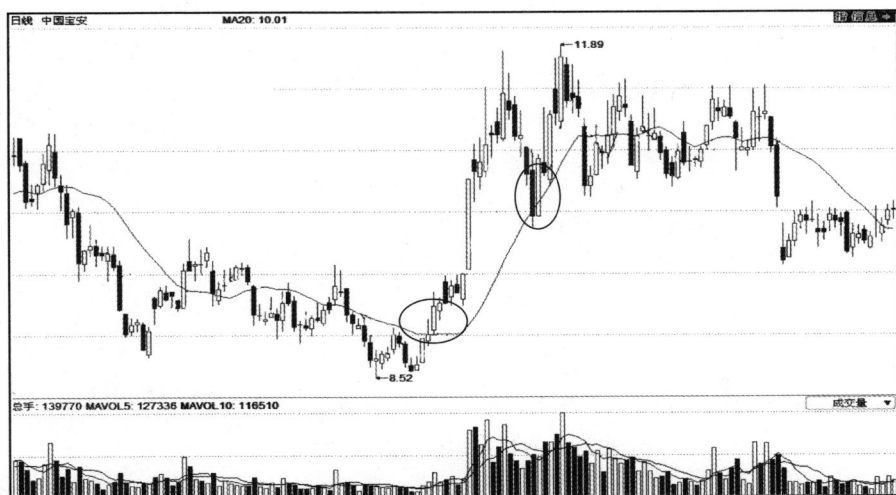

图5-4　20日单一均线例图

（一）4日、9日均线组合选股

利用4日、9日均线组合，能够有效地捕捉到股性活、波幅大的个股，因此，依据这一均线组合发出的买卖信号，能够很好地指导超短线投资者进行选股和买卖操作。

利用4日、9日均线组合选股具体方法如下：9日移动平均线末端上扬，4日移动平均线从9日移动平均线下方向上穿越，某日收盘价格高于4日移动平均线时，即可视为短线入场的信号。也就是说，在满足9日移动平均线末端上扬的前提下，当日收盘价收于4日移动平均线之上，4日移动平均线高于9日移动平均线，则为介入信号。离场应以当日收盘价跌穿4日移动平均线，4日移动平均线低于9日移动平均线为依据，但此时9日移动平均线末端的方向并不重要。

如图5-5所示，深物业A（000011）按照4日、9日均线组合短线选股原则，分别出现买入信号（图中向上箭头所示），对应的卖出信号如图中向下箭头所示。按买入信号出现和卖出信号出现当日的收盘价计算，两次超短线操作的收益分别约为21%、33%。

（二）5日、10日、20日均线组合选股

这组均线组合是相对稳健的短线投资者或波段投资者最常使用的均线组合。依据5日、10日、20日均线组合进行选股和短线操作相对可靠，并且错误信号较少，交易成本相对较低。

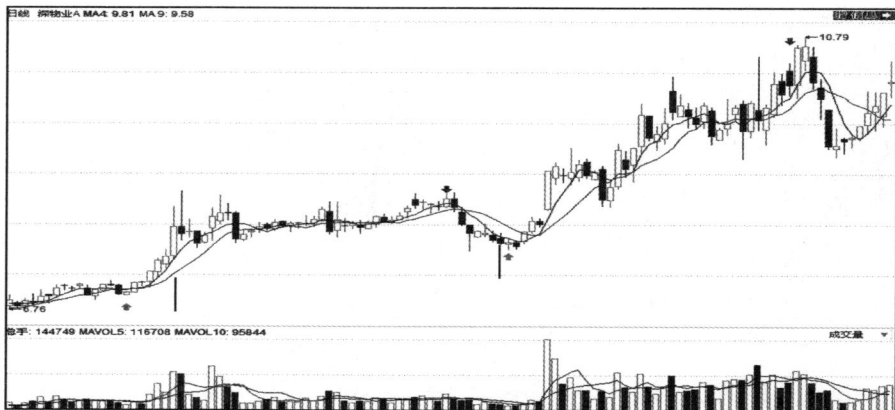

图5-5 4日与9日均线组合例图

对于刚刚入市或者经验不足的投资者来说，依据 5 日、10 日、20 日均线组合进行选股和短线操作有一定的难度。所以，这类投资者最好还是先耐心观察，以理解依据均线组合选股和短线操作的内涵，之后再用较轻的仓位尝试性参与。

依据 5 日、10 日、20 日均线组合进行选股和短线操作的具体方法如下：

1. 判断股价运行方向

判断阶段性的股价运行方向，主要使用 60 日移动平均线，判断依据主要是收盘价格与 60 日移动平均线的相对位置高低以及移动平均线末端的方向指向。如果收盘价格高于 60 日移动平均线，且 60 日移动平均线末端上扬，则可以视为股价处于阶段性上升趋势中；反之，如果收盘价格低于 60 日移动平均线，且 60 日移动平均线末端向下，则可认为股票处于阶段性下跌趋势中。其他情况应暂时视为震荡趋势。依据 5 日、10 日、20 日均线组合选股和操作，一定要在趋势处于上升过程中时介入，震荡走势或下跌趋势中则不宜参与市场操作。

2. 介入

确定了阶段性的趋势之后，接下来再参照收盘价格与 5 日、10 日、20 日移动平均线的位置关系选择买入点。如果 5 日移动平均线高于 10 日移动平均线，10 日移动平均线高于 20 日移动平均线，此时收盘价格高于 5 日移动平均线，即可视为介入信号，即收盘价＞ 5 日移动平均线＞ 10 日移动平均线＞ 20 日移动平均线时，可以考虑买入。

3. 离场

入市之后，在出现离场信号之前，持资者应当一直持有手中的股票，而离场信号出现后，则应果断离场。以 5 日、10 日、20 日均线组合发出入场信号选股介入的股票，也应以 5 日、10 日、20 日均线组合发出的信号为离场信号，即 5 日移动平均线低于 10 日移动平均线，10 日移动平均线低于 20 日移动平均线，此时收盘价格低于 5 日移动平均线，即可视为离场信号，即收盘价＜ 5 日移动平均线＜ 10 日移动平均线＜ 20 日移动平均线时，投资者要果断卖出离场。

　　如图 5-6 所示，保利地产（600048）按照 60 日移动平均线判断股价运行趋势，该股可以确定为上升趋势。盘中出现收盘价＞ 5 日移动平均线＞ 10 日移动平均线＞ 20 日移动平均线的情况，短线投资者可在当日收盘前买入，也可在次日开盘后择机买入。

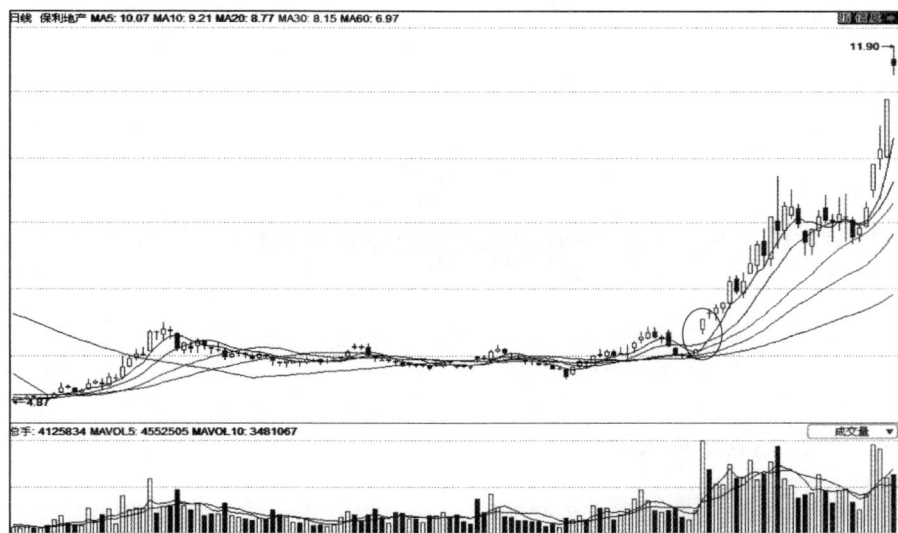

图5-6　均线组合例图

（三）调整均线组合

　　根据市场情况对选股规则进行调整，是保证在不同时期的市场中获得稳定收益的关键。依据 5 日、10 日、20 日均线组合短线选股的方法，在特殊时期可以将其周期略做修改，比如将其调整为 4 日、9 日、18 日均线组合。因为任何一种技术分析方法，在不同的市场时期，其应用效果都会有差异。

　　4 日、9 日、18 日均线组合，就是 5 日、10 日、20 日均线组合的变体。当市场处于牛市行情中时，以 5 日、10 日、20 日均线组合为短线介入信号，可能与其他以 5 日移动平均线为信号的系统同时出现入场信号，这时由于买盘较大，很容易出现成本大幅升高的情况。但如果将均线组合略做调整，修订为 4 日、9 日、

18日均线组合，即收盘价高于4日移动平均线，4日移动平均线高于9日移动平均线，9日移动平均线高于18日移动平均线时入场，则可以使投资者更早一步入场，而且在牛市中两种均线组合发出的入场信号，其准确率基本上没有差别。

在熊市中，如果采用5日、10日、20日均线组合，也可能会出现离场时抛盘较多，损失较大的情况，这时如果采用4日、9日、18日均线组合，可以提前一步发出离场信号，使卖出行动更早一步，以减少股价迅速下跌带来的损失。在熊市中，价格易跌难涨，所以4日、9日、18日均线组合发出的离场信号，其准确率与5日、10日、20日均线组合基本相同。

第四节

利用K线图选股的技巧

一、K线底部买入信号

依据K线图底部的买入信号很多，在这里，给大家介绍一些常用的底部买入信号，希望对广大投资者有所帮助。

（一）开盘秃阳线

开盘秃阳线表示在开盘后，买方发动的攻势较强，卖方难以阻挡，因此股价一路上升；但在收盘前，股价受卖方打压，价格开始回落。图5-7就是典型的开盘秃阳线。

一只股票经过深度回调，并在低价位横盘数日，如果某日出现了开盘秃阳线，则说明股价已经见底，后市将会有一段时间的回涨。如果第二天继续收阳，就是介入的最佳时机。

低价位或箱形整理开盘秃阳线也是一个强烈的买入信号，但是需要注意的是，应结合其他指标判断，此阳线要确定出现在底部，同时阳线不宜过长，第二天若继续收小阳，则可大胆介入；若收阴，则应继续观望。

（二）三川破晓明星

股价经过深幅调整后在低价位出现一条大阴线，而次日，向下空跳收一条小图线（阴阳均可），在三日内将该向下跳空缺口回补并拉出中阳线，称为"三川破晓明星"线。该线的出现表示重要的阶段性底部显现，这是强烈的见底信号，可抓紧买入。图5-8为典型的三川破晓明星。

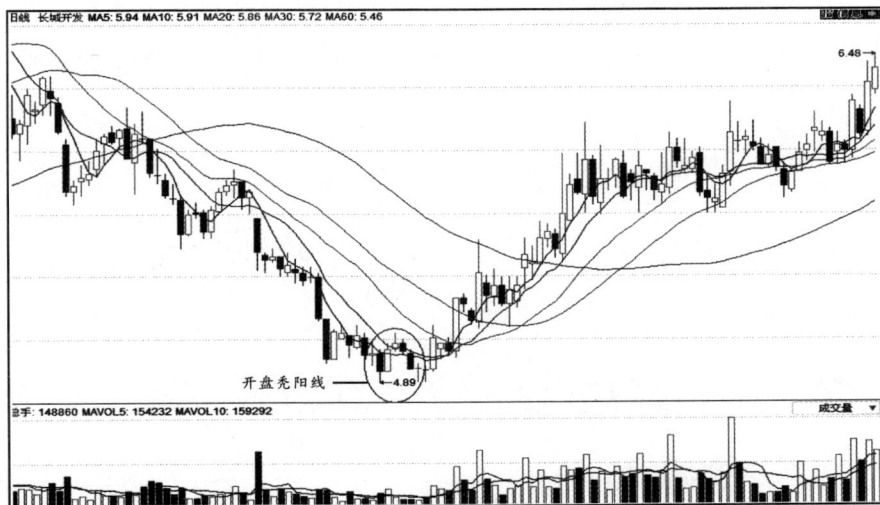

图5-7　开盘秃阳线

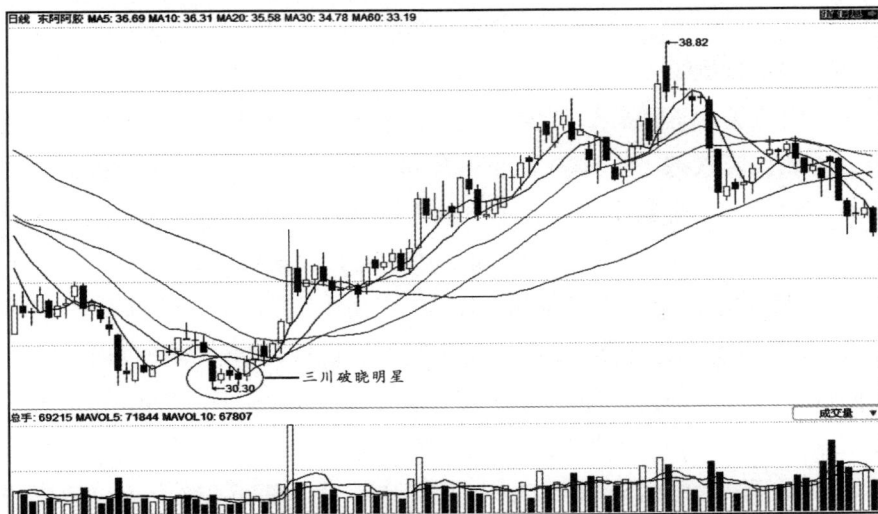

图5-8　三川破晓明星

（三）低价位孕线

低价位孕线是指经过一连串的阴跌或整理之后出现了一个大阳线或大阴线，而次日又出现了一个短小的图形，其上下幅度都没有超过前一个交易日的幅度，这样的情况，我们就称之为低价位孕线。低价位孕线分阳孕阴、阴孕阳、阴孕阴、阳孕阳、十字星孕线等形态。在低价区，上述形态均为买入信号。

图5-9是标准的阴孕阳。

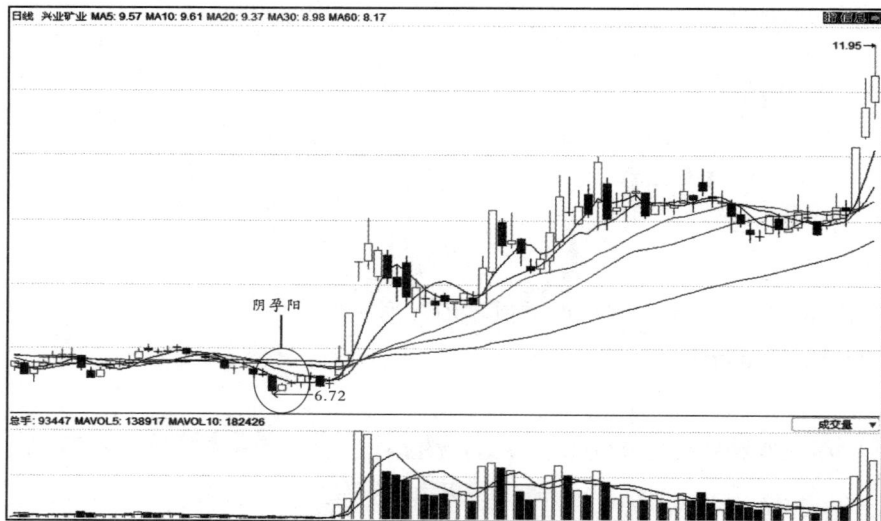

图5-9　阴孕阳

（四）低价位抱线

在一段持续的下跌后，某日出现一条小阴线，次日出现一条大阴线或大阳线，形成包容状态，这样的K线组合称为低价位抱线。低价位抱线表明在持续的下跌后，出现的小阴线表示下跌力量减弱；随后出现的大阴线或大阳线，其最高价超过了前一日的最高价，表示买方力量加强，形式利于多方。

不论是阳抱阴、阴抱阳、阳抱阳或是阴抱阴，都是买入信号。图5-10为宝光股份（600379）的日K线图，这是典型的低价位抱线（阳抱阳）。

低价位抱线一般是比较准确的买入信号，尤其是"异性相抱"，阴抱阳或者阳抱阴更加准确。低价位抱线的周抱线比日抱线更加准确，基本可以放心买入。而下降途中的阴抱阴，一般是反弹信号，最好不要介入，或者快进快出。

图5-10 阳抱阳

（五）底部三鸦

底部三鸦是三条阴线组成的倒"山"形图形。如图 5-11 所示的中国石化
（600028）的走势形成了底部三鸦。

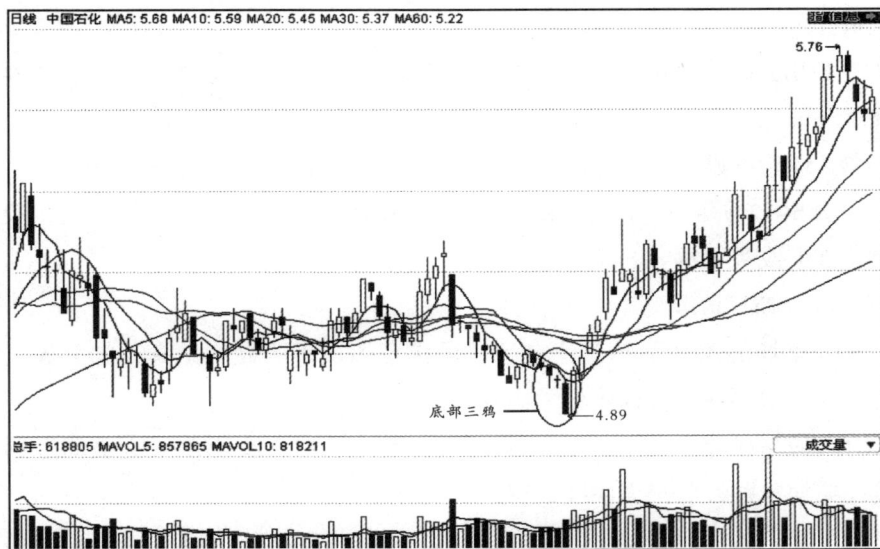

图5-11 底部三鸦

底部三鸦多出现在股价深跌后的低位，是典型的见底买入信号，可放心
做多。该图有时也出现在其他位置，但没有实际意义，可不予理会。底部三

鸦有如下三个形态特征：

（1）三条阴线由中阴线构成，如果出现图5-11所示中间的阴线为阴十字星，则底部信息更加确定。

（2）该形态的第二条阴线一般平开，低开更好，如留有较长的下影线，其见底的可能性更高。

（3）第三条阴线一般是向上跳空高开，高开的幅度应与前两条阴线实体的长度相当，略小也可，但不宜太小，收盘价最好是收在第二条阴线的开盘价之上，如果第三条阴线的收盘价收到第二条阴线的实体内较靠下的地方，则不能按底部三鸦的图形操作。

二、K线上升途中的买入信号

K线上升途中的买入信号主要有以下五种。

（一）平台突破形

平台突破形即股价突破上升平台，是上升途中的介入良机。这样的K线形态主要特征如下：

（1）股价连续涨升，往往在此阶段很难看出股价未来的趋势，散户也没有胆量介入。

（2）几天后，股价在一个阶段性高位横盘整理。一般要1～2周完成整理过程。

（3）股价突破平台的标准应该是适度放量，同时上升幅度超过3%。

如图5-12所示，白云机场（600004）在旗形整理之后出现红三兵，股价向上突破形成买入机会。

（二）一波三折形

多数市场的主力不愿意让自己的操作意图过于明显地暴露，加上震仓洗盘的需要，股票在上升途中经常出现一波三折的形态。

（1）股票价格首先急升，有的还形成跳空缺口，在明确了突破向上后又毫无征兆地急跌，收出大阴线，将缺口回补。

（2）随后的3～6天中，股价在一个小范围内没有规则地上下波动，形成一个旗形整理态势。

（3）在成交量明显减少后突然有一根阳线向上突破，这样的走势属典型的洗盘形态。

图5-12 平台突破形

如图 5-13 所示的湘邮科技（600476），该股开始跳空上涨，随后出现两根大阴线回补缺口，股价也随之下跌，此时很多散户已经被震仓出局，但是10天之后，股价又重新涨回到缺口顶部位置，随即一发不可收拾。

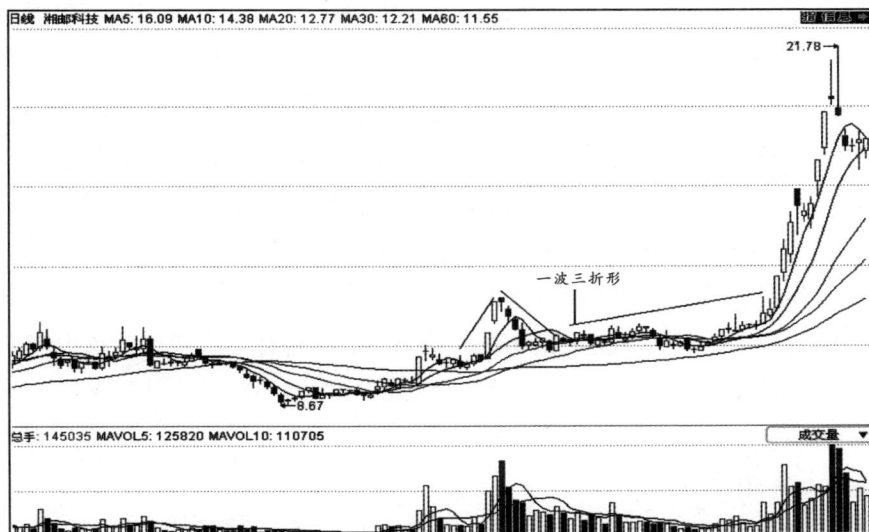

图5-13 一波三折形

（三）阳光灿烂形

阳光灿烂形往往表示主力做多的信念坚定，主要表现为"三阳开泰"式的连续多根大阳线或中阳线的组合，尤其是连续并列的阳线，更加表现了上升势头的猛烈。

如图 5-14 所示的杭萧钢构（600477），该股经过长期整理之后，做多行情变得十分坚定，形成一片阳光灿烂的局面。

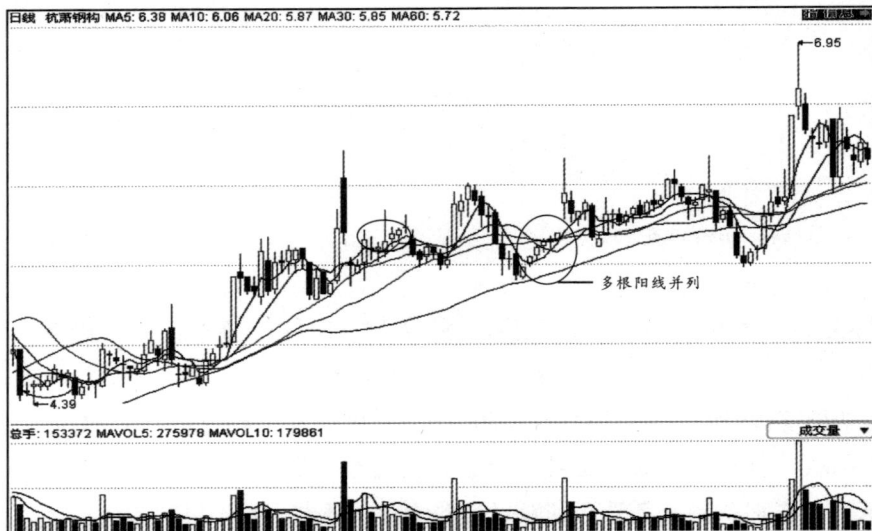

图5-14　阳光灿烂形

（四）丹凤回头形

丹凤回头形往往在操盘时有一定的投机性，与大势的配合较为明显。股价在上升途中多出现一些插入线和斩回线。但出现一条阴线后往往能够在下一个交易日收一条向下跳低开盘的阳线，其收盘价格进入到前阴线实体中心值的附近，有的还能够收到上方，这说明多头力量依然强劲，主力控盘力量没有减弱。这样的形态依然是买入良机。

如图 5-15 所示的华伍股份（300095），随着大盘回调两天，该股随后即用两根阳线收回失地，可以看出多头力量仍然强大，随后出现了跳空高开上攻的局势。

（五）金星闪烁形

在股价上升途中出现一根大阳线，随后出现两到三颗星形线或者十字星。然后，又在市场的犹豫中突然收出一根令人疑惑的阳线，其收盘价高于或接近星形线的最高价，此形态出现后，预示着该股将会有一波急拉行情。

如图 5-16 所示，该股收出一根长阳之后连续出现四根小阳线，随后继续拉出阳线，可以确认多头势力强劲，要果断买入或继续持股待涨。

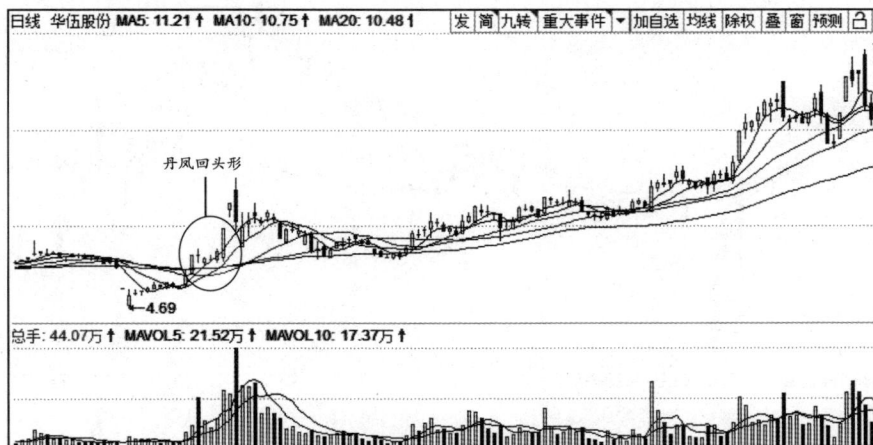

图5-15　丹凤回头形

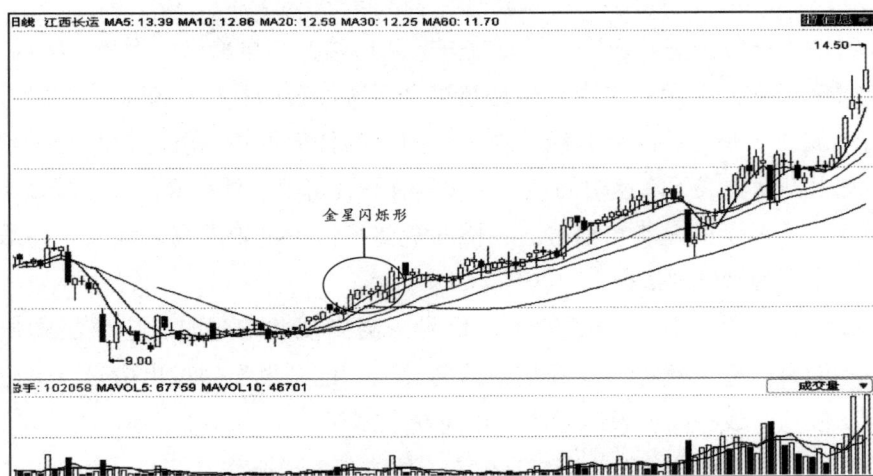

图5-16　金星闪烁形

三、K线卖出信号

依据K线卖出的信号很多，在这里介绍几种常见的卖出信号，希望对投资者有所帮助。

（一）乌云线

乌云线也称覆盖线，由一条阳线和一条阴线组成，阴线在阳线收盘价之上开盘，在阳线实体内收盘，形成乌云盖顶之势。具体图形如图5-17所示。

图5-17　乌云线

　　行情连续数天扬升之后，隔日高开。随后买盘不愿追高，大势持续回落，收盘价跌至前一日阳线之内。这是超买之后所涌现的卖压，获利了结盘大量抛出形成的下跌走势。乌云线可在走势图中的任何位置出现，但只有出现在高位和上升途中或下降途中的乌云线才具有研究价值。处在高位或下降途中的乌云线，所显示的是卖出信号。在横向盘整行情中出现的乌云线属于一般波动，不能作为操作的依据。

　　高位乌云线是比较强烈的卖出信号，当出现此信号时，应坚决卖出股票，不能有丝毫的犹豫。下降途中的乌云线，也是很强的卖出信号，也应像对待高位乌云线一样，及时卖出，以免越套越深，不能自拔。还应注意的是，千万别把上升途中的乌云线当成高位乌云线进行卖出操作。

　　（二）挽袖线

　　挽袖线可在走势图中的任何位置出现，处在高位和下降途中的挽袖线，均为卖出信号。按照处在天顶高位处挽袖线卖出股票后，应远离股市，等待股价调整到位后才可重新买入。但在波段顶部卖出股票后，须时时关注后市的走势，一旦调整到位，应及时买回，迎接下一波的升势。挽袖线是由一阴一阳两条 K 线组成的图形，有如下两种形态。

　　（1）第一条 K 线为阳线，第二条 K 线为阴线，且阴线在前阳线的实体内开盘，在前阳线的最低价之下收盘。如图 5-18 所示。

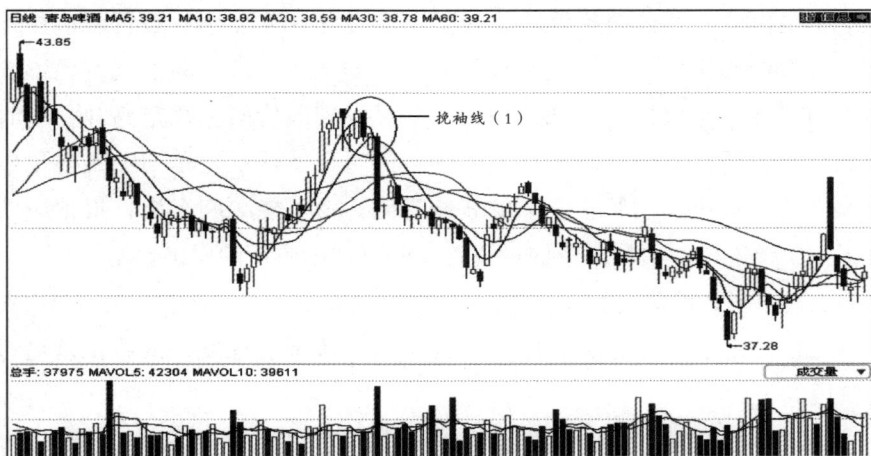

图5-18 挽袖线（阳线在前）

（2）第一条 K 线为阴线，第二条 K 线为阳线，阳线在前阴线的实体内开盘，在前阴线的最高价之上收盘。如图 5-19 所示。

图5-19 挽袖线（阴线在前）

（三）向上跳空星形线

向上跳空星形线是由一根中阳线或长阳线，与一根跳空高开的小阴星或者小阳星组成。向上跳空星形线是典型的见顶信号，该形态出现后，行情一般会出现一段下跌走势，应及时卖出股票，以免高位套牢。

向上跳空星形线出现后，有的股票仅收一条阴线就反弹收阳线，在星形线出现的当日没来得及卖出的投资者，应该趁反弹之机果断卖出，如果再失去这次卖出机会，就会使到手的盈利至少要损失 10% 以上，投资者应格外珍惜这一可贵的卖出机会，不能存有等待反弹的侥幸心理。向上跳空星形线的最佳卖出时间就是星形线出现的当天，一旦发现股价向上跳空高开，同时出现大成交量，股价呈现暴涨随后下跌的走势时，就可认定是向上跳空星形线的形成，此时就应卖出手中全部的获利筹码。为了能顺利卖出，报价应低于市价 1 ~ 2 个价位，获利丰厚的投资者，还可挂出更低的卖出价格。

向上跳空星形线具有如下三大特征：

（1）在该组合出现前应该有至少 10% 的阶段上涨幅度，或者说该星形线处于阶段高位。

（2）该形态的前一根 K 线必须是一根大阳线，当日升幅至少在 2% 以上。

（3）第二根星形线必须与第一根阳线在实体之间，有向上跳空缺口。

如图 5-20 所示的是中储股份（600787）的日 K 线走势图，从图中标注可以看出，该股就出现了一根非常典型的向上跳空星形线。

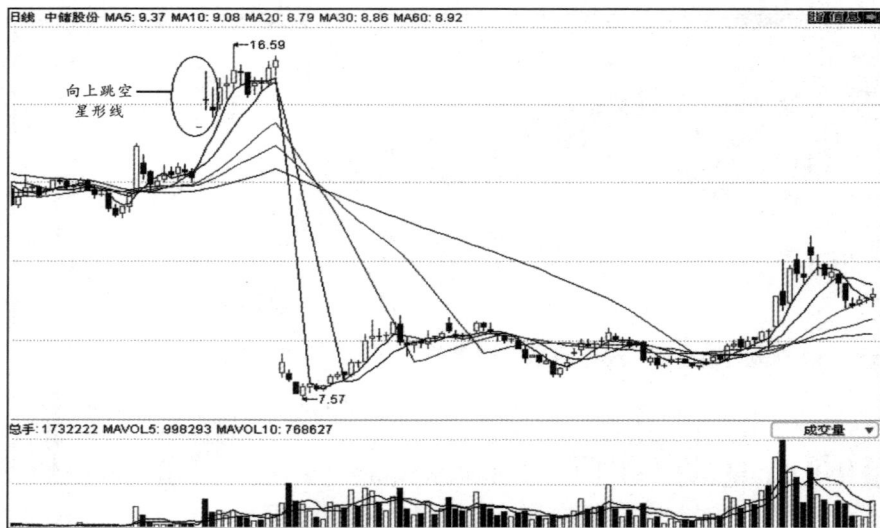

图5-20　向上跳空星形线

（四）高位待入线

股价涨升到高位后，某日出现一根大阴线，第二天在阴线底部附近开盘，收一根小阴线，收盘价与前一根阴线的收盘价同值或接近，但不能进入阴线实体内，这种形态的组合就是高位待入线，该线预示着股价已经到了顶部，后市将以向下调整为主。待入线是判断行情走势的重要信号之一，处在高位的待入线多为见顶信号，应卖出股票。

图5-21为大有能源（600403）的K线走势图。从图中可以看出，该股走出了一个十分典型的高位待入线形态，股价随即出现连续下跌。

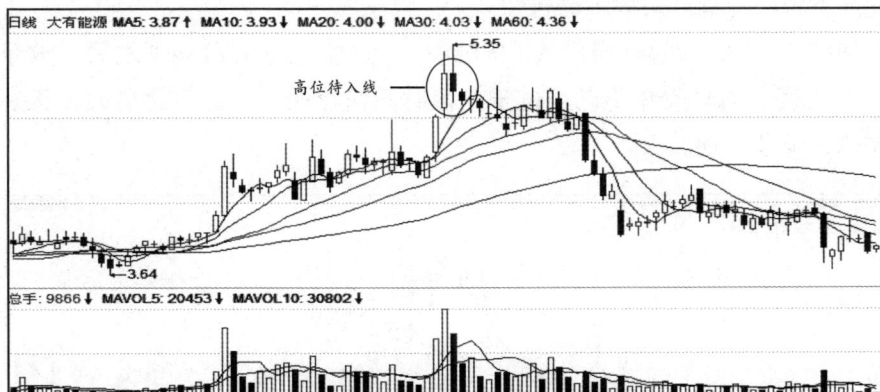

图5-21 高位待入线

（五）高位切入线

高位切入线与高位待入线的图形基本相似，即在高位出现一条大阴线后，紧接着走出一条小阴线，在前阴线的实体以下开盘，在前阴线实体内的下端收盘。切入线是一条弱势线，是强烈的卖出信号。

如图5-22所示的银星能源（000862），该股收出一根大阴线之后，连拉出一根小阳线和一根小阴线且都在大阴线之下，反抗力度很弱，这是明显的高位切入线卖出信号。

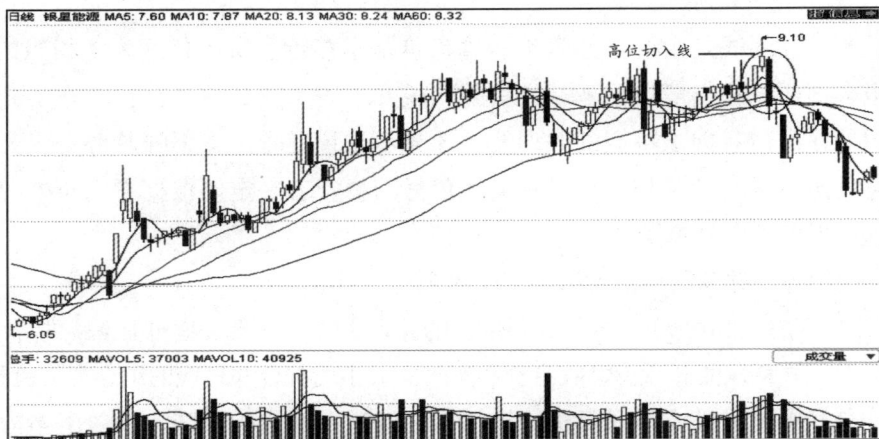

图5-22 高位切入线

（六）高档横盘整理中跳空大阴线

股价在高档横盘整理，连日小阴小阳不断，某一日忽然大幅向下跳空，股价跌落至其横盘区域收市，形成高位的大阴线。其后，股价再无力向上，只能向下突破，展开一段下跌行情。

如图 5-23 所示的峨眉山 A（000888），该股经过横盘整理之后，放量出一根大阴线，当日收盘价已经位于前段时间横盘所在价位，之后股价无法得到支撑，继续下跌。

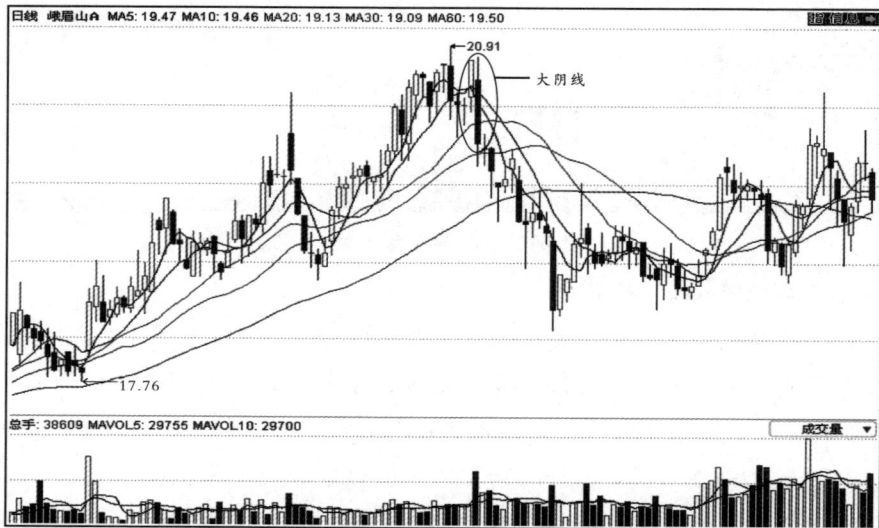

图5-23　高档横盘整理中跳空大阴线

（七）齐头并列线

齐头并列线是由两条开盘价和收盘价基本接近、实体长度大体相当的 K 线组合而成。在一般情况下，齐头并列线并不表示什么信号，只有在上升趋势中处在高位且向上跳空的并列线，才显示见顶信号；在下降趋势中，处在低位且向下跳空的并列，才显示见底信号。投资者一定要根据它们所处的位置进行买入或卖出操作。

操作齐头并列线应注意以下三个事项：

（1）在特殊情况下，处在天顶部位的并列阴线，不要求是向上空跳的形态，只需要两条 K 线的开盘价、收盘价和实体的大小均符合并列线的组合要求就行。

（2）并列阴线或并列阳线，指的是它们所在部位的并列，一般不考虑上下影线的长短。

（3）要注意区分并列阳线和并列阴线所处的位置，如"高位"与"低位"问题。一般没有绝对标准，需要根据个人的经验判断。

图 5-24 就是典型的齐头并列线，两面针（600249）在顶部出现了两根齐头并列线，之后股价下跌。

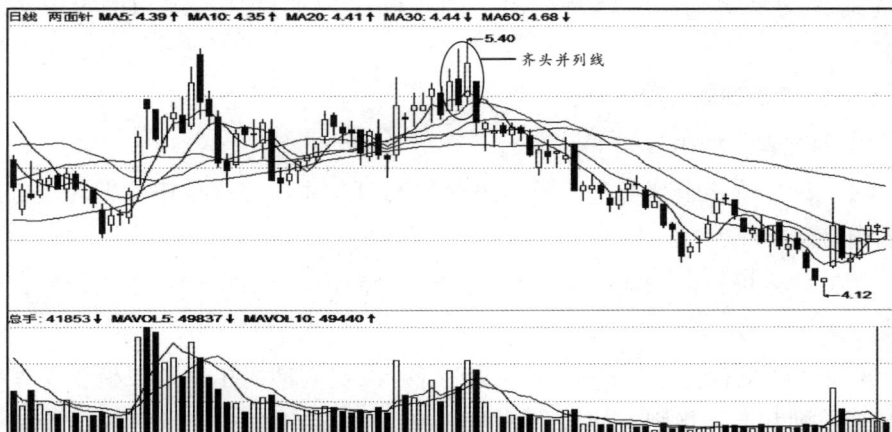

图5-24　齐头并列线

第五节

短线的其他选股技巧

一、周规则选股技巧

（一）认识周规则

周规则是以周为时间周期，以对周或周的整数倍区间产生突破为信号的交易规则。经常使用到的周期是 2 周、4 周、8 周，特别是其中的"4 周规则"是较常用的。

周规则虽然是趋势交易法则，但由于周规则兼具很多均线系统的优势，使用更为简单，而且依据该法则操作的准确率高，所以在短线操作中也可以充分发挥作用。但由于周规则对使用者的心理素质要求很高，同时，越来越复杂且富于想象力的交易系统的出现，使人们忽视了这种简单的、更为基础的交易法则，所以目前使用周规则作为主要交易规则的投资者并不多。

（二）"4 周规则"使用方法

"4 周规则"的内容如下：

（1）只要价格上涨超过 4 周（20 个交易日）中的最高价格，即为买进入场的信号。

（2）如果价格回调或下跌，达到 4 周（20 个交易日）中的最低价格，则为卖出离场信号。

4 周规则是较为常用的方法。投资者可以将周期简单地加以调整，设定出 2 周规则和 8 周规则。如果是 2 周规则，则以价格突破 2 周内（10 个交易日）最高价为买入信号，以价格跌破 2 周最低价格为卖出信号。8 周规则则以价格突破 8 周（40 个交易日）最高价为买入信号，以跌破 8 周最低价为卖出信号。

周期的调整使这一交易规则适合不同的操作风格，比如 2 周规则适合短线或超短线的投资者使用，4 周规则适合短线、波段操作的投资者使用。

如图 5-25 所示的五矿发展（600058），该股出现了相对于前 4 周（20 个交易日）内最低价格的突破，按照 4 周规则，视为卖出信号（以向下箭头表示）。

投资者还可以在 4 周规则的基础上对其进行进一步的优化。很多时候，在整体市场还没有形成明确的上涨趋势时，股票价格出现突破 4 周内的最高价格后，股价上涨的幅度相对有限，短线投资者如果仍然按照对 4 周内的最低价格出现突破来卖出离场，则有可能损失掉大部分利润，甚至出现暂时的亏损。为了避免在盈利之前过早离场，可以仍然用 4 周规则作为买入信号，但改用两周规则作为离场信号，即出现价格突破 4 周中最高价格时买进入场，价格回调低于两周内最低价格时卖出离场。

周规则可以适用于任何时间周期，它不仅可以当作交易系统使用，还可以当作辨别趋势是否反转的工具。使用周规则交易的投资者，无论是否对其进行优化，都应该始终如一地按照同样的规则去执行操作。因为周规则或优化了的周规则都是高概率的事件，长期严格地按规则来执行操作，就可以用更多的正确操作带来的收益弥补偶尔失误带来的亏损，并获得应有的利润。对于趋势投资者来说，很有可能几个月或是一两年中的主要收益，就是按其中一两次信号操作获得的。

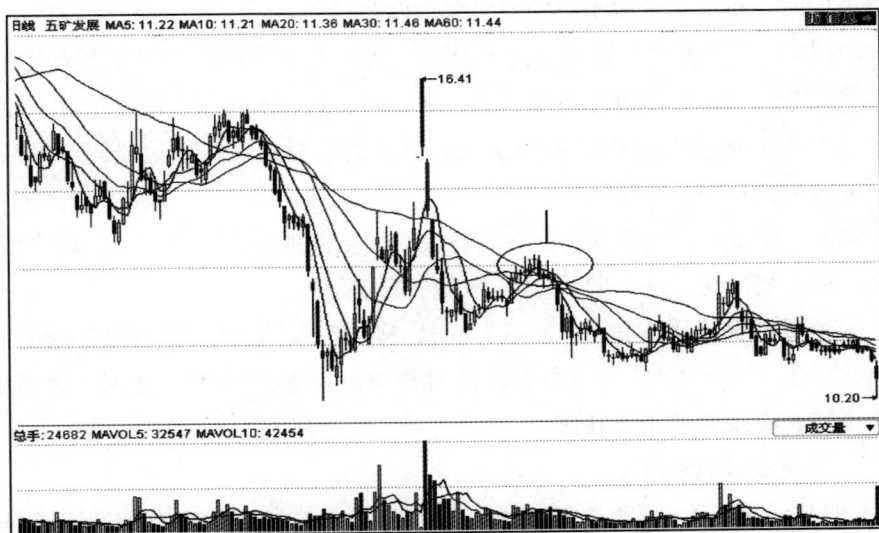

图5-25　五矿发展日K线图

二、根据成交量选股的技巧

成交量无论在对大盘指数还是个股的走势判断中，都有着很重要的参考意义。K线形态和均线指标代表了当前的行情发展趋势，而成交量则反映了资金的流向。如果趋势没有资金的配合，那么就是伪趋势，至少是难以持续的趋势。

股市中流传着这样一句话：量在价先。这句话的意思是说，在价格还没有向一个趋势方向发展的时候，成交量已在准备着为这个趋势提供推动的力量了。在进行技术分析和短线选股操作时，经常要讲到量价配合，比如前面讲解的利用动能指标短线选股，主要就是通过成交量和价格之间的配合来判断股票的价格走势。

（一）日换手率

日换手率是指在某一个交易日中，某只股票当日的成交量所占流通股本总数的比例。股票随每一日的日成交量不同而出现不同的换手率，日换手率是个股日成交量大小的具体表现形式，并且能够反映出某只股票的市场人气，显示出市场筹码在这个交易日内转手买卖的具体情况。

常态下，一只股票的换手率越高，说明该股票的股性越活跃；换手率越低，则说明该股股性越沉闷。市场的热点板块或个股，通常都是较为活跃的。短线选股时，也应对个股平时的换手率加以观察。

4% 以下的换手率在股市中比较普遍，通常表明没有较大的实力资金在其中运作。当一只股票的换手率在 4%～8% 时，则表示该股已经处于相对活跃的状态当中，应该引起投资者的注意。当其他指标出现买入信号时，则买入的可靠性大幅提高。

8%～12% 的日换手率往往在强势股大幅上涨的过程中出现，此时个股基本上已被市场广泛关注，股价处在平稳待涨的阶段。

当个股的日换手率达到 12% 以上时，多数时候表明股票价格已达到阶段性高点，甚至有可能是历史高点，此时价格波动幅度放大。遇到这种情况，短线投资者应该考虑逢高减仓。

（二）成交量选股技巧

（1）选股时，一定要选择技术走势正处于上升初期或者有加速上涨迹象的股票。

（2）价格前期已明显止跌回升，并处在 60 日移动平均线上方。

（3）如果采用单日换手率接近或超过 10% 的方法选股，那么换手率达到 10% 左右的交易日，应是 3 个月内首次出现日换手率达到 10%，或者之前出现过日换手率达到 10%，但股价已稳定运行在达到 10% 换手率之时的价格平均成交区间。

如果满足以上几点，那么出现日换手率达到 10% 的成交量时，所处价格相对该股的历史价格越低，则短线参与的安全性越高，同时也可以考虑以更多的仓位参与其中。

如果满足了上面几点，但日换手率达到 10% 且价格上方不远处即为强阻力位（比如前期高点、重要压力位等），那么短线投资者在考虑参与时应相对谨慎，不宜过于激进，以避免出现诱多等因素带来的风险。

第六节

短线选股实战技巧

一、短线捕捉黑马股

不少投资者都渴望能够捕捉到一些黑马股。黑马股大多出现在前期的冷门股中，由于这些冷门股的股价长期停滞不前，因此一般不被投资者看好，但这些冷门股却会在某一天突然开始异动。比如在长期下跌和成交量持续萎缩后，股价突然开始慢慢放量上涨，日 K 线图上开始出现下影线很长的 K 线。随后的时间里，这些股票的股价会继续慢慢地上涨，并且股价走势很可能从此发生根本性的变化，从而演变为黑马股。对于黑马股，投资者不要怕它的股价比原来的高，因为上涨趋势一旦形成，就会形成惯性，能够推动股价上涨一段空间。

冷门股之所以能够演变为黑马股，其背后必然隐藏着不被投资者知道的秘密，或者是重大的资产重组消息，或者是业绩突然大幅提升等。面对股价飙升的黑马股，投资者应该忘记前期的所有利空，顺应个股趋势做多。

投资者要是细心观察就会发现黑马股具有以下一些特征：

（1）股票一般多为绩差股，股价发动初期价位大多比较低。

（2）过去股价曾经沉寂了很长一段时间，被市场视作冷门股。

（3）在技术形态上有足够的上涨空间。

（4）因股权变动、资产重组等原因，酝酿出一个新题材。

（5）在朦胧的题材刺激下，股价步步走高，当消息公布后，股价即开始回落。

（6）题材常有哗众取宠之感，而无实质性的内容。

（7）股价飙升时容易吸引钟爱低价股的散户追涨；一旦股价出现快速回落，就会有很长一段时期的沉寂，重新沦落为冷门股。

此外就是有主力炒作的冷门股也很可能成为黑马股。主力炒作短线黑马股的基本规律是：吸货—连拉阳线后派发—急拉—大量出货—砸盘或釜底抽薪，股价像自由落体一样快速回落。一些 ST 股票的强势上涨多属这类短线黑马股。

二、短线投机大盘股

众多大盘股一般会受到发展规模的限制以及行业特征和地位的限制，如果长期投资，不可能有很好的回报，而从短线进行投机往往会有很好的回报。

大盘股从根本上来说，是具有很高的投机价值的。主要表现在以下几个方面：

（1）流动性比较好，主力资金进出比较方便，适合大资金的运作。

（2）大盘股由于盘子过大，通常股价都很低。很多散户有这样的观念，认为同样的资金可以买入更多数量的低价股，因此这些股票容易受到散户特别是新股民的青睐，这一特点使得大盘股在牛市中行情接连不断。

（3）大盘股在指数中所占的比重较大，主力可以通过炒作大盘股来控制指数。

在投机大盘股之前，投资者要对行情的展开有个预估，因为大盘股的行情每年最多只能做一次，而且要有 30% 左右的上升空间才值得入场。之后无论盈亏，当大盘股行情结束时，都要坚决清仓离场。

三、短线操作龙头股

龙头股是指在热点板块走强的过程中，行情上涨时冲锋在前，行情回调时相对抗跌，能够起到稳定军心作用的"旗舰型"股票。这类股票一般都有实质性题材或业绩提升作为依托，股价上涨时能同时带动同一板块或有同一概念、相邻概念的股票一起上涨；如果该股价格回调，也会导致板块内其他股票的股价同时回落。龙头股能通过对板块的影响间接影响大盘指数的涨跌，从而形成板块效应或热点效应。由于龙头股通常有大资金介入，因此，投资龙头股往往风险小且涨幅大，是中短线投资的最佳品种。

（一）发现龙头股

要发现市场龙头股，就必须密切留意行情，特别是股市经过长时间下跌后，有几只个股会率先反弹，较一般股票表现坚挺，此时虽然谁都不敢肯定哪只个股将会突围，引导大盘向上盘升，但可以肯定龙头股就在其中。只要圈定这几只个股，然后再考察各只股票的基本面，基本上就可以确定哪只股票将充当龙头股。

一只股票是不是龙头股，可以从以下几个方面来判断：

（1）龙头股通常是低价或中价股，因为价位适中的股票能得到投资者的追捧，高价股不具备炒作的空间。

（2）龙头股的流通市值要适中，适合大资金运作和散户追涨杀跌，大市值的股票很少能充当龙头股。

（3）龙头股通常在大盘下跌末期市场恐慌时逆市涨停，提前见底，或者先于大盘启动，并且经受大盘一轮下跌的考验。

（4）龙头股的上涨通常是从涨停板开始。涨停板是多空双方最准确的攻击信号。

（5）龙头股能同时满足日 KDJ、周 KDJ、月 KDJ 低位金叉。

（二）龙头股操作技巧

可以从以下几个方面操作龙头股：

1. 根据板块个股选龙头股

密切关注板块中大部分个股的资金动向，当某一板块中的大部分个股有资金增仓现象时，要根据个股的品质，特别留意有可能成为领头羊的品种。一旦某只个股率先放量启动时，确认向上突破有效后，就不要去买其他跟风股了，应专心追涨这只领头羊。

2. 追涨龙头股的第一个涨停板

龙头股涨停第一日，如果龙头股当日龙头地位比较明确，要及时介入。介入的位置有两个：涨幅在 5% 以下时，在第二波放量拉升时介入；涨幅超过5% 时，则要等待涨停时以涨停板价位坚决介入。若当日没有机会介入，则可选择涨得最好的次龙头股介入。如果次龙头股第二日不能涨停，或股价回落过急，则要逢高抛出，然后择机换成龙头股，以争取利润最大化。

龙头股涨停第二日，介入机会有以下几种：股价平开或小幅高开的，放量拉升时最好介入；大幅高开（5% 以上）并迅速封涨停的，则等封涨停后介入，以防被套在高位；大幅高开而后回落的（此时异常放量），出现迅速上攻动作时介入或涨停后介入，板块效应明显的也可以在股价被打到低位时提前介入；低开低走留下较长上下影线或收出小阴线、小阳线的，暂时不要介入，应继续观察该股第三日的表现；开盘即封涨停的，可以以涨停板价介入，不过这种操作需要大盘的强势配合。

3. 在龙头股强势整理期间介入

龙头股行情一般中途会有强势整理的阶段，这时是投资者参与龙头股操作的最后机会，投资者需要把握其休整的时机积极参与。

炒作龙头股要敢于介入，一只龙头股从诞生到被确认，其股价一般均已上升30%以上，但不要因为该股已有一定的升幅就不敢介入。只要被认作龙头股，一波行情中一般至少也会有70%以上的升幅。主力也会介入与龙头股相关的股票，以便获得更大的收益。投资者炒作龙头股时，资金不必全仓杀入。虽然一轮行情产生后，龙头股表现远远较一般股票出色，但不一定是最出色的。因为一旦行情被龙头股激起，部分市场主力就会找到与此类似的股票介入，趁机狂炒，企图浑水摸鱼，有时会出现部分个股乱涨一气的局面。

四、短线选择强势股

有经验的投资者都知道最佳的操作策略是追逐强势股，因为只有强势股才能给投资者带来高额利润。

（一）辨别强势股

从以下几个方面，投资者可以很快辨别出强势股与弱势股。

（1）当利好消息出现时，能快速作出反应的为强势股，而反应速度较慢或者干脆没有反应的则为弱势股。

（2）当利空消息出现时，对利空作出快速反应的是弱势股，而反应速度慢或者干脆没有反应的是强势股。

（3）在板块方面，能够带头领涨的股票，也就是大家称为龙头股的股票是强势股，而同板块中在板块联动时反应速度慢并且上涨无力的是弱势股。

（4）在大盘上涨时能带量上涨的是强势股，而无量滞涨的是弱势股。在大盘调整时能逆势上涨的是强势股，而跌幅超过大盘的则是弱势股。

（二）追踪强势股

追踪强势股，短线投资者首先要有胆识，也就是该追的时候要毫不犹豫地追进去，该出来的时候也要毫不犹豫地斩仓出局，绝不拖泥带水。追踪强势股要注意以下三点：其一是看个股在涨幅榜的位置，即是否能够进涨幅榜的前 10 名；其二是看成交量，即看该股的成交量是否能占据个股交易量的前几位；其三是看该股的运行趋势，看股价是否处于上升趋势中。

1. 在涨势中追踪强势股

在涨势中追踪强势股，第一种方法是选取那些自己熟悉的股票。由于长时间关注着这类股票，所以对其股性比较了解，投资者能够较好地掌握主力的操作手法、操盘风格和股价运行规律。在开盘前的集合竞价过程中，首先要观察哪类股票的竞价比较高，那么这些股票就属于强势状态。

第二种方法是在集合竞价结束后，先看涨幅排名。当看到涨幅排名榜中首先涨停的个股时，立刻查看该股所属板块。如果发现此板块有很多股票涨势不错，就要选择其中涨势较好的个股，然后添加到自选股票池里进行观察。

2. 在跌势中追踪强势股

在股价处于跌势的情况下，选择能够快速拉升的强势股是很难的，因为在股价下跌的过程中，很多人会害怕股价继续下跌而不敢跟进，这时买进股票不但需要胆量，更需要技术。

在跌势中选择强势股，投资者要应操作自选股票池里常做的一些股票，其中包括当前的热点和一些板块的龙头股。看盘时，主要观察这些股票的分时走势图，在观察的过程中随时注意成交量的变化以及股价与分时均价线所处的位置。当股价快速下跌并远离分时均价线时，就要想到急跌后必然会伴随急涨，这时只要此股不是单边下跌，就可以先少量跟进。当股价开始回升并上穿均价线时，要特别注意成交量的变化。如果此时集中放量，股价呈直线上升状态，短线投资者也不要立刻跟进，而是要等待股价回落，观察股价回落的位置。如果股价回落的位置在分时均价线之上，就可以加码跟进了。

（三）规避风险技巧

对短线投资者来说，不追涨就无法买到强势股，追涨又很容易被短线套牢。下面介绍几种追踪强势股时回避风险的方法，供大家参考借鉴。

1. 股价必须处于低位

股价处于低位时，个股股价涨幅靠前，量比靠前，说明主力的真实意图在于拉高股价，而不是在诱多。但值得注意的是，涨幅靠前、量比靠前的高价个股可能存在诱多陷阱，参与的风险较大。

2. 个股的涨幅必须靠前，特别是在涨幅榜第一榜上的个股

个股涨幅靠前，就给市场发出了一个强烈的信号：该股有主力介入，且

正在往上拉高股价。个股股价大幅上涨，主力的意图无非是在股价进入拉升阶段后不断拉高股价，以完成坐庄的目标，或是在拉高股价的过程中不断收集筹码，以达到建仓的目的。

3. 个股的量比必须靠前

量比是当天成交量与前五日成交量的比值，量比越大，说明当天放量越明显，说明此股的上升得到了成交量的支持，股价上涨不是主力靠尾盘急拉等投机取巧的手法来完成的。

4. 追入的个股必须开盘就大幅上扬

由于主力开盘前都会制订好当天的操作计划，所以开盘时的行情往往表明了主力对当天走势的看法。一些股票开盘就大幅拉升的原因，主要是主力十分看好后市走势，准备发动新一轮的个股上涨行情，开盘就大幅拉升股价，让散户在低位没有接到筹码的机会。

━━━━━━━━ **本章操作提示** ━━━━━━━━

　　选股，是投资者买卖股票的第一步，也是最重要的一步。在合适的时机、合适的价位买入合适的股票，投资者才有获利的机会。本章结合股市实例，详细讲解了散户和主力机构常用的几种短线选股技巧，这些技巧介绍得比较宽泛，需要结合股市的实际加以运用。短线选股最关键的地方在热点，投资者对热点的形成一定要有敏锐的洞察力。

第六章

短线看盘实战技法

在短线看盘实战理念的指导下，短线看盘中的多种实战技巧为短线投资者的操作提供了实战的指导。掌握了看大盘的盘面技巧和看个股的盘面技巧，能帮助短线投资者及时识别盘中个股的顶部和底部，赚取股票低买高卖所得到的差价。

第一节

看大盘盘面的技巧

一、分析当日大盘强弱

短线投资者可以通过以下方法在几分钟之内判断当日大盘的强弱。

（一）第一板个股涨幅

沪深两市都可以通过市场要素快速排序的方法告诉投资者市场的真正情况。市场量价要素排序的功能是专业投资者快速掌握市场真正情况的窗口，也是专业看盘的标准次序。

涨跌龙虎榜的第一板可直接向投资者反映当日、当时市场中最强大的庄家的活动情况。如果连力量最强大的庄家都不敢出来表现，则市场强弱可以立即得出判定。

（1）第一板中如果有 100 只以上的股票涨停，则市场处于超级强势，所有短线操作可以根据目标个股的状态坚决果断地展开。此时，大盘背景为个股的表现提供了良好条件。

（2）第一板中如果所有个股的涨幅都大于 5%，则市场处于强势，短线操作可以根据目标个股的强弱势状态精细地展开。此时，大盘背景为个股的表现提供了一般条件。

（3）第一板中如果个股最小涨幅小于 5%，则市场处于弱势，短线操作应该根据目标个股的强弱状态小心地展开。此时，大盘背景没有为个股的表现提供条件。

（4）第一板中如果没有个股涨停，则市场处于极弱势，短线操作必须停止。此时，市场基本没有机会，观望和等待是最好的策略。

（二）大盘态势

（1）大盘波动且低点不断上移，高点一波高于一波，随着股价波动，黄线和白线均处于向上的态势，且上涨幅度大于1%，属于多头完全控盘的超级强势态势，是典型的单边上扬。此时，短线投资应坚决入场。

（2）大盘波动态势重心不断上移，高、低点偶有重叠，说明大盘处于上扬之中，属于典型的震荡上扬。短线操作可视目标个股的具体情况而展开。

（3）大盘横向水平波动，高、低点反复重叠，表示大盘处于震荡之中，短线操作应根据目标个股的情况小心展开。

（4）大盘重心向下运动，高、低点逐级下移，大盘处于跌势之中。此时短线操作应停止，千万不要逆大势盲动。

（三）个股涨跌家数对比

个股涨跌家数的多少，可以反映大盘涨跌的真实情况。

（1）大盘涨，同时上涨家数多于下跌家数，说明大盘上涨自然，涨势真实，大盘强，短线操作可以积极展开；大盘涨，下跌家数却多于上涨家数，说明有人拉开指标股，涨势为虚涨，大盘假强，短线操作视目标个股小心展开。特别是上证指数，因为有如中国石油（601857）这样的权重特别大的股票，它们上涨的时候，上证指数容易失真。

（2）大盘跌，同时下跌家数多于上涨家数，说明大盘下跌自然，跌势真实，大盘弱，短线操作应停止。大盘跌，上涨家数却多于下跌家数，说明有人打压指标股，跌势虚假，大盘假弱，短线操作应视目标个股小心展开。

（四）盘中涨跌量价关系

大盘涨时有量、跌时无量说明量价关系正常，短线操作可积极展开。大盘涨时无量、跌时有量说明量价关系不正常，有人诱多，短线操作应小心展开。

（五）相关市场联动呼应

沪深两市同涨共跌是正常现象，如果B股也产生呼应则是最佳。全部市场在共涨时，短线操作可大胆展开。若沪深两市下跌而且出现与B股相背离的情况，那么短线操作就要小心了。

二、预测当日大盘盘面走势

预测当日大盘的盘面走势不仅需要经验，更需要技巧。

（一）分析开盘

1. 要确认开盘的性质

相对于前日收盘价而言，若高开，说明人气旺盛，抢筹码的心理较多，市势有向好的一面。但如果高开过多，使前日买入者获利丰厚，则容易造成过重的获利回吐压力。如果高开不多或仅一个点左右，则表明人气平静，多空双方暂无恋战情绪。如果低开，则表明获利回吐心切或亏损割肉者迫不及待，故市势有转坏的可能。如果在底部突然高开，且幅度较大，常是多空双方力量发生根本性逆转的时候，因此，回档时反而构成建仓良机。

若在大势已上涨较多时发生大幅跳空，常是多方力量最后喷发的象征，表明牛市已走到了尽头，反而构成出货机会。同样，在底部的大幅低开常是空头歇斯底里的最后一击，反而构成见底机会，而在顶部的低开则证明人气涣散，皆欲争先逃出，也是市势看弱的表现，其后虽有反弹，但基本上一路下泻。在大市上升中途或下降中途的高开或低开，一般有继续原有趋势的意味，即上升时高开看好，下跌时低开看淡。多头为了顺利吃到货，开盘后常会迫不及待地抢进，而空头为了完成派发，也会故意拉高，于是造成开盘后的急速冲高，这是强势市场中常见的。而在弱势市场中，多头为了吃到便宜货，会在开盘时即向下砸，使空头胆战心惊，不顾一切地抛售，从而造成开盘后的急速下跌。

2. 看开盘后的前 30 分钟

为了正确把握走势特点，可以开盘为起点，以第 10、第 20、第 30 分钟指数为移动点连成三条线段，从中可得到当天股价未来走势信息。

开盘后前 10 分钟的市场表现有助于正确地判断市场性质。多空双方之所以重视开盘后的第一个 10 分钟，是因为此时参与交易的投资者不多，盘中买卖量都不是很大，因此用不大的量即可以达到预期的目的。在第二个 10 分钟里，多空双方进入休整阶段，一般会对原有趋势进行修正，如空方逼得太猛，多头会组织反击，抄底盘会大举介入；如多方攻得太猛，空头也会予以反击，获利盘会积极回吐，因此，这段时间是买入或卖出的一个转折点。第三个 10 分钟里因参与交易的人越来越多，买卖盘变得较实在，虚假的成分较少，因此可信度较大，这段时间的走势基本上为全天的走向奠定了基础。

（二）分析中午收市

中午收市前的走势也是多空双方必争的。因为中午休市这段时间，投资者有了充裕的时间总结前市走向，研判后市发展，并做出投资决策，因此主力大户常利用收市前的机会做出有利于自己的走势来，引诱散户上当。

　　一般来说，收市前与开市后的走势应综合起来看，而不能孤立对待。如果大市上午在高位整理，收市前创下全天最高，则一方面表明买方力量较强，大势可能继续向好；另一方面则表明主力可能想造成向好的假象，以借机出货。若是前者，则下午开盘后应有冲动性买盘进场，大势快速冲高，即使回落后仍有向好机会，可以择机买入；如果是后者，则下午开盘后指数可能根本不动，甚至缓缓回头，即为主力故意拉高以掩护出货的开始。

　　如果大势连绵下跌无反弹，而反弹又迫在眉睫，则主力常做出大势下跌未尽的假象，在上午收市前刻意打压，使之以最低位报收。下午开盘后，中午经过思考下定决心斩仓的人会迫不及地卖出，故指数急泻，这往往是最后一跌。或者因此时卖压相对较少，主力唯恐拉高时吃不到更多的筹码，所以还会造成第二次下跌，但此时成交量常开始萎缩，于是，此次下跌便是最佳的建仓良机。

　　如果大势处于上升或下跌途中，则收市前的走势一般具有指导意义。即若大市处于升势时中午收于高点，表明人气旺盛，市道向好；若大市处于跌势时中午收于低点，表明人气低迷，市道向淡。若升势时中午收于低点，或跌势时中午收于高点，多半是假象，改变不了其走势。

（三）分析尾盘走势

　　尾盘在时间上，一般认为是最后 15 分钟，实际上从最后 45 分钟多空双方便已开始暗暗较量了。若股价从最后 45 分钟到最后 35 分钟这段时间出现上涨，则最后的走势一般会以上涨而告终。因为此时参与交易的人数最多，当涨势明确时，会有层出不穷的买盘涌进推高指数。反之，若股价在最后 45 分钟到最后 35 分钟这段时间发生下跌，则尾市一般难以走好。特别是到了最后 30 分钟大盘的走向极具参考意义，此时若在下跌过程中出现反弹后又调头向下，尾盘将可能连跌 30 分钟，杀伤力极大。

　　在具体操作上，当发现当日尾盘将走淡时，应积极沽售，以回避次日低开；当发现尾盘向好时，则可适量持仓以迎接次日高开。

三、判断当日能否短线获利

　　投资者判断在当日是否可捕捉到短线获利的机会，要从以下几个方面来看。

（一）涨幅与量

　　涨幅和量是判断个股攻击力度的重要因素。如果当日盘中第一板个股涨幅没有超过 5%，则可以判定市场不具备短线操作机会。量比排行榜上没有量比数值大于 3 倍且涨幅也同时大于 3% 的个股，则当日不具备短线操作机会。

（二）热点

当日盘中涨幅榜第一板的股票混乱，不能形成横向或纵向关联，也就是说热点散乱则当日基本不具备短线操作机会。这种状况暗示的是盘面中基本都是游击散庄在活动，集团庄家的大资金处于局外观望，散户投资者也宜观望。

（三）技术敏感、时间敏感

在大盘处于敏感的技术位置，如高位巨量长阴、重大技术关口跌破以及关键的变盘时间窗时，实战操作必须提高警惕，考虑回避风险。

四、解析盘口语言

（一）做收盘

1. 收盘前瞬间拉高

在全日收盘前半分钟（14：59）突然出现一笔大买单加几角、1 元甚至几元把股价拉至高位，多是由于庄家资金实力有限，为节约资金而使股价收盘收在较高位或突破具有强阻力的关键价位，尾市"突然袭击"，瞬间拉高，如图 6-1 所示。尾市偷袭利用的是大多数人未反应过来，等到反应过来时也收市了而无法卖出，庄家因此达到目的。

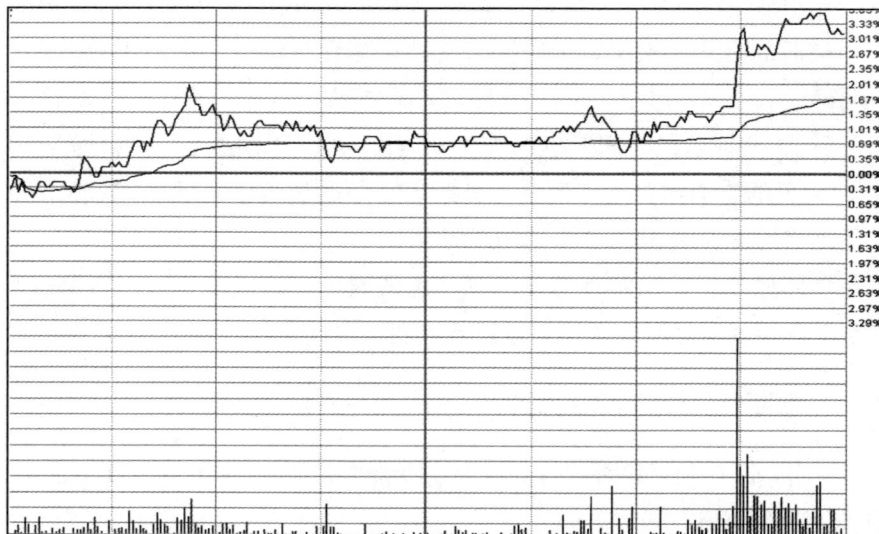

图6-1　收盘前瞬间拉高

2. 收盘前瞬间下砸

在全日收盘前半分钟（14：59）突然出现一笔大卖单降低很多价位抛出，把股价砸至低位。这样做的目的，一是庄家为了使日 K 线形成光脚大阴线或十字星等较难看的图形使持股者恐惧而达到震仓的目的；二是为了使第二日能够高开并大幅上涨而跻身涨幅榜，吸引投资者的注意；三是操盘手把股票在低价位卖给自己或关联人。

（二）做开盘

1. 瞬间大幅高开

开盘时以涨停或很大升幅高开，瞬间又回落。出现这种情形，有以下三种可能性：

（1）突破了关键价位，庄家不想由于红盘而引起他人跟风，故做成阴线，也有震仓的效果。

（2）吸筹的一种方式。

（3）试盘动作，试上方抛盘是否沉重。

2. 瞬间大幅低开

开盘时以跌停或很大跌幅低开。出现这种情形，有以下三种可能性：

（1）出货。

（2）为了收出大阳线使图形好看。

（3）操盘手把筹码低价卖给自己或关联人。

（三）盘中瞬间大幅拉高或打压

1. 瞬间大幅拉高

盘中以涨停或很大升幅一笔拉高，瞬间又回落。这是庄家的试盘动作，试上方抛盘是否沉重。

2. 瞬间大幅打压

盘中以跌停或很大跌幅一笔打低，瞬间又回升。出现这种情形，有以下四种可能性：

（1）试盘动作，试下方接盘的支撑力及市场关注度。

（2）操盘手把筹码低价卖给自己或关联人。

（3）做出长下影，使图形好看，吸引投资者注意。

（4）庄家资金不足，抛出部分后再用回笼资金拉升。

（四）"钓鱼"线

在个股当日即时走势中，开始基本保持某一斜率地上行，之后突然直线大幅跳水，形成类似一根"鱼竿"及垂钓的"鱼线"的图形，此为庄家对倒至高位，并吸引来跟风盘后突然减低好几个价位抛出巨大卖单所至。此时若接盘不多，出不了多少货，庄家可能仍会拉回去，反之则一泻千里。

五、从换手率看股价走势

量在价先已成为当前买卖股票最基本的常识，因为股市出现异动，量放大了还是缩小了，是向上突破还是向下突破，都需要量能的配合，因此买卖股票都不会脱离成交量对个股走势的影响。

一般判断成交量的大小，先观察个股的换手率，然后再根据换手率的大小和变化，结合其他技术指标，来分析预测个股后期的走势。

（1）换手率在1%～2%时，股价大多运行在小阴小阳的窄幅波动之中，行情走势一般处于横盘整理，操作上也称为散户行情。对于这种调整走势，尤其出现短期顶部形态后，除非是短线高手，一般不要参与。

（2）换手率在3%～6%时，股价通常出现较为活跃的走势，但不一定会产生突破行情。对于这种换手率，应先把握个股不同趋势下的形态变化，再研判换手率放大是否会导致股价上涨或下跌，不能认为成交量放大了股价就会上涨。

（3）换手率达到8%～15%时，股价通常都会产生突破行情，常见的是突破相对平台拔高建仓，有人称之为空中加油。在出现拔高建仓走势以前，股价大多有一段时间的横盘蓄势阶段，该阶段如果蓄积的能量不能达到反转走势，股价还会继续向下。

（4）换手率达到25%以上，属于异动行为，有可能是换庄、倒仓，但这些都只是市场个别现象，并非常常能见到。出现这种情况，由于很难把握股价的后期走势，短线操作一般不要参与。

如果某只股票的换手率突然增加，成交量放大，可能意味着主力机构在大量买进，股价可能会随之上扬。如果某只股票持续上涨了一个时期后，换手率又迅速上升，则可能意味着一些获利者要套现，股价可能会下跌。

如果高换手率伴随着股价上涨，说明资金进入意愿强于退出意愿；而高换手率伴随股价下跌，则说明资金退出意愿强于进入意愿。

低换手率表明多空双方的意见基本一致，股价一般会由于成交低迷而出现小幅下跌或横盘整理；高换手率则表明多空双方的分歧较大，但只要成交活跃的状况能够维持，一般股价都会呈现出小幅上扬的走势。

对于高换手率的出现，投资者应该区分的是高换手率出现的相对位置。如果此前个股是在成交长时间低迷后出现放量的，且较高的换手率能够维持较长的时间，则一般可以看作是新增资金介入较为明显的一种迹象，筹码正在由散户向主力机构集中，此时高换手率的可信度比较高。由于是底部放量，加之换手充分，因此此类个股未来的上涨空间相对较大，成为强势股的可能性也很大。如果个股是在相对高位突然出现高换手率且成交量突然放大，意味着有机构在对倒放量，吸引散户跟进，以使其在高位派发筹码，该股日后下跌的可能性较大。

换手率越高，股价活跃度也就越高，短线机会也就越多。投资者应当关注以下几类高换手的个股。

（1）前期交投一直清淡，但突然间在低位频频放量、连拉小阳的个股。交投清淡说明该股杀跌动力已接近衰竭，股价可能已跌无可跌了。这时候如有新资金介入，股性将被激活，很容易产生一波行情。

（2）换手率一直维持高位、量增价涨的个股，这表明主力资金已深度介入。由于股价上涨会不断受到获利盘和解套盘的沽压，因此，换手越积极充分，则沽压盘清洗得也就越彻底。持股者平均成本不断提高，股价上行所遇到的沽压也会大大减轻。

（3）投资新股时，换手率也是重要的参照指标。如果新股上市首日换手率高，表示买卖较活跃，有主力资金介入，意味着后市将会有好的表现；如果换手率偏低，主力资金难以聚集筹码，则后市将会面临震荡反复的疲软走势，直至完成筹码交换过程后才会有机会表现。

在观察换手率的时候，不能用单一的指标分析判断股价走势，要结合股价所处的位置，成交量的变化以及移动平均线排列的形态进行综合分析，只有几种指标相结合，才能作出比较正确的分析。

六、超跌抢反弹的技巧

超跌反弹是因为股价不合理的过度下跌所产生的短期上涨行情。由于这种反弹具有一定的上涨规模，而且反弹的时间很短，很多短线投资者喜欢在下跌趋势中抢反弹，以博取短线差价。如图6-2所示的三星医疗（601567）。

图6-2　三星医疗日K线图

　　投资者必须明确参与超跌反弹行情是一种短线操作行为，而不是一种中长线行为，因此选股时要重点关注个股的短线投机价值，而非投资价值。在短线选股时，尽量不要选择具有投资价值且股性较差的蓝筹股或低价的大盘指标股，而是要注意选择流通盘较小、股性活跃的投机类个股。

　　对于超跌反弹行情，投资者不宜采用追涨的方法，而是要结合技术分析方法，如运用乖离率和布林线指标来进行组合分析，把握个股的进出时机。

　　（1）当乖离率的三条移动平均线全部处于零轴以下，股价也已经触及布林线的下轨线，而且布林线正处于不断收敛状态中，这时如果出现乖离率的短期移动平均线上穿长期移动平均线，并且成交量逐渐放大时，投资者可以择机买入。

　　（2）KD和乖离率组合也是短线抢反弹指标之一。乖离率指标确认股价是否超跌，KD指标显示个股是否有拐头向上的动能。其具体的应用原则如下：

　　①将乖离率指标参数设置为24日，将KD指标参数设置为9、3、3。

　　②通常乖离率指标应小于–6，可以确认该股出现超跌现象。

　　③KD指标产生黄金交叉，K线上穿D线。

　　④K线与D线交叉的同时，KD指标中的D值要小于16。

　　抄短线底部，投资者一定要严格遵守以下抢短线反弹的规则：

　　（1）绝不追涨。投资者应该在股价回调时介入，最好在绿盘时进场。

　　（2）学会止盈。如果恰好抄到了反弹行情的底部，账面上出现了盈利，只要盈利的比例达到自己的满意程度就应立即出局。一般来说，短线的止盈点在3% ~ 10% 之间，当盈利已经很可观时，不管后势走势如何，都要坚决出局。

（3）日 K 线走势图中出现见顶或滞涨信号就坚决出局。在弱势中抢反弹，一定要做到快进快出，一旦出现黄昏十字星、平顶、穿头破脚 K 线或吊颈线等图形，就要及时抛出股票，也可以采取一旦上一根 K 线的最低价被跌破就抛出的简单操作方法。

（4）5 日移动平均线被跌破应坚决离场。所谓 5 日移动平均线被跌破，是指收盘价收在 5 日移动平均线的下方，表示最近 5 日内买入股票的投资者基本都处于被套的状态。当股价跌破 5 日移动平均线时，投资者此时要毫不犹豫地抛出。

（5）要及时止损。超跌反弹后，股价就会重新进入下跌趋势。当股价跌破买入价时，投资者就要马上卖出。由于短线投资者参与的是弱市反弹，是在老虎嘴里抢食，所以应抱着"打得赢就打，打不赢就跑"的思想。如果止损不及时，就会被庄家吃掉，一路深套下去，投资者的损失就大了。

七、判断股市真假跌

股市下跌有真跌和假跌之分。所谓真跌，就是指大盘指数下跌时，盘中的大多数个股与之一起下跌；所谓假跌，就是指大盘指数下跌时，仅有权重大盘股下跌，而盘中的大多数个股拒绝创新低。

假跌对很多投资者来说可能是虚惊一场，股市假跌后反而会绝处逢生。假跌并非来自股市本身的力量，而是大多数个股做空能量释放完毕所致。大盘拒绝下跌时，市场主力猛砸权重大的大盘股，使大盘指数下跌，假跌其实是主力释放出来的一种做空烟幕弹。

假跌是当市场下跌的能量释放完毕后，主力为了迷惑广大中小散户，防止中小散户在底部捷足先登，就会施展声东击西的伎俩，依靠猛砸权重大的大盘股，使大盘指数在短时间内不断创出新低，以制造恐慌。一些缺乏实战经验和不明真相的投资者，会被主力制造的这种假象迷惑，不但不认为底部已经来临，反而会认为新一轮大的跌势开始了。在这种情况下，很多中小散户认为晚逃不如早逃，于是盘中就会出现恐慌性的杀跌盘，将股票低价售出，主力便会在底部收集到大量的廉价筹码。可见，利用假跌来制造市场恐慌，是指数下跌到尽头时主力用来对付中小散户非常厉害的一招。

在一轮下跌行情中，当大盘不断创出新低时，投资者不妨坐下来冷静地观察一下盘中大多数个股是否同样创出新低了。如果有一半以上的股票拒绝创新低，就要警惕这很可能是一种假跌，此时不但不应该卖出股票，反而应该适时地逢低吸纳，以便在股市绝处逢生时能抢占先机。

第二节

看个股盘面的技巧

一、短线操作的进场时机

无论股价在上涨还是下跌趋势中，都有短线操作的机会，如何选择进场时机是投资者能否获利的关键。

对投资者来说，持股在1周之内，都可以称为短线操作，但是持股1周还是持股1天，其入场时机是不相同的。在最短的周期内，也就是说如果只是持有1天，那么在进场买入时，就要找到当天股价波动的最低点或是次低点买入。

寻找股价一天波动中的最低点或次低点，最简单的方法就是利用股价与分时均价线的距离来捕捉机会。当股价在下跌过程中远离分时均价线时，这就是一个短线介入的最佳点，因为当股价远离分时均价线时，都会向上反弹并向分时均价线靠拢。超短线操作最好的跟进时机还可以是个股变绿盘时，绿盘跟进可以搏红盘报收，这样在当天短线买入就可以有几个点的利润，这种方法无论在上涨趋势中还是在下跌趋势中都很适用。超短线介入时，切记不能追涨，尤其是涨幅超过5个百分点以上的股票，除非投资者确定追进的股票有涨停的可能。

如果所做短线的持股时间在1周以内，那么就要选择那些处于上涨过程但目前正在调整的股票。在股价上涨的过程中，任何一只股票都会有洗盘的阶段，一般来说股票都会依靠移动平均线的支撑来运行，这时投资者就要观察目标股的股价是沿着哪条移动平均线运行。当股价远离所依靠的移动平均线时，都会回归到移动平均线位置，当股价回落到移动平均线位置时，就是一个很好的介入时机，这种方法尤其适合于短线操作强势股。

这里要强调的一点是，如果所选择的股票在向移动平均线回归时跌破移动平均线的支撑位，而且在 3 日之内没有回到移动平均线的上方，就要放弃所选择的股票。已买入的投资者，也要找到合适的机会尽早出局。

二、从涨跌幅排行榜中捕捉短线个股

涨跌幅排行榜是市场热点的集中表现，根据涨跌幅排行榜，可以迅速准确地把握短时间内上涨最快风险又最小的股票，并从中判断买入和卖出的时机。根据涨跌幅排行榜既可以炒作一般短线，也可以炒作超级短线。

从以下几个方面就可以根据涨跌幅排行榜捕捉短期内上涨最快且风险较低的股票。

（1）在涨跌幅排行榜中有多只股票同属一个板块概念，说明该板块概念已成为短期市场热点。短线投资者应该注意其中成交量较大，但涨幅不大的个股以及次新品种。

（2）没有明显基本面原因而经常出现在涨跌幅排行榜上的个股属于长庄股，可以中长线反复注意跟踪，配合其他指标把握其套利的机会。

（3）因基本面情况出现在该排行榜的个股，需要分析其题材支撑股价上涨的有效时间。

（4）前期经常放量的个股，一旦再次量价配合并出现在该榜，表明该股有短线套利价值。

（5）在交易日偏早时间进入该榜并且表现稳定的个股，股价有持续上涨的潜力；在交易日偏晚时间进入该榜的个股，其股价持续上涨的潜力一般（剔除突发事件影响）。

（6）长时间不活跃的低价股第一次进入该榜，说明该股有新庄介入的可能。

（7）在 K 线连续上涨到高位后，该股进入涨跌幅排行榜，应小心主力随时可能出货。

三、依据30日移动平均线判断个股走势

30日移动平均线是一条重要的中短期移动平均线，在实战中可以用来判断大盘或个股的后期走势，因此具有较强的参考价值。利用30日移动平均线判断大盘或个股走势时，要注意把握好以下几个方面：

（1）股价经过较长时间的下跌，尤其是连续几波的下跌后，股价处于底部区域时，30日移动平均线开始抬头向上，股价连续3周或5周站稳在抬头向上的30日移动平均线上方时，所对应的成交量也开始温和放大，这说明有增量资金开始建仓。因为股价在30日移动平均线抬头，即1个多月的震荡上升和成交量温和放大，绝不是一般的小资金所为。对于大盘指数而言，当大盘经过较长时间下跌后止住跌势，30日移动平均线开始抬头向上，且有效站上30日移动平均线时，为较好的介入时机。

（2）在相对的顶部区域，如果30日移动平均线拐头向下，说明有可能是庄家在洗盘，也有可能是庄家在出货。但庄家洗盘的时间一般不会太长，股价下跌幅度也不会太深；而且，洗盘前股价的涨幅也不会太大。如果30日移动平均线拐头时股价累计涨幅过大，那么很可能就不是庄家洗盘，而是实实在在地出货了。

（3）30日移动平均线代表一段时间内多空双方争夺的结果，实战中可以将股价向上突破30日移动平均线作为介入的依据，将股价向下跌破30日移动平均线作为止损的依据。

（4）30日移动平均线拐头是变盘的重要信号，尤其是在相对的底部区域或顶部区域。30日移动平均线出现拐头，说明股价短期甚至中长期趋势很可能由此而改变。

四、判断个股股价启动

一般个股在股价启动前，都会出现蓄势整理或刻意打压的动作，成交量相对出现地量。股价启动的那一天，日K线一般为带有向上跳空缺口的中小阳线，缺口的出现显示主力蓄谋已久，或者在低位连续出现了五六根甚至更多的小阳线。

股价启动之日，成交量也会突然放大，一般都是7日成交均量的1～3倍，而后成交量连续放大，7日与21日均量线形成金叉后向上发散。当出现这些

启动信号后，短线投资者可以逢低半仓买入。

当此股后期的上升行情已经确认，买入的股票已有 5% 的涨幅时，可以加仓买入另一半的仓位。投资者需要注意的是，移动平均线上移看涨，移动平均线下移看空，以 10 日移动平均线的走势为持股依据，以 30 日移动平均线的走势为离场的依据。

在短线操作中，顺势而为至关重要。对于中长线牛股来说，每次的买入都是正确的，对大熊股来说，每次的卖出都是正确的。当然，如果投资者是短线高手，可以根据每个小趋势的波动规律进行高抛低吸的操作。

五、关注个股盘口量能

投资者在观察个股盘面时，不要一看到放量就跟进，有时候放量是很危险的。此时要注意，如果放量时均价线向下，则不能买入，这很可能是假买进真抛出的量；如果股价跌到一定的时候抛盘加大，而价格不随着抛盘而下跌，此时就可以买入了。

盘中要注意量的大小，一般的散户无论买量卖量都很小，有三位数以上的买卖单，通常是主力在介入，但主力有时也不是整数买入。

短线突放巨量，尤其是在高位，此时投资者就应警惕起来，判断识别行情是否到顶了；若在底部放大量，大可不必担心，看好自己关注的股票选择好买点就行了。

短线买入同样也要结合量能的变化，如已放量，只要出现年线、季线、30 日移动平均线、20 日移动平均线、10 日移动平均线、5 日移动平均线全部相交在一起且趋势向上，那就别犹豫了，直接买进等着获利。

买进之后就要考虑到卖出，应关注自己手里所持股票的短线指标。当短线指标 KDJ 达到 80、90 以上且 J 线触顶时，此时若突发大量，股价突然上升，就是短线卖出的机会。在操作时，最慢也不能慢于第三个 5 分钟抛出，因为有时第二个 5 分钟的股价高点比第一个突发大量的高点还高。一般情况下 5 分钟线不会突发大量，只是温和地放量向上，若遇这种情况，应观察分时均价线是否还是朝上运行，如果趋势变缓变平，则应立即抛出。

六、解析个股瞬间跳水

投资者经常在盘中看到一些个股瞬间出现跳水现象，如果要对这一现象进行全面细致地分析是非常复杂的，因为其中包含的因素很多，如个股本身的股价、基本面、主力的参与度以及大盘的变化等，会有很多种不同的条件和结果。跳水是一种比较常见但又是非自然性的市场交易状态，投资者可从跳水后的成交量以及股价的走势进行分析。

如果个股跳水后成交量缩小，股价又将瞬间回到原位甚至继续跟上指数。显然，因为跳水使股价出现低位，所以市场买单只会在低位挂单，因此股价回归原位只有依靠主力。同时由于跳水会引来市场的跟风卖单，这些卖单尽管不会马上适应跳水后的低位但会降低目标位，也就是会挂在比跳水前的价位要低的位置。毫无疑问，为了使股价恢复，主力必须买进一些筹码，不过与前面跳水卖出的筹码相比要少很多，因为成交量萎缩很快。那么这次跳水是主力在卖，目的只是减掉一些仓位。

如果个股跳水后成交量依然不小，股价略有回升甚至继续下跌。由于指数在上涨，大幅下跌的股价就会吸引市场的接单。但这些挂单大多只是逢低接纳，而市场卖单一时还难以接受跳水后的价位，所以仍然挂在上面。因此真正的交易状态应该是短时间内成交稀少。之后则是成交活跃而且大多是在跳水后的相对低位，所以只能说是主力在继续卖出。随着时间的推移，指数的上升波段会结束，市场上的卖单将增加，跳水后的价位也会逐渐被卖方接受，所以股价回升到跳水前的价位将会越来越困难。主力很清楚这一点，所以在跳水后趁低位有买单时继续尽可能地卖出。因为这是主力大量出货的阶段。

七、判断股价突破盘局

盘局突破分为向上突破与向下突破。一般情况下，无论股价向哪个方向突破，高位突破后都应果断减仓，低位突破后则应果断加仓。相对于沪深股市来说，盘久必跌的可能性更大一些。

1. 向上突破契机

最为常见的向上突破契机有以下几种：

（1）在股价处于低位时突发利多消息，或者利空消息明朗化。

（2）在股价处于低位时成交量逐渐放大，移动平均线初步形成多头排列。

（3）在股价处于低位时，大盘进入一年的春节前后。

（4）在股价处于低位时，突发非实质性的利空消息。

（5）在股价处于低位时进入报表公布期。

2. 向下突破契机

向下突破契机有以下几种：

（1）在股价处于高位时，突发实质性的利空消息。

（2）在股价处于高位时成交量突然放大，移动平均线开始走平或是有向下拐头的迹象。

八、透视个股"巨量接单排队买"

有时候投资者会发现某只股票相对于较为稀少的卖出挂单，在下面的接单却是相当的多，堪称巨量接单。如上档挂单都只有几十手而下档接单都是几百手甚至几千手。知己知彼方能百战百胜，当投资者看到巨大的接单时应该做的就是分析它的背后是什么。

如果市场的自然卖出单不多，市场的自然接单也应该不会很多，所以巨量接单可以肯定是主力所为。其实这是比较明显的，也正是主力希望市场认同的。由于没有抛盘，所以下档的巨量接单一般不可能成交，主力的目的并不是真正希望这些大接单成交而只是做给市场看，但同时主力也不怕被动地增加筹码。所以真正的推论是：主力想在目前的价位减掉一些仓位，如上档的一些小卖单极有可能是主力所挂，这也是主力不愿意告诉市场的信息，然后主力会在认为合适的时机上推股价。

既然主力没有立刻启动的意愿，投资者就没有必要急着往高处买，所以真正合适的交易方法是将买单挂在大接单的下面，即排在巨量接单的后面。当然，这样也接不到市场的抛单，因为前面有主力的大接单。但主力的意图是减仓，所以主力会将筹码倒给投资者，或者先撤掉大接单或者直接砸出来，总之最后投资者的买单会成交，然后主力重新又会在下面挂出巨量买单，一切又恢复原状。

这样，投资者完成了交易，价格却低了很多。如果巨量接单已经持续了一段时间，那么，这种方法可能会失败，因为主力极有可能会拉升股价。

第三节

短线顶部看盘技巧

股市的获利是在低买高卖的基础上形成的。在低位买进的投资者要能抓住高卖的大好时机，才能使账面利润实际化，因此卖点的把握就显得十分重要。卖得早了就会踏空一段行情，卖得晚了就会遭受套牢之苦，只有在股价到达顶部之前或在顶部位置时及时果断地卖出，才是真正的赢家。有资金在手，才能争取下一步操作的主动权。市场上有"底部百日，顶部三天"的说法，可见逃顶的难度。市场的高手往往也是逃顶的高手。投资者如果想在投机性非常强的股票市场上生存和获利，必须学会一些逃顶的技巧和方法。

一、顶部的形成

顶部也分为短期顶部、中期顶部以及长期顶部。

（一）短期顶部

形成短期顶部的因素是多种多样的，主要概括为以下几点：

（1）股价常出现长上影线、倒锤子线等带有触顶回落的 K 线以及单日反转 K 线。

（2）在 K 线图上出现穿头破脚、乌云盖顶、顶部孕线、平顶、黄昏星、顶部岛形反转、三只乌鸦等看跌形态。

（3）此前，股价已经远离 5 日移动平均线，且角度呈 75 度，以上升态势向上快速运行了一段时间后，便开始回落。如图 6-3 所示，重庆啤酒（600132）在强势飙升行情中，高位出现实体阴线后，股价一旦跌破 5 日移动平均线收盘，就意味着短线顶部已经形成，此时获利卖出是最恰当的选择。

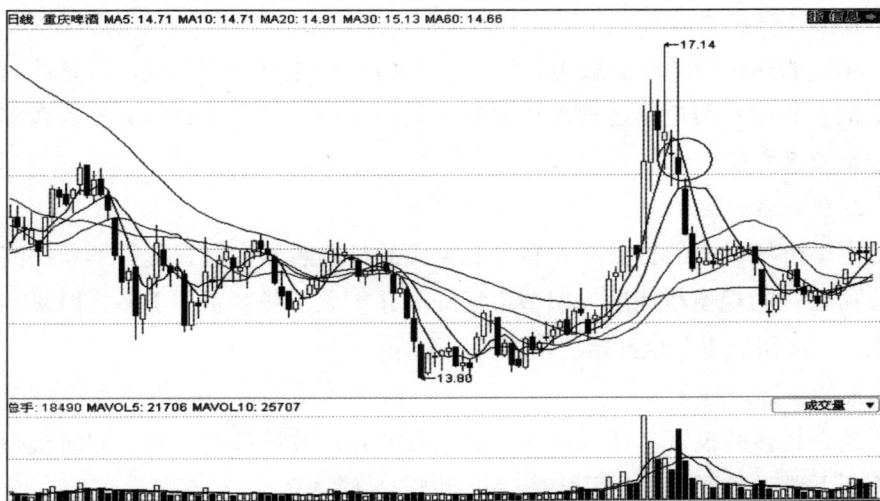

图6-3　重庆啤酒日K线图

（4）在顶部形成前，成交量会放大；在回调时，成交量萎缩。

（5）由于市场人气比较旺盛，热点持续不断，人们仍然积极看多。

（二）中期顶部

中期顶部的形成也有其自身的因素，一般来说，有以下几点：

1. 主流热点开始退潮

曾经对大盘起到主导作用的龙头板块开始出现整理状态，非主流热点则处于散乱的活跃状态，一些冷门板块则开始出现补涨行情。这些都意味着主流资金开始减仓或调整。

2. 政策面依旧偏暖

此时的大盘能不断消化利空的消息，同时积极追捧利多的消息，而宏观经济面和政策面依然偏暖，能够支撑股市继续向前发展。

3. 部分庄股大肆减仓

一些前期涨幅很高的庄股开始大肆减仓，以套取现金，缓解资金供应的压力，同时为高抛低吸、滚动获利做好准备。但有些庄股也会错误地估计形式。

4. 市场气氛依然热烈

由于大势向好，市场不敢轻易看空，人气依然旺盛，即使舆论认为阶段性调整应该来临，人们也无所畏惧，反而逢低建仓。

（三）长期顶部

一般来说，长期顶部的形成大多由于下列几个原因：

1. 舆论一片看涨

80% 的舆论继续看涨股市，但也有 20% 的舆论开始唱反调。只是此时的利空消息和反对舆论早已被市场疯狂的热情淹没，只有少数职业投资者和机构开始减仓离场。

2. 融资功能强大

由于市场资金的日益庞大和投机氛围的日趋热烈，监管机构不断提高上市公司融资的规模与速度，期望市场降温并扩大市场容量。于是，原来不敢想象的"超级航母"也开始"招摇"入市。

3. 投资者纷纷涌入

越来越多的投资者涌入市场，每个月的开户数量持续上升，同时银行存款不断下滑，各个交易大厅早就人声鼎沸，人满为患。

4. 交易持续疯狂

在大盘即将达到顶部的时候，绝大多数股民处于赢利状态，人们进入股市的意愿空前高涨，大量资金前赴后继地涌入股市，造成股价不断翻番、人们争相竞价购买的状况。

5. 成交量递减

相对于前期巨大的成交量而言，此时的成交量开始减少。原因是：前期多空双方意见发生分歧后，主力抛售而散户抢入，导致成交量激增；而后期成交量的减少，则说明市场购买力已经开始下降，仅仅只是散户的购买行为是难以承接机构减仓的。

6. 垃圾股也翻番

当绩优股、蓝筹股、中低价股已经翻番后，就连一直不被市场看好的 ST 类股票也普遍出现了持续涨停的现象。所有的股票都已经"鸡犬升天"，市场已无低价股，市盈率高居不下。

7. 形成头肩形态

随着机构的减仓行为，市场顶部开始渐行渐现。但长期顶部的形成不是几天的事情，即使近期有暴跌，由于上涨的惯性作用，也往往会出现反复，导致 M 头或头肩顶形态的出现。此时大盘要么开始迅速回落并偶尔反弹，要么出现明显的滞涨现象。

二、短线如何找顶

（一）技术特征找顶

当一个顶部出现时，技术分析方法可以给出明确的顶部信号或卖点信号，投资者可以在图形上提前发现顶部。

（1）当 K 线图在高位出现双重顶形态、头肩顶形态、圆弧顶形态或倒 V 字形态时，都是非常明显的顶部形态。

（2）在 K 线图上，如在高位日 K 线出现穿头破脚（图 6-4）、乌云盖顶、高位垂死十字都是股价见顶的信号。

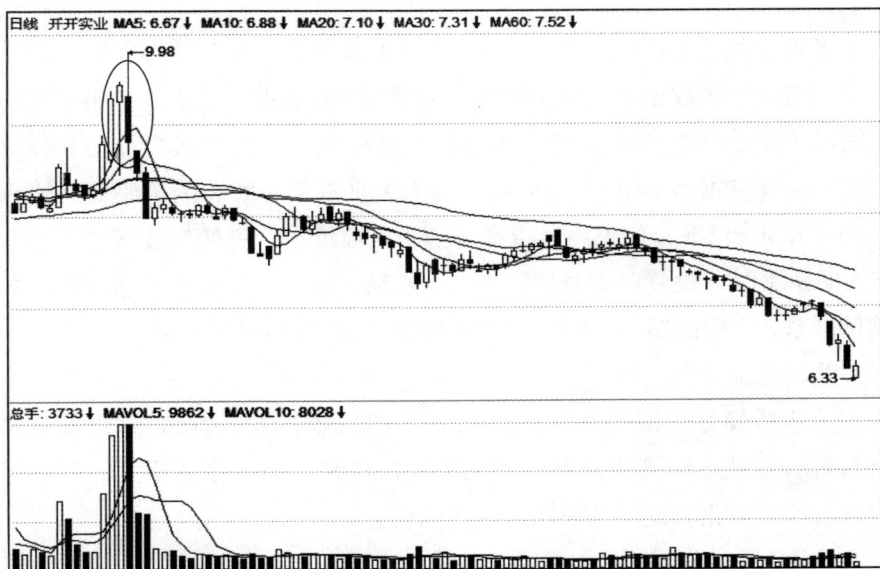

图6-4 穿头破脚

（3）当股价已经过数浪上升，涨幅已大时，如 5 日移动平均线从上向下穿 10 日移动平均线，形成死叉时，将显示顶部已经形成。

（4）周 KDJ 指标在 80 以上并形成死叉，通常是见中期顶部和大顶的信号。

（5）10 周 RSI 指标如运行到 80 以上，预示着股指和股价进入极度超买状态，顶部即将出现。

（6）宝塔线经过数浪上涨，在高位两平头、三平头或四平头翻绿时，是见顶信号。

（7）MACD 指标在高位形成死叉或 M 头时，红色柱状不能继续放大，并逐渐缩短时，顶部已经形成。

（二）成交量找顶

当大盘或者个股出现顶部时，成交量有什么样的特征是很多投资者都特别关注的话题，顶部出现时成交量呈现如下一些特征：

1. 巨量出现

成交量是推动股价上涨的原动力，这是股市中的铁律。当个股或大盘放出异乎寻常的巨大成交量时，是即将见顶的重要特征。其中小盘股的换手如果达到 30% 以上，大盘股的换手如果达到 15%，同时股价已有一定涨幅的，则在放出巨量的当天，就要当机立断地迅速卖出该股，无论其股价是涨是跌。

2. 天量之后见天价

当大盘或个股放出非同寻常的巨大成交量时，就是即将见顶的重要特征。

有时个股的成交换手虽然没有达到上述标准，但是，成交量仍是最近一轮行情以来最大成交量的，也要将其视为天量水平。如有的个股在一轮行情中，换手从未超 5%，如果当股价涨升到一定高度后，突然连续多次地出现超过 5% 的换手时，投资者也要加以警惕，从技术分析历史上看，量与价之间有必然的联系，"天量之后见天价"的规律已经屡次被市场所验证。

3. 量比急剧放大

部分个股经过大幅拉升后，会出现量比急剧放大的情况，这也是重要的顶部特征。量比有时能达到数十倍之多。恰恰是因为换手率不大，所以容易使投资者产生放松心理，从而错失逃顶的机会。

4. 量价失衡

在上涨的行情中，如果某一天股票突然出现空前大的成交量，但与前几天相比，股价反而小幅上扬，甚至迟滞不动，或当日最高价与最低价差距过大，但当日的收盘价未必会高于前一日的收盘价时，都有可能是庄家正在出货的征兆，此时可认为顶部已现（图 6-5）。

因为庄家机构趁着人气旺盛时已在大量抛售股票，通常短则两三天，长则 1 周左右，他们就可以出脱手中 80% 以上筹码。股价之所以振幅加大，是因为庄家大户卖出股票后出现真空状态，因此第二天股价下跌，成交量立即萎缩，这时不明真相的投资者还认为可回档买入，于是继续持股待涨。然而股价却持续下跌，而后从顶部下跌 3 ～ 5 天后会出现反弹，这可能是辨认顶部的最后逃命机会。

当反弹幅度不到跌幅的一半时，成交量在反弹中不能增加，甚至低于前几天，而且股价涨势不强，涨时无量，跌时放量，这时则可辨明顶部已经形成。

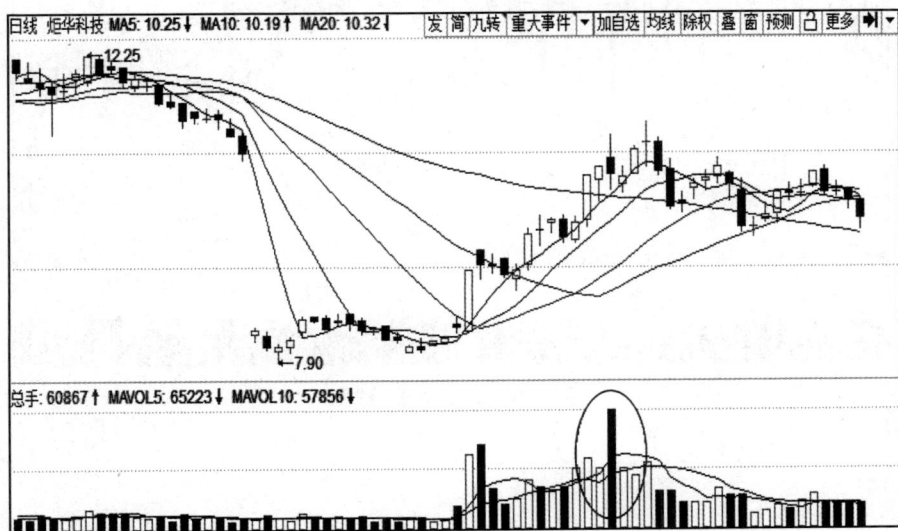

图6-5　量价失衡

5. 不放量

股价涨幅惊人、庄家获利极为丰厚的时候，出货不放量的情况就会出现。庄家在高位徘徊的一段时间内，每天只要保持和平时一样的成交量，就会逐渐完成出货了。

（三）换手率找顶

一只股票从吸货到拉升再到出货，进出都会伴有大的换手率。当股价一路拉升到一定的高度，市场会利好频传，然而，若某只个股的日换手率超过其流通盘的 20% 时，就要引起警惕，当日换手率连续三天超过 20%，股价又在某一区间滞涨，那么就可以基本断定顶部已经出现。

（四）趋势线找顶

股市中的每一次上涨行情，虽然其上升的斜率不同，却都有一条上升趋势线在支撑股价向上运行。然而，即使再牛的股票，总有物极必反的时候，一旦这条上升趋势线被跌破，且在跌破之前伴有大的成交量涌出，说明这极有可能是个顶部。如图 6-6 所示。

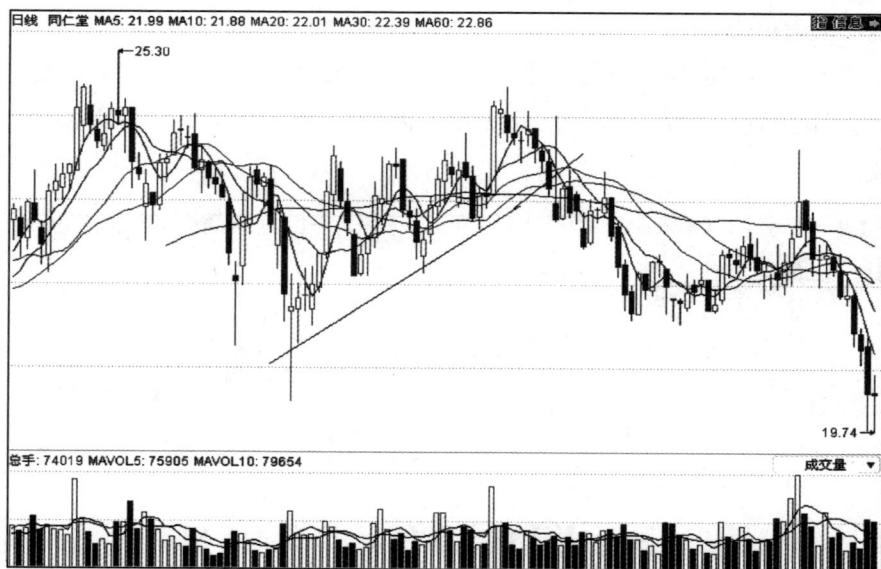

图6-6　同仁堂日K线图

第四节

短线底部看盘技巧

投资者都希望能够准确地判断出个股的阶段性底部，以便选择一个比较好的介入点，但在实际操作中存在着较大的困难，往往由于判断失误导致被套。在弱市中，不同的阶段有不同的底部，而且我国股市经常会因政策因素而构成底部，所以投资者不能简单地从盘面去研究底部，而应该通过综合分析，分阶段寻找底部。对于进行短线操作的中小散户而言，应以判断股票的投机价值的底部，即阶段性底部为主。

一、底部的形成

一般来说，底部可分为短期底部、中期底部和长期底部。

（一）短期底部

短期底部是指股价经过短时间的连续下跌之后，因导致短期技术指标超卖，从而出现股价反弹的转折点。股指每次加速下跌都会探及一个短期底部，这一反弹的时间跨度多则几周，少则几天，反弹的高度在多数情况下，很难超过加速下跌开始时的起点；股价经过长期下跌之后，借助于利好题材所产生的升幅可观的反弹行情，这一反弹的时间跨度多则几个月，少则几周。

短期底部以 V 形底居多，V 形底俗称"尖底"形态，形态走势类似字母"V"的形状。V 形底的形成时间最短，是研判最困难、参与风险最大的一种形态。但是这种形态的爆发力最强，如果把握得好，可以在短期内获取暴利。它的形成原因是市场受利空打击或其他意外情况影响造成的恐慌性抛售，引起股价超跌，从而产生报复性反转行情。

在短期底部出现前，大多数个股都会有一定的跌幅。短期见底之后，将有一个时间很短的反弹，反弹的时间多则 3 天，少则 1 天，反弹的高度一般情况不会超过急速下跌时的起点。在反弹行情中，一般低价位的三线股表现较好，而一线绩优股的反弹幅度不大。

（二）中期底部

相对于短期底部来说，中期底部一般是在跌势持续时间较长，跌幅在 20% 以上才会出现中级反弹。中期底部的出现，一般不需要宏观基本面因素的改变，但却往往需要消息面的配合。最典型的情况是先由重大利空消息促成见底之前的加速下跌，然后再由利好消息的出现，配合市场形成触底回升的走势。

形成中期底部的因素如下：

（1）股价回调的时间往往不会太长，通常不超过 2 个月。

（2）股票往往呈现出上涨有量而回调无量的现象，说明抛压轻，主力没有出局。

（3）市场人气比较旺盛，热点持续不断，人们一致看多。

（4）股价通过半个月至 2 个月的周期，形成了诸如头肩底、W 底、V 形底、圆弧底等形态。

（5）股价往往运行在 45 日移动平均线之上，最多也不会有效跌破 90 日移动平均线。

（6）股价的回调往往会比较深，但通常不超过前面涨幅的 50%。

（三）长期底部

形成长期底部，往往是由于以下几个因素：

1. 彻底破位

一些具有历史意义的、曾经被舆论称为牢不可破的重要支撑位被轻易击穿，一些整数关口也接连丢失，市场形成了"熊市不言底"的状态。

2. 投资者纷纷离场

在开户数量不断下降的同时，原先的投资者也开始不断离场，同时部分投资者发誓再也不进入股市，交易大厅里已经几乎看不到投资者的身影了。

3. 融资功能衰竭

由于市场日益萎缩，交投日趋低迷，导致新股上市和增发融资被迫减少或停止，使证券市场的融资功能出现衰竭或停滞。此时，往往会有重大政策性利好出现，但投资者却逢高减磅。

4. 舆论反思不断

"熊市思维"畅行无阻，投资者往往对各种利好消息长期麻木，同时怨声载道。而新闻舆论则不断对股市现象进行反思或抨击。

5. 成交量增加

在股市持续下跌时间超过一年且下跌幅度超过 50% 以后，如果市场上的成交量开始持续增加，说明有新资金开始进场，等原来想卖的终于都卖光后，市场底部就会出现，即只有等到中长线筹码和严重套牢筹码不计成本地抛售，且市场有巨大承接力量时，才说明市场已经临近长期的重要底部。之后，市场通常会在地量下跌的过程中结束整理，并开始回暖。

6. 普遍亏损

绝大部分交易者出现亏损，且亏损幅度在 50% 以上，即使是主力机构也未能幸免，常常出现资金链断裂的崩盘现象。

7. 快速暴跌

当顶部形成后，一旦熊市的概念出现，股市即使下跌 20% 也几乎不会出现反弹。同时，在后期阶段有加速暴跌的趋势，连日的巨幅阴线使股指快速下挫。

8. 大面积跌停

在市场需要释放空头的卖压时，由于无人肯进场承接，往往会出现大面积跌停的现象，有时跌停的个股会达到上百只。

9. 抗跌股补跌

当绝大多数股票都已经深幅下调以后，前期一些较为抗跌的强势股也开始出现补跌行情，不管是大盘股、蓝筹股、绩优股还是基金重仓扎堆股，纷纷开始破位下行。

二、短线如何找底

股价的大幅上扬都是从底部开始的，所谓底部则有一个筑底过程，筑底的目的是调整移动平均线或者清洗筹码，只有当市场上对该股的抛盘达到了极少的程度，或者因为消息导致投资者对股市绝望而逃命，且又有新生力量介入的时候底部才有可能形成，因此从图表看，一种形态为窄幅缩量，另一种形态则是巨量下跌，底部形成可产生强大的上升行情。

底部形成时主要有以下几个特征：

（一）市场特征找底

股市经过较长时间的下跌后，也经常会出现频繁的利好消息，但股市不涨反跌，多次的反复，使市场处于一种麻木状态，而此时往往已经离较大级别的底部不远了。一般来说，在市场底部即将形成时，也往往伴随着较多的利空消息，当重大的利空消息出现，市场不跌反涨，表明股市已经见底。不同的股票投资者对于抄底应选择不同的时机。短线投资者主要是在股价或股指走出底部，或冲出下降通道确认以后买进，这种方式需要投资者有准确的判断力和果敢的决心，此时买进见效最快。

（二）成交量找底

根据"量先于价行"的原则，股价从低档反弹后又回到低档，若成交量少于前次低档时，表明股价已跌到底部，后市多会出现一波上升行情。第二次低点形成后的涨势，一般比第一次低点形成后的涨势要强劲得多，升幅也会高得多，所以第二低点出现时，特别是第二低点的成交量低于第一低点的成交量时，可以放心地购买，股价上升也较稳健可靠。

当大盘已处于底部区域，而某日出现成交量突然放大，股价上涨或股价缓涨时，则表明已有机构大户在抄底，投资者可适量跟进；当股价已突破颈线而上涨，成交量大增时，表明反转上升行情已形成，投资者可全线进仓。

（三）技术指标找底

当股价处于底部时，技术指标也会出现底部特征。首先，各种技术指标必须向上突破下降趋势线的压力，因为下降趋势线各不相同，所以以 30 日移动平均线为衡量的标准。其次，从 K 线形态上看，以前的低位底部都可作为参考点位，如果在 1 年内有几次都是在触及这一低位时反弹回升的，那么该点位可认为是一中期底部。最后，当各项技术指标如 KDJ、RSI 的周线形成多头排列，6 日均量线连续三日放大时，表明大盘已探底回升。

股价日常的波动往往使人一叶障目、不见泰山，特别是一些主力不断制造多头陷阱诱多，即主力发现在盘局中既建不了仓又攻不上去，有时会利用大盘跳水和市场的悲观情绪，或某些突发性因素制造一个假破底的空头陷阱、震出恐慌性杀跌的割肉筹码，在大盘反弹时再重新拉回到原先的底部。而一旦杀跌的恐慌筹码被主力接走，且股价下跌幅度并不太大时，原先杀跌的多数投资者又会成为积极的买方，当股价重回到上次底部时，多数人仅仅是不赚不赔，而主力却借假破底完成了足够的筹码收集和摊低成本的过程。但周 K 线图则有"照妖镜"的功效，假底在周 K 线图上往往无所遁形。对从高位回落的个股，只要周 K 线图上均线系统仍未修复，即股价未企稳于中短期移动平均线之上，5 周、10 周、20 周移动平均线没有明显形成多头排列，则可认为只是短期反弹，并未真正见底。

利用以上三种方法寻找底部非常有效，若能将三种方法互相配合使用，效果将会更好。在这种涨涨跌跌之间，市场便存在着无限的机会，短线投资者需要学习的是，如何找到底部抓住机会。

第五节

短线跟庄看盘技巧

股市中的庄家是指能影响某一股票行情的机构大户，其持有的股票数通常占 50% 以上的流通盘。庄家拥有资金、信息、技术、人才等优势，以各种不同的方式和手段，有目的、有计划、有组织地在某个特定的环境中控制某类股票的走势。长线买的是公司，中线买的是趋势，短线买的是庄家。庄家运作一只股票时，无论是有意或是无意，都会在盘口留下不可磨灭的痕迹。散户要想摸清庄家的底细，了解庄家的各种操作手法以及庄家每一个动作的意图，就必须学会跟庄。跟庄是股市高手的游戏，要求投资者股市知识功底深厚，熟谙庄家操盘手法，心理素质上佳，更重要的一点是要有时间时刻关注庄家的一举一动，这样才能在股市中长期生存下来。

一、计算庄家的持仓量

计算庄家的持仓量，可以帮助散户很好地判断庄家目前的坐庄阶段和坐庄实力。如果一只庄股处于建仓阶段，散户就应该适时跟进，如果是出货阶段，散户应当敬而远之。无论是短线、中线还是长线庄家，其控盘程度最少都应在 20% 以上，只有控盘达到 20% 的股票才做得起来。如果控盘不到 20%，原则上是不可能坐庄的。如果控盘在 20%～40%，股性最活，但浮筹较多，上涨空间较小，拉升难度较高；如果控盘量在 40%～60%，这种股票的活跃程度更好，空间更大，这个程度就达到了相对控盘，大多数都是中线庄家；若超过 60% 的控盘量，则活跃程度较差，但空间巨大，这就是绝对控盘，大黑马大多产生在这种控盘区。一般来说控盘程度越高越好，因为个股的升幅与持仓量大体成正比的关系。也就是说，一只股票的升幅，一定程度上由介入资金量的大小决定，庄家动用的资金量越大，日后的升幅越可观。一只股票的流通盘，其中大约20%一般是锁定不动的，剩下的80%是流动筹码。

如果持仓量为30%左右，就可以判断庄家是做短线的，如果持仓量60%左右，庄家就可能是做中长线的。散户要想准确判断庄家的坐庄流程，制定跟庄策略和计划，就需要了解庄家的持仓总量。

周K线图对于判断庄家持仓参考意义最大，参看个股的周K线图，周移动平均线参数可设定为5、10、20，当周K线图的均线系统呈多头排列时，就可以证明该股有庄家介入。只有在庄家大量资金介入时，个股的成交量才会在低位持续放大，这是庄家建仓的特征。正因为筹码的供不应求，使股价逐步上升，才使周K线的均线系统呈多头排列，我们也就可初步认定找到了庄家。

判断庄家的持仓总量有一种简单的方法，即在一波行情从底部到顶部上涨的过程中，如果成交量是1亿股，那么庄家一般会占有其中的30%。在操作的时候还可以再简单一点，从庄家介入的那天开始到大规模拉升之前，算一下这段过程中总共成交量是多少股，如果算到最后，成交量是5亿股，那么庄家的持仓量大约是1.5亿股。有一种例外，有的庄家收集筹码时是分段进行的，则计算时也应一段一段地计算。

实践中可以用以下几种方法具体估算庄家仓位的轻重。

1. 分析吸货期

股价在上涨时，庄家所占的成交量比率大约是30%，而在股价下跌时，庄家所占的比率大约是20%。但股价上涨时放量，下跌时缩量，假设放量与缩量之比为3∶1，可得出一个推论：假设上涨时换手为300%，下跌时换手是100%，这段时间总换手率为400%，则可得出庄家在这段时间内的持仓量为70%（300%×30% − 100%×20%），即庄家在换手率达到400%时，其持仓量为70%，也就是每换手100%时，其持仓量为17.5%（70%／400%×100%），从MACD指标金叉的那一周开始，到所计算的那一周为止，把所有各周的成交量加总再除以流通盘，可得出这段时间的换手率，然后再把这个换手率乘以17.5%，得出的数字即为庄家的控盘度。一个中线庄家的换手率应在300%～450%，只有足够的换手，庄家才能吸足筹码。

当总换手率达到200%时，庄家会加快吸筹，拉高建仓，这是短线介入的良机。而当总换手率达到300%时，庄家基本都已吸足筹码，接下来庄家是急速拉升还是强行洗盘，应从盘口去把握，切忌盲目冒进而被动地使得投资从短线变为中线。在平时的看盘中，散户可跟踪分析那些在低位换手率超过300%的个股，然后综合其日K线、成交量以及一些技术指标来把握介入的最佳时机。

吸货期越长，庄家持仓量越大；每天成交量越大，庄家吸货越多。因此，若散户看到上市后长期横盘整理的个股，通常称为黑马在默默吃草。有些新股不经过充分的吸货期，其行情难以持续。

2. 分析大盘整理期个股表现

有些个股吸货期不明显，或是老庄卷土重来，或是庄家边拉边吸，或是在下跌过程中不断吸货，因此难以明确划分吸货期。这时，对这些个股庄家持仓量可通过在整理期的表现来判断。

3. 计算换手率

通过计算换手率来判断庄家的持股量是一种最直接有效的方法。在低位成交活跃、换手率高，而股价涨幅不大的个股，通常是庄家在吸货。此期间换手率越大，庄家吸筹越充分，"量"与"价"似乎为一对不甘示弱的小兄弟，只要"量"先走一步，"价"必会紧紧跟上"量"的步伐，散户可重点关注"价"暂时落后于"量"的个股。换手率的计算公式如下：

$$换手率=成交量／流通盘×100\%$$

应计算庄家从开始建仓到开始拉升时这段时间的换手率，而周MACD指标金叉可认为是庄家开始建仓的标志，这也是计算换手率的起点。

4. 分析上升过程中的放量

随着股价上涨，成交量会同步放大，某些庄家控盘的个股随着股价上涨，成交量反而缩小，股价往往能再涨，对这些个股可重势不重价。庄家持有大量筹码的个股，在其上涨的过程中，只要不放大量，就可一路持有。

二、如何判断庄家筹码锁定

一般来说，庄家筹码锁定，建仓进入尾声时，具有以下特征。

（一）盘口信息

盘口信息是研判庄家控盘程度的重要窗口，庄家建仓完成与否，有时甚至仅通过盘口信息即可作出准确的判断。

1. 拉升时的大卖单

一只股票在不涨不跌时，挂出大卖单比较正常。一旦股价拉升时，立即出现较大的卖盘，有时甚至是先挂出卖盘，而后才出现上涨，这时，如果卖盘不能被吃掉，一般说明庄家吸筹不足，或者不想发动行情；如果卖盘被逐渐吃掉，且上攻的速度不是很快，多半说明庄家已经完成了建仓，对该股相对控盘了，庄家既想上攻，又不想再吃进更多的筹码，因此拉升股价的速度会慢一些，希望散户帮助吃掉一些筹码。

2. 下跌时的承接盘

庄家建仓不足时，在洗盘时就不希望损失更多的筹码，因而下跌时，低位会有一定的承接盘，这是庄家自己在卖给自己。有时，甚至庄家会先挂出承接盘，再启动下跌的动作。如果庄家已经控制了较多的筹码，那么股价下跌时，卖盘基本上是真实的，低位不会主动挂出大的承接盘。庄家不承接低价位的筹码，其目的是减少仓位，以便为下一波拉升做准备。

（二）K 线图

1. 日 K 线走势独立于大盘

在市场中，个股一般都是跟着大盘呈正向走势，即大盘涨，个股也涨；大盘跌，个股也跌；大盘呈平衡震荡，个股也为上下震荡的平衡式。然而在市场中，某些个股的走势我行我素、独来独往，不理会大盘，走出独立行情。在这种情况下，表明个股的筹码基本上已经被庄家控制，庄家已经完成了建仓工作。

2. 股价放小量且拉出大阳线

庄家进入目标股收集筹码，在经过一定时间与空间的收集工作后，如果庄家某日用较小的资金就能使股价涨停板，这表明市场中绝大多数筹码已经流入庄家手中，庄家具备了绝对的控盘能力，能够在市场中随心所欲地画走势图，也标志着庄家筹码的收集工作进入尾声或已经结束。

3. K 线走势起伏且成交量萎缩

庄家在收集筹码的末期，为了洗掉市场中的获利盘，便会使用少量筹码来做走势图。从日 K 线上分析，股价起伏不定，在一个箱体内做震荡走势，上涨到箱顶止涨，下跌到箱底止跌。在分时走势图上，箱体的震荡幅度更大，走势似波浪式地翻腾，委买、委卖单之间的价格差距也非常大，令散户莫名其妙。成交量有时也不很规则。在分时走势图成几何形状时，成交量有时几分钟成交一笔，甚至十几分钟才成交一笔，市场中的筹码极少。

（三）分时走势

庄家介入程度不高的股票，从分时走势图来看，股价上涨时会显得十分沉重，市场抛压较大。庄家相对控盘的股票，走势流畅自然，成交也比较活跃。庄家完全控盘的股票，在分时走势图中，股价的涨跌很不自然，平时买卖盘较小，成交量稀疏，只有在上涨或下跌时才会有意挂出单子，明显给人以股价被控制的感觉。

（四）消息面

利空消息是测试庄家强弱、建仓是否完毕的试金石。在市场中，当突发性利空袭来时，庄家往往措手不及。由于庄家手中筹码极多，进退极不方便，只能采取护盘措施。于是，盘面可以看到利空消息袭来当日，开盘后抛盘很多而接盘更多，不久抛盘减少，股价企稳。由于害怕散户捡到廉价的筹码，庄家只能在不利的市场中用资金托住盘面，维持股价不下跌。这表明庄家的建仓工作已经完成。

三、如何捕捉洗盘结束点

能发现股价的底部并及时跟进，对多数人来说是可遇而不可求的，能成功抄到底部的人毕竟是少数。但是散户可以在庄家洗盘结束时再跟进，这样即使错过了第一波行情，也能抓住庄股的第二春。大部分庄股在拉升中途均有洗盘震仓行为，庄家一旦清洗完毕，往往便展开主升行情，这时抄不到底的散户亦可抄到一个半山腰。

在实际操作中，散户可以使用"上下背离买入法"来捕捉洗盘结束点。"上下背离买入法"中的"上"指的是上方的移动平均线，"下"指的是下方的MACD指标。"上下背离买入法"是指在股价的上涨过程中，出现了横盘或下跌，此时，5日移动平均线与MACD（其参数为8，13，9）的运动方向产生了背离。一种情况是在股价暂时下跌过程中，5日移动平均线同时下行，接近10日移动平均线或已经与10日移动平均线发生死叉，而MACD却拒绝下滑，DIF数值不减反增；另一种情况是在股价暂时横盘期间，MACD同时下滑甚至出现死叉，而5日移动平均线却拒绝下行，不跌反涨。当出现以上情况时，说明市场庄家正在洗盘，没有出货，股价的下跌或横盘是暂时的，其后的行情往往是上涨而不是下跌，这一阶段散户应以买入或持股为主。

"上下背离买入法"的使用有着严格的要求，并不是所有符合"上下背离"的股票都能涨。一个较为成功的"上下背离买入点"在符合以上要求的同时，还必须满足以下条件：

（1）"上下背离"发生在上升三浪起点效果最好，也就是说，出现这种情况时股价刚刚上涨，幅度有限，还没有进行过主升浪。

（2）"上下背离"发生时，股价刚刚上穿30日移动平均线，且30日移动平均线开始走平或刚刚翘头向上，说明股价已止跌企稳。

（3）"上下背离"发生时，MACD已经运行在零轴之上，这表明市场已处于强势之中，如果符合前一期所讲的"MACD连续二次翻红"则效果更佳。

（4）"上下背离"发生时，如果出现的是第一种背离，且当日成交量大于5日平均量时，可考虑介入；如果出现的是第二种背离，当DIF由跌变涨的那一天，可考虑介入。

四、庄家出货的先兆

散户要想获利，必须在庄家出货之前提前逃离。庄家出货讲究的是出其不意，即趁广大中小散户失去警戒的时候大量往外派发。散户要想胜利逃顶，避免高位套牢，必须加强内功修炼，了解庄家出货前的征兆。其实，庄家出货是不可能做到神不知鬼不觉，有许多异常现象是庄家无法掩盖的。庄家出货的前兆有以下几点。

（一）达到目标价位

当散户准备买进一只股票，最好的方法就是把加倍和取整的方法联合起来使用，当散户运用几种不同方法的预测结果都指向同一个点位的时候，那么在这个点位上就要准备出货。当然，还可以用其他结果各种技术分析方法来预测。当股价与预测的目标位接近的时候，就可能是庄家出货之时。加倍取整的方法目前在股市中还没有被广泛应用，但却是判断股票高点的一个好方法。

（二）股价严重高估

当目标股的股价涨幅过大，有时甚至达到十几倍、几十倍，严重脱离了其真实的内在价值时，意味着庄家即将退出，因为庄家也知道有水分的股票迟早会下跌。

（三）利好消息增多

利用利好消息掩护出货是庄家常采取的一种出货手段。通常来说，股价上涨过程中很少见到正面消息，但是如果正面的宣传开始增加时，说明庄家已萌生退意，准备出货了。

（四）该涨不涨

如果某只股票在基本面、形态、技术等方面都看涨的情况下却不涨，就值得怀疑了，特别是股价有了一定升幅之后出现这种现象，此时庄家出货的可能性极大。如图6-7所示，四川长虹（600839）的股价上涨到高位以后，开始盘整，成交量却逐渐减少，这是庄家出货的典型标志。

还有的股票在公布了预期的利好消息后，基本面看涨，但股价就是不涨，这也是庄家出货的前兆。

（五）放量不涨

股价有了一定的升幅后，涨势趋缓，看似正蓄积力量准备继续上攻，某一天该股成交量突然放大，好像要向上突破，谁知股价不但没有涨，甚至有所下跌，出现量价背离的现象，这也是庄家出货的征兆。当股价升到庄家出货的目标点位后，散户就应当提高警惕，如果发现有以上所提到的征兆，一旦股价跌破关键价格的时候，不管成交量是否放大，都应该考虑离场。因为对很多庄家来说，出货的早期是不需要成交量的。不管在什么情况下，只要是放量不涨，就可基本确认是庄家在出货。

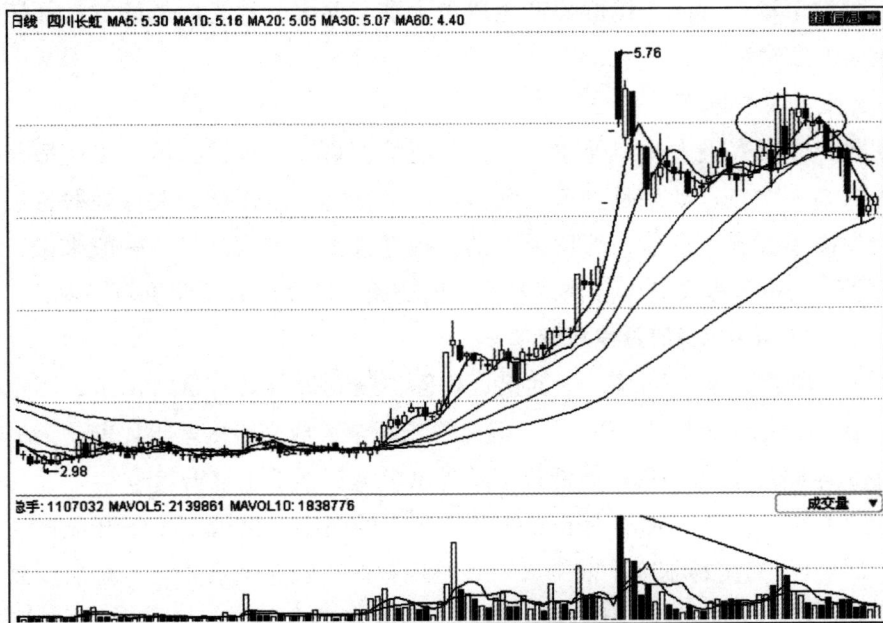

图6-7 四川长虹日K线图

五、如何识破庄家洗盘和出货

许多散户分不清庄家洗盘和出货，庄家也有意混淆两者。其实从目的上看，庄家洗盘的目的是尽量把心态不坚定的跟风盘甩掉，而庄家出货的目的是尽量吸引买盘，通过各种手段稳定其他持股者的信心，而自己却在尽可能高的价位上派发手中的股票。

（一）洗盘与出货的主要区别

1. 成交量的变化

在出货期间，成交量表现为不规律的混乱状况，若成交量放大，表明庄家在偷偷派发；若成交量不规则萎缩，则表明庄家无力控制筹码。

2. 位置不同

股价如果处在低价循环圈内或者处在盘底，庄家所使用一切方法的目的都是洗盘。股价如果处在高位循环圈或者上升的末期，庄家的行为则是为了出货。

3. 消息判断

洗盘时，庄家为了获得更多的筹码，会发布利空消息，让不明真相的市场散户产生恐惧心理，抛出手中的筹码。派发时，庄家一般都会发布利好消息，刺激市场抢筹码，给散户产生股价上涨、前程一片光明的感觉，而庄家却在暗中偷偷派发。

4. 重要关口表现

散户应观察重大关口处庄家是打压还是护盘，如果是打压，以使散户筹码抛出则为洗盘；如果是护盘，则多为派发行为。若在重大关口处股价反弹的力度极小，多为洗盘；若反弹强劲，幅度较大，则为派发。一般来说，庄家为了引入跟风盘买进，会在重要关口位洗盘，这样庄家便能重新买入。

（二）洗盘与出货的具体判断

（1）股价大幅度下跌，一度接近跌停，跌到最低处有量放出来，尾市收回一半，K线形态类似"吊颈"，但是第二天全天成交价区基本比前一天的最低价位高5%。这说明前一天低位下跌是恐慌盘，不是庄家出货。

（2）如果下跌的时候，上午的量是下午的两倍，这说明上午开盘后，因为"T＋1"的交易制度，前一天短线抢反弹的人看到大盘走坏，该股反弹无望，选择在上午离场。出现这种情况多是庄家在洗盘。

（3）下跌到关键位置的时候时常会出现大卖单，同时砸盘力度也很大，但股价的下跌变慢了，这说明大卖单是庄家对倒的，目的是引出散户的抛盘，当出现抛盘后庄家就低位承接，股价自然不会快速下跌。有时在买一价位上有大卖单，经常很久没有成交，也不能表明庄家在出货。

（4）下跌时盘面很弱，连反弹都没有，股价几乎和移动平均线平行下跌。如果是庄家准备出货，盘中一定会趁大盘反弹的时候拉升一下股价，这样庄家才能在维持住股价的前提下多卖出筹码，但是连这个动作都没有，就是庄家故意示弱于人，希望别人卖出而自己却悄悄吸货。尤其是尾市，庄家用较少的代价就能将股价拉回到移动平均线附近，出货的庄家不会连这个举手之劳的动作都不做。

（5）大盘走弱时，股价却拒绝下跌，而在某一关键价位处横盘，而且横盘时天天缩量，说明短线盘越来越少，离庄家拉升股价的时间不远了，虽然拉升的力度不能确定，但是此时至少反弹在即，盲目割肉实属不智。

（6）若股价横盘的过程中庄家也每天都有动作，如每天拉升两次，这其中就很有学问——庄家可一举数得：首先是试盘，看看拉起来时跟风盘和抛盘如何，这样庄家对拉升时机好有一个估计判断；其次是吃货，股价上去再下来吸引了很多短线投资者，而短线盘是最不稳定的筹码，稍微有风吹草动，这些短线筹码很容易被庄家震出来，成为囊中之物；再者是洗盘，即使庄家没有吃到这些筹码，但是筹码从中线变成短线，经过这样的换手，对庄家将来的拉升也是有利的；最后是消磨持股者的耐心，如果投资者多次看股价冲上去又回来，一定耐心大减，真的再冲上去的时候就会急于抛出了。

（7）横盘时关键价位不破，比如前三次涨停时巨量换手区域的下沿是10元，股价就是跌不破这个位置。因为这个位置如果被突破，就意味着在高位换手时卖出的投资者，都有了回补的机会，那么庄家轧空这部分人的第四个涨停就没有意义了——大家都要回补了，庄家今后如何拉升？但是庄家真正出货就不同了。庄家高位横盘出货往往只在尾市做一下K线，在K线上面留下一个或者多个长下影线，但盘中的减仓动作却是很难隐藏的。

（8）对个股的消息反应平静。在推出公告后，下午复牌后成交依旧清淡，任凭同一板块的其他个股风起云涌，该股的换手依然缩到地量，这起码说明了筹码稳定性很好，对待消息多空几乎没有分歧。如果庄家目的是出货，就会出现利好，但是股价见利好却放量不涨，这便是庄家卖出股票的征兆。庄家洗盘时会千方百计动摇人们的信心，等到出货时再以很美好的前景来麻痹人们。

本章操作提示

任何目标股票都会经历上涨攻击、横盘蓄势、下跌溃败等态势，对股票的价格、成交量、时间和参与的投资者这四大市场要素及其关系的理解是准确看盘的关键。短线操作重在通过观察成交量、买卖挂单的变化以及短线波动指标走势（KDJ指标最灵敏）来判断个股的后期走势，不能一看到成交量放大就跟进。如果成交量放大时移动平均线向下，说明是假买进、真抛出情况下的放量；当股价跌到一定位置的时候，如果发现抛盘加大，价格却不随着抛盘下跌，此时可以买入。

第七章

短线看盘控制风险的技巧

　　股市有风险，入市需慎行。在风云莫测的股市中，短线投资者即使掌握了以上种种看盘技巧，面对瞬息万变的盘面信息，也不能保证自己百密而无一疏，所以，投资者必须未雨绸缪，掌握防范和控制各种风险的技巧，以应对短线投资中存在的某些不可预知的风险。

第一节

短线风险控制

一、短线风险控制原则

对于某些短线高手来说，他们有时确实能够做到买了就能涨，特别是在牛市里，在一只股票处于上升途中的时候，追逐短线给他们带来了丰厚的收益。然而，短线炒作收益大风险也大，因此对于投资者来说，就应尽可能地回避风险、争取收益。

（一）不在股价的"两端"（底部和顶部）做短线

当一只股票处于底部时，其上下波动的空间是有限的，因此做短线很难有差价可赚；而顶部区域做短线是一件风险大于收益的事情，如果没有十足的把握，不宜在这一区域做短线。对于一般的投资者而言，应选择处于上升过程中的股票或经过暴跌之后的股票做短线（后者属于抢反弹性质，应作为超短线来处理）。

（二）不投入自己全部的资金来做短线

短线做对了往往能给人们带来快速盈利效应，但做错了却往往是投资者的亏损之源，因而短线炒作是一件收益与风险并存，有时甚至是风险大于收益的事情，因此对于投资者来说，分散投资风险是十分必要的。其具体做法就是合理分配中长线与短线投资的资金比例。一般而言，中长线与短线资金分配的比例以不超过6∶4，并且随着股指的升高、股价的上涨，这一比例应作相应的调整，而且是短线资金所占比例应越调越低。

（三）不把短线做成长线

在实际操作当中，常常见到一些投资者往往在短线被套了的时候就转为做长线，其实这种做法是非常不理性的，也是十分错误的做法。短线与长线是完全不同的两个概念，它不仅表现在持筹时间上的不同，在选股方式与建仓成本上也有很大的不同。因此，做短线的股票就只能做短线，而不能因为被套住了进而转为长线来处理，这样做的结果往往只能是套得更深，从而使自己陷入非常被动的境地。因此，对于短线投资者而言，有两点是应切记的：一是要适可而止，短线投资能有 10% ～ 20% 的收益（弱市之中这一收益目标更应以 10% 为限）就应见好就收，以免白坐一趟回头车，甚至将自己套牢；二是要设好止损位，发现行情不对时及时出逃，以免自己被下跌行情越套越深。

（四）不频繁地进行短线操作

正如言多必失一样，频繁地进行短线操作，最终肯定有"马失前蹄"的时候，因为好运气不可能永远陪伴你。因此，投资者要谨慎地对待自己的每一次操作，特别是在自己对行情不能正确把握的时候，应停止操作，退出观望与休息，切忌盲目操作。

二、短线资金管理原则

（一）资金管理原则

（1）入市买卖，损失不应超过资金的 1/10；不过量买卖。

（2）买卖遭损时，永不加码。

（3）仓位大小与市场状态相一致。市场处于平衡状态时，应参与较少；市场处于活跃状态时，应参与较多。

（4）仓位大小与自身状态相一致。一旦出现连续失手，需要赶快警惕起来，减低仓位直至离场休息。

（二）仓位控制原则

（1）永不满仓，始终保持 30% 以上的备用资金。

（2）根据大盘风险系数来决定仓位高低，如果当前大盘风险系数是 70%，那么仓位就应该是 30%。

（3）市场出现无风险机会的时候，可以放大资金操作。

（4）在市场出现波段操作机会的时候，可以重仓短线操作。

（5）在市场出现极品庄股行情机会的时候，可以三分仓中线操作。

（6）在市场出现技术分析机会的时候，可以轻仓短线操作。

（三）加仓原则

1. 第一个 1/3 资金的使用

在大势低迷时，即跌势末期，应以短线操作为主，快进快出、高抛低吸。操作一些超跌或启动个股，买入股票后，大势明朗可中线持有，否则短线获利了结。

（1）建仓后，发觉错误，立即止损。

（2）建仓后不能确定对错，持仓观望，但观望时间不能过长。

（3）在确定了第一笔资金已盈利后，持仓等待第二次介入机会。

2. 第二个 1/3 资金的使用

（1）当第一份资金在获利状态且已无风险可言时，可使用第二份资金。此时，应选择明显底部放量的个股中线持有。

（2）建仓后，如发觉错误，马上将第一笔资金止盈，同时设置第二笔资金的止损位并严格执行。

3. 第三个 1/3 资金的使用

只有在之前两份资金获利的状态下，且大势明显向好时，第三份资金才可投入。严格遵循趋势理论，顺势而为，高抛低吸，短线操作，快进快出。

（四）个股组合原则

（1）不同时持有超过 5 只以上个股，核心个股绝不超过 3 只。

（2）每只个股占多少资金，取决于交易系统对每只个股所处位置的判断；如果同时运用多个策略不同的系统，则还取决于每个系统的目标预期年均回报率。

（五）分段原则

同一只个股买卖分段进行。基于趋势型策略的投资者，需要设立多段买入、卖出点。

第二节

短线如何止损

做股票买股之前定好止损位，到止损时坚决出局。止损是在投资出现错误时，限定亏损幅度的办法。它是指当某一投资出现的亏损达到预定数额时，及时斩仓出局，以避免形成更大的亏损。所以，止损可使以较小代价博取较大利益成为可能。

一、短线止损的原则

进入股市一定要理性投资，学会止损。短线止损的原则有以下几点：

（1）买入股票前就做好。两种准备，如果买错，一旦跌至设定的止损位，立即斩仓出局。

（2）以某条移动平均线为止损点，这条移动平均线必须能代表该股最近一段时期的走势。

（3）以关键的技术点位作为止损点，如头部形态的颈线位、上升通道的下轨线等。

（4）买入处于下降通道中的股票，应以向上碰触 5 日或 10 日移动平均线时为止损位。

（5）以股价跌破近期带量上攻的那一天的开盘价做止损点。

（6）久盘不涨后的带量破位，应该止损。

（7）买入处于涨势中的股票止损位可适当上调，但一经设定，绝不能下移。

二、应及时止损的个股

根据个股的不同性质可采取不同的止损策略。对以下个股宜及时止损，否则极易由浅套变深套。

（一）跌破年线的个股（图 7-1）

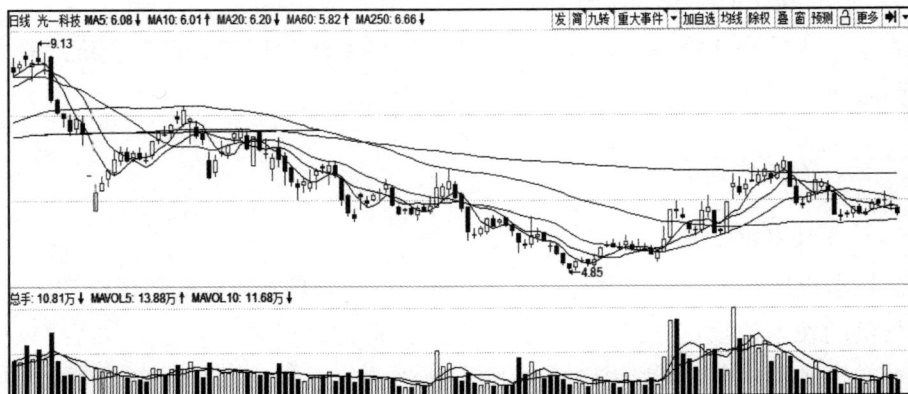

图7-1　光一科技日K线图

年线代表股票的中长期趋势，若年线拐头下行，说明该股长期走势已转弱，后市将步入漫漫的价值回归之路，前期越是牛气十足、升幅巨大的个股，一旦转势，调整将延续相当长的时间。后来这些长期牛股逐渐跌破年线并继续深跌。因此，股价一旦跌破年线就要及时止损。

（二）不断创新低的次新股

次新股上市后持续创新低的原因主要有两个：一是上市时定位过高。部分新股发行市盈率很高，股价充满泡沫，导致一上市便是头部，寻底之路漫漫无期，投资者切不可因其跌幅大就认为底部已到。二是无庄关照，或是无实力机构介入，股价犹如小草般随风摇摆。如图7-2所示。

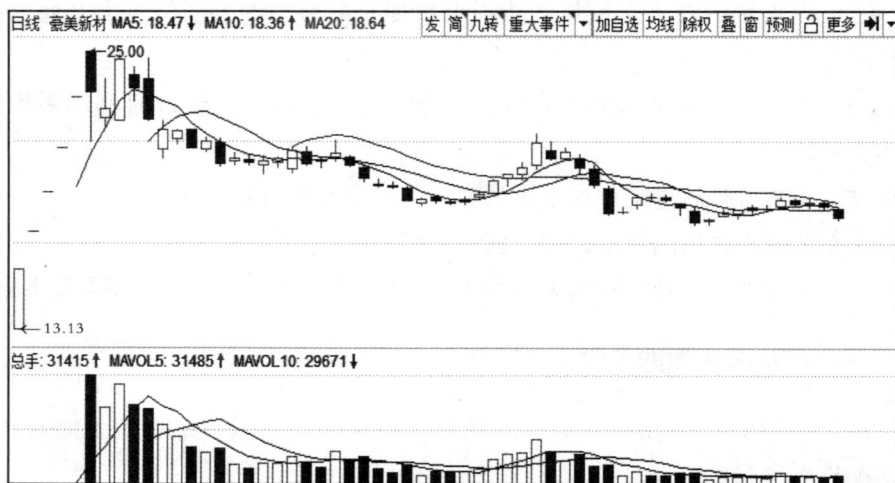

图7-2　豪美新材日K线图

（三）完成一轮炒作周期的个股

庄家从建仓到拉高、派发，完成一轮完整的炒作周期之后将会沉寂相当长的时间，持有者亦应及时出局。如图7-3所示。

三、短线止损的方法

（一）技术止损法

技术止损法是将止损设置与技术分析相结合，剔除市场的随机波动之后，在关键的技术位设定止损点，从而避免亏损的进一步扩大。这一方法要求投资者有较强的技术分析能力和自制力。

技术止损法是根据短线技术指标的走坏来止损，而不考虑实际损失的比

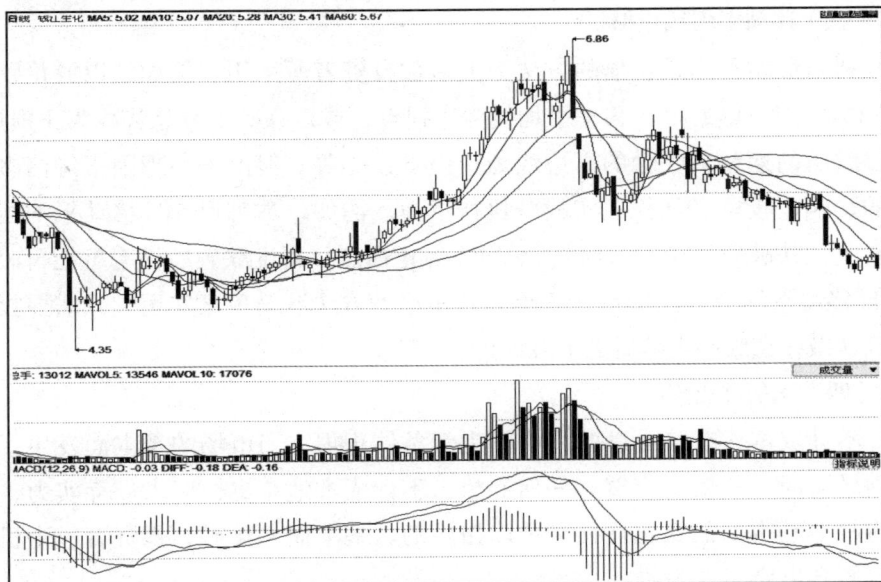

图7-3　钱江生化日K线图

例。一般而言，运用技术止损法，无非就是以小亏赌大赢。技术指标的选择因人而异，其主要指标有：重要的移动平均线被跌破，趋势线的切线被跌破，头肩顶、双重顶或圆弧顶等头部形态的颈线位被跌破，上升通道的下轨线被跌破，缺口的附近被跌破，等等。例如，于上升通道的下轨线买入后，等待上升趋势的结束再平仓，并将止损位设在重要的移动平均线附近。再如，市场进入盘整阶段后，通常出现收敛三角形态，价格与中期移动平均线（一般为 10～20 日移动平均线）的乖离率逐渐缩小。一旦价格对中期移动平均线的乖离率重新放大，则意味着盘整已经结束，此时价格若转入跌势，则应果断离场。需要注意的是，同一种技术指标有不同的参数选择，短线操作必须使用适合做短线的参数，不能把中长线指标用在炒短线上。

（二）一根 K 线止损

一根 K 线止损，顾名思义就是用一根 K 线止损，这种止损方法要求投资者技术素质较高。其真实含义是买入股票后股价必须上涨，否则就止损，一般应用于短线强势股和上升通道保持良好的牛股。采用此种止损方法要求投资者的短线分析技术应具备较高水平，对各项技术指标有一定的综合分析能力，对个股盘面变化了然于胸。这里有两个原则：一是股价跌破前一交易日的中间价即止损，二是股价跌破前一交易日的最低价即止损。

（三）移动平均线止损

利用移动平均线止损的方法为大多数投资者所采用。例如，以股价跌破5 日移动平均线或 10 日移动平均线为止损点，或以跌破上升趋势线为止损点，或以跌破前期整理平台的下边线为止损点，等等。但由于心理因素等诸多方面的影响，投资者往往在实战中执行不力。例如，本来设 5 日移动平均线为止损点，跌破后又设 10 日移动平均线为止损点，再度跌破后极有可能再改为30 日移动平均线为止损点，等等。其实这种方法既简单又实用，只需要投资者日常做些克服心理障碍的训练即可。

（四）无条件止损

不计成本，夺路而逃的止损称为无条件止损。当市场的基本面发生了根本性转折时，投资者应摒弃任何幻想，不计成本地杀出，以求保存实力，择机再战。基本面的变化往往是难以扭转的。基本面恶化时，投资者应当机立断，斩仓出局。

（五）心理止损法

心理止损是指投资者根据个人心理承受能力设置相应的止损点。例如，在买入股票时设置下跌 7% 或 10% 为止损点，或者设置下跌多少钱为止损点，投资者完全可根据个人心理状况个性化设置，没有什么特殊的技术要求。但需要强调的是，设置的止损点超过股价下跌的 10% 以上没有任何意义，这和投资者拥有多少资产无关。

（六）时间止损法

时间止损法是指当投资者买入股票之后，在确定的一段时间内股价始终未达到预定目标，等到时间期限结束时，不论是盈还是亏，投资者都坚决抛出手中所有股的方法。例如，短线投资者若对某只股的交易周期预计为 1 周，而买入后该股在买价附近徘徊超过 1 周，那么其后应坚决出仓。从空间止损来看，价格或许还没有跌到止损位置，但是持股时间已跨越了时间的界限，为了不扩大时间的损失，此时不妨先出局观望。

第三节

短线如何解套

　　大多数进入股市的投资者几乎都被套牢过，这是一个不愿提及但又回避不了的问题，它是每个投资者迈向成熟的一道必经门槛。既然不能简单回避，就要勇敢地面对它，找出适合自己的解决方案。被套的原因往往是因为买入成本过高，只要能在比卖出时更低的价格买回来，那么你就成功地降低成本。解套要有耐心，只要能降低成本，分多次做也无所谓，千万不要想着一步到位。短线投资者被套时的解套策略和时机如下。

一、短线解套策略

　　短线解套策略分为主动性解套和被动性解套两种。

（一）主动性解套策略

　　1. 斩仓

　　当发现自己的买进是一种错误的决定，尤其是在买入那些前段时间出现暴涨的牛股时，需要果断及时地斩仓出局，这样才可以保住本金。只有保证资金没有受到过多的损失，股市里面是不缺少机会再赚回来的。

　　2. 换股

　　当持有的股票被套牢之后就会一直处于弱势下跌的趋势，如果能够很准确地判断出有其他股票后期涨势会较大且有超过自己手中股票价格的时候，就要坚决换股，用新买的股票来弥补之前的损失。

　　3. 做空

　　被套的股票也是可以做空的。当投资者看到股票已经被深套不能斩仓，又确定后市还会继续跌下去，便可以先将套牢的股票抛出，等到以更低的价格再买进，以此达到降低成本的目的。

（二）被动性解套策略

1. 摊平

当买进的股票价格不高，或者是对未来大盘走势看好时，便可以用摊平的方式。普通投资者的资金通常只能承受一两次的摊平，因此，摊平的时机一定要把握好。

2. 坐等

当股票已经满仓被深度套牢之后，不能割肉也不能补仓时，便只能采用这一方式去解决。

二、解套的最佳时机

每一种解套策略都有各自不同的特点，适用的时机也各不相同，投资者需要根据股市运行的不同阶段采用不同的解套策略，才能达到理想的解套效果。

1. 止损策略适用于熊市初期

因为这时的股指处于高位，后市的调整时间会比较长，调整幅度深，投资者此时如果能做到果断止损，就可以有效规避熊市的投资风险。

2. 做空策略适用于熊市中期

投资者可以在下跌趋势明显的熊市中期把手中的被套股卖出，等大盘运行到低位时再择机买入，这样也能最大限度地减少因套牢造成的损失。

3. 捂股策略适用于熊市末期

此时的股价已接近底部区域，盲目做空和止损会带来不必要的风险或损失，这时只要耐心持股，必然是收益大于风险。

4. 摊平策略适用于底部区域

摊平是一种比较被动的解套策略，但要把握好摊平的时机，否则过早地在大盘下跌趋势中摊平，不但不能解套，反而会陷入越摊平套得越深的地步。

5. 换股策略适用于牛市初期

换股策略只适用于上涨趋势中，在下跌趋势中换股只会加大亏损面。在上涨趋势中，将一些股性不活跃、盘子较大、缺乏题材和想象空间的个股适时卖出，选择一些有新庄入驻、未来有可能演化成主流板块和领头羊的个股逢低吸纳。投资者只有根据市场环境和热点的不断转换，及时地更新投资组合，才能在牛市行情中及早解套并取得超出大盘上涨的收益。

三、换股解套法

换股解套法是一种主动性的解套策略。所谓换股法，就是将手中套牢的股票换成股性活跃、股本扩张力强、题材比较丰富的股票。换股解套关键在于找出强势股，如果运用得当，就可以有效降低成本，增加解套的机会。但换股也是风险较大的解套手法，一旦操作失误的话，就会"赔了夫人又折兵"。所以，投资者在换股时要非常慎重，在实际应用中要掌握换股的规律。

短线投资者买入股票后如果该股不涨反跌，弱势明显，则应抛出弱势股，买入强势股，将赔钱的股票卖掉，兑成资金，买入赚钱的股票，用赚钱股票的盈利对冲掉赔钱股票的亏损。熊市初期卖出股票后应暂时休息，等待大跌之后低价介入的机会来临。

这种解套方法的优点是不受原被套股票的束缚，能有效控制风险；缺点是换股失误会"赔了夫人又折兵"，增加新的风险。具体操作规则如下。

（一）留小换大

小盘股因重组成本低等原因容易被主力选中控盘，导致小盘股股性较为活跃，走势常常强于大盘。所以，小盘股是跑赢大势和换取手中滞涨股的首选品种。

（二）换低不换高

换低不换高，即换入股价处于相对低位的股票。低价股很容易被市场忽视，投资价值往往被市场低估，低价股由于绝对价位较低，进一步下跌的空间较有限，风险较小。尤其是从高位深跌下来的低价股，因为离上档密集套牢区较远，具有一定的上涨潜力。而高价股本身的价格就意味着高风险，导致高价股面临较大的调整压力。所以，换股时要换出高价股，留下低价股。

（三）换强不换弱

换强不换弱，即换入有资金关注、走势相对强的股票。换股不等于卖出后要立即买入，应在股价走强时再行介入，以避免再次套牢。弱势股的特征是如果大盘下调，弱势股就会随着大盘回落，跌幅往往会超过大盘；如果大盘反弹，弱势股即使跟随大盘反弹，其力度也比大盘弱。所以，投资者一旦发现自己手中持有的是弱势股，无论是被套还是获利，都要及时清仓，另选强势股，这样才能有效保证资金的利用率。

（四）留新换老

新股、次新股由于未经过扩容，一般流通盘偏小，很容易被主力控盘。上市时间不长、没有被疯炒过的次新股，上档套牢盘较轻，加上次新股刚刚上市，企业募集了大量现金，经常会出现新的利润增长点，这些因素都很容易激起主流资金的炒作热情。

（五）留下潜在题材股，换出题材明朗股

股市中经常会流传一些朦胧的题材，至于是否真实并不重要，只要能得到投资者的认同，股价常常会有喜人的表现。可是题材一旦明朗，炒作便会宣告结束。所以，换股时要注意选择一些具有潜在朦胧题材的个股，不必选利好已经兑现的个股。

（六）留下有庄股，淘汰无庄股

有庄股是指有主力介入的股票。介入的主力凭借雄厚的资金，往往不理会大盘的起落，仍然继续推高股价，股价呈现出强者恒强的状况。无庄股由于缺乏主力资金的关注，大多是一些小散户在里面苦苦支撑，如果持有这种股票，只能和其他散户一起苦撑了。

（七）留新庄股换老庄股

不论以前老庄股是否有过巨幅拉升，也不论其是否有获利的时间及空间，只要在长期的时间和成本的压制下，老庄股往往会考虑如何出逃，所以，老庄股的上升空间和上升力度都值得怀疑。新庄股指的是主力介入时间没有超过1年的个股，由于新资金刚刚介入，其爆发力往往会超过老庄股。

（八）留下主流股换出冷门股

有些冷门股，每天股价仅在几分钱的差价上上下波动，全天成交稀少，如果手中有这种个股，应及早把它抛出，换入当前主流板块但涨幅还不大的股票。

四、补仓解套法

补仓解套法又称成本摊平法。随着股市的下跌，用不同的价格买进股票，可降低累积持股的成本。此法适用于手中套牢的热门股。

补仓的目的在于以更低的价格购买该股票，使持股成本下降，以期在补仓后的反弹行情中抛出，将补仓买回来的股票所赚取的利润弥补高价位股票的损失。进行补仓解套的基本方法是先根据成交密集区来判定该只股票反弹时

所能摸到的最高位置；再根据量价关系来判断该只股票反弹的时机；最后再确定补仓的价位和时机以及补仓的数量和补仓的步骤。

补仓时机的选择十分重要。补仓过早，往往会"粮尽弹绝"，"洞"越补越大，以后连翻身的日子都没有；补仓过晚，又难以降低和摊平成本。补仓是有风险的，虽然补仓可以摊薄成本价，但股市难测，补仓之后可能继续下跌，损失也将扩大。

第四节

短线如何做T

T 是"T+0"的简称。"T+0"是针对股市买卖"T+1"规则而产生的超短操作技巧。目前 A 股市场股票操作执行"T+1"，是指当天买进的股票只能在第二天卖出，由此就产生了"T+0"的操作技巧。

一、分时图做 T

规则：底仓不变，日内交易。

方法：MACD 指标背离、量价关系背离。

比如，持有某只股票 1000 股，成本 10 元／股。当天振幅较大，开盘出现下跌，首先在 9.5 元／股处买进 1500 股，随后该股出现上涨，在 10.5 元／股再卖出 1000 股，因为此前只有 1000 股，当天买进的 1500 股是不能卖出的（受 T+1 交易规定限制）。这样就完成了一个标准的"T+0"操作，当天获利1000 元（未扣除交易费）。

1. MACD 指标背离

MACD 指标背离有以下两种情况：

（1）顶背离，即股价创新高，指标不再创新高，顶背离找卖点。

（2）底背离，股价创新低，指标不再创新低，底背离找买点。

如图 7-4 所示的 2020 年 7 月 28 日的上证指数分时走势图。从该图中可以看到在早上 10:30 和 11:00 指数高点持平，而 MACD 指标高点大幅下跌，随之午后指数持续下跌。此时在 11：00 出现顶背离信号时是卖点；而在下午 14：10 分左右，指数没有创新高，而 MACD 指标顶点阶段性新高，此处出现底背离信号是买点。高卖低买同样的股数，底仓不变，当天完成交易，就是一次成功的日内做 T。

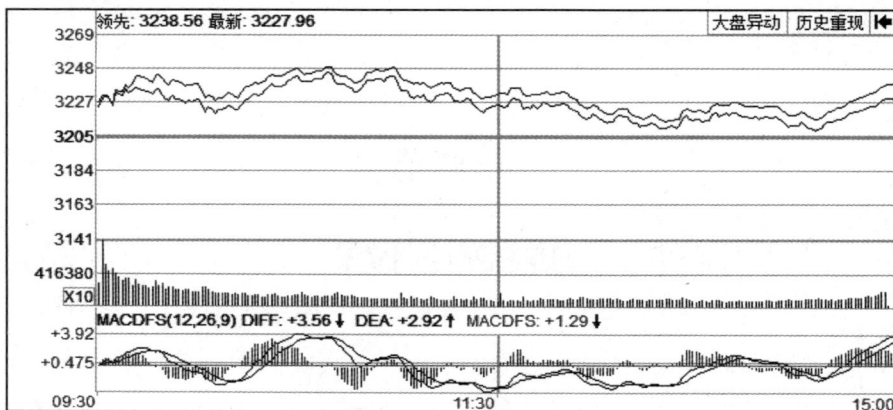

图7-4　上证指数分时走势图

2. 量价关系背离

关于成交量和价格的关系，请参考本书第一章第三节的详细内容。

如图 7-5 所示的东旭光电（000413）的分时走势图，该股在 2020 年 8 月

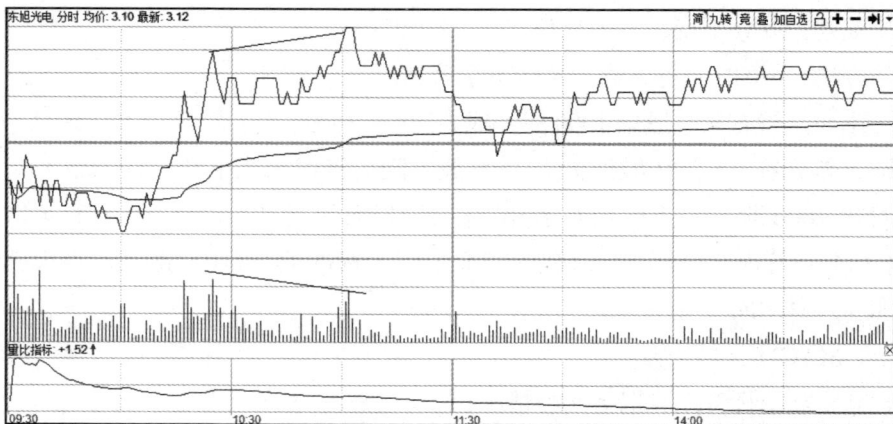

图7-5　东旭光电分时走势图

7日上午11点时股价创新高但成交量是缩小的，这是明显的量价背离。因此，投资者可以在这个高点附近抛出，下午再进行低吸回来，做T降低成本。

如图7-6所示君正集团（601216）的分时走势图，该股在上午11点左右股价创新高了，但是MACD指标没有新高。如果此时单单运用MACD指标背离选择了卖出，这个操作是对的，但结果却不是如此，因为后面股价还在上涨。

首先，我们要明白的是所有的指标都是存在于概率的基础上的，所以，技术没有百分之百的对错，只能说按照方法去做，大概率的情况下都是对的。既然指标有局限性，就要多维度去做分析，多看几个参考指标，比如结合成交量再去分析一下，11点左右是明显放量的。这就说明了成交量可以短期化解背离。

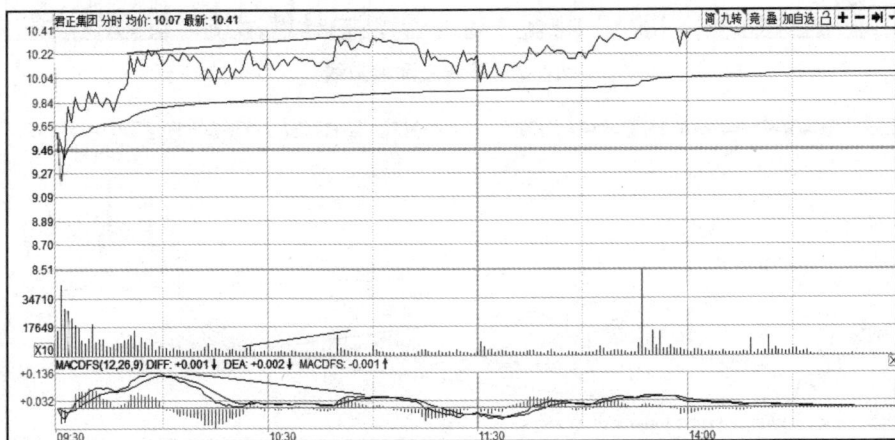

图7-6　君正集团分时走势图

二、K线做T

K线做T和分时图做T的不同之处在于K线做T看的是日K线图，做的是波段T。所谓做T降成本，就是在压力位附近卖出，在支撑位附近低吸，那么如何找准压力位和支撑位去进行高抛低吸呢？

1. 趋势线

有效的趋势线一旦被突破，则意味着上一轮趋势已经或者将要进入尾声。趋势线分为两种：上涨趋势线和下跌趋势线。上涨趋势线是两个依次抬升的低点的连线，下跌趋势线是两个依次降低的高点的连线。当股价反弹到下降趋势线附近，不突破就是高抛机会，下破上涨趋势线进入下跌行情，如图7-7所示；当股价回踩至上涨趋势线附近，不跌破就是低吸机会，上破下降趋势线开启新一轮上涨，如图7-8所示。

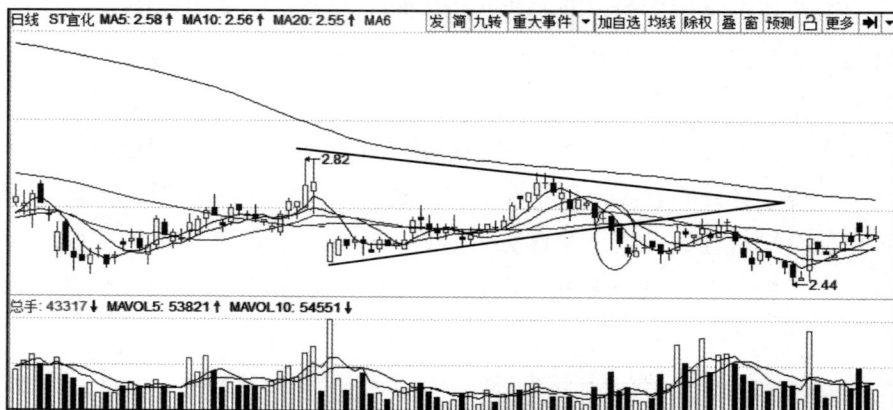

图7-7　下破上涨趋势线

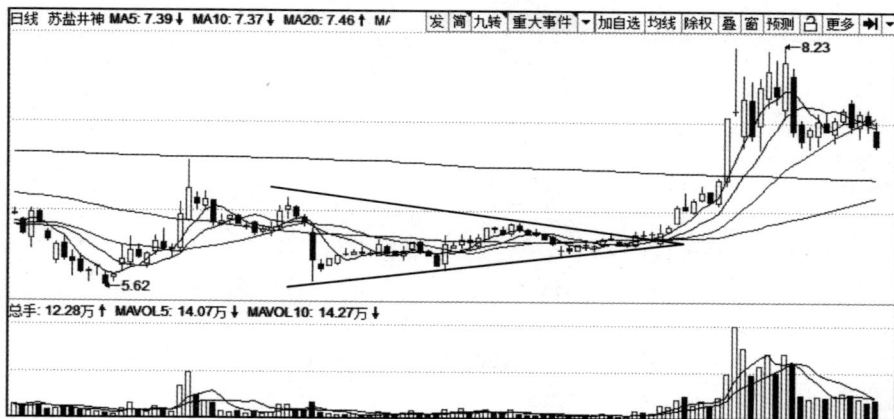

图7-8　上破下降趋势线

2. 均线

均线又称移动平均线：将一定时期内的证券价格加以平均，并把不同时间的平均值连接起来，用以观察证券价格变动趋势的一种技术指标。均线周期越长，支撑力度越强，越不容易击穿。

5日均线是指最近5个交易日资金平均成本位置，60日均线是最近60个交易日资金平均成本位置。股价在5日均线上方运行，那么5日均线就是股价支撑位；股价在5日均线下方运行，股价反弹到5日均线就会有压力。因此，压力位和支撑位可以相互转化，就看股价在上面还是下面。

不同的时间周期适应不同的操作风格，小周期比较灵敏，更合适点位进场和离场，同时也会有频繁发出买卖信号的误差，这就要根据操作的时间周期来判断。比如，个股短期涨幅较大，投资者随时准备获利离场了，此时就要关注小周期 30 分钟线。如果股价处于底部刚刚开始启动，为了避免卖飞，在股价波动过程中，可以把观察周期适当延长至 60 分钟线。如图 7-9 所示的成飞集成（002190）日 K 线图。

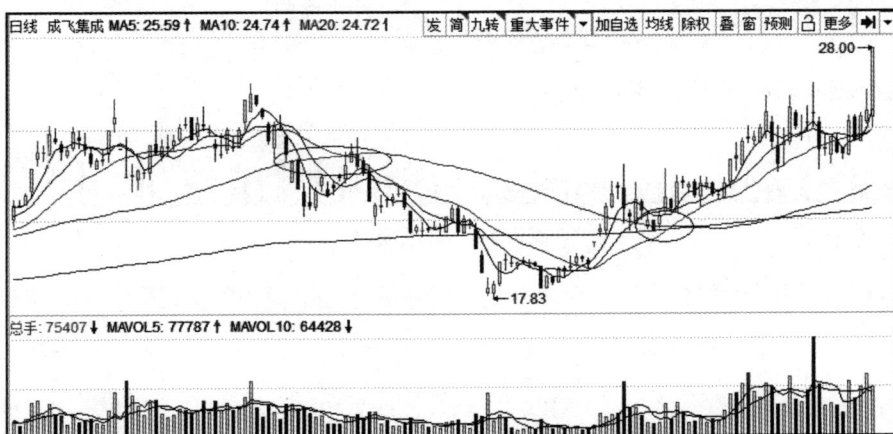

图7-9 成飞集成日K线图

从图中可以看出，该股在左边的圆圈处出现了两次跌破长周期均线 60 日均线，说明了这个位置压力最大，是适合高抛的压力位。同理，在找支撑位买点的时候。长周期的均线位置更容易企稳。比如在图中右边的圆圈处，60 日均线容易跌破，250 均线作为均线里面最长的周期，在年线 250 日均线附近企稳可能性更高。

3. 缺口

缺口显示的是两根相邻的 K 线之间出现的价格真空区。通常，缺口有以下四种：

（1）普通缺口。一般发生在股价的整理形态（长方形横盘、收敛三角形、楔形等）中。普通缺口对行情的影响力度最小。如图 7-10 所示。

（2）突破缺口。发生在股价对于密集成交区域的突破与方向选择时，预示着一个较大的上升（下跌）的行情将要展开。向上突破的缺口需要有成交量的配合，突破缺口越大其对于后市的指向力量也就越强。突破缺口出现之后，短期缩量回踩，缺口没有回补完毕，投资者可以轻仓尝试低吸，待后面再次放量突破的时候，股价将会继续创新高。如图 7-11 所示。

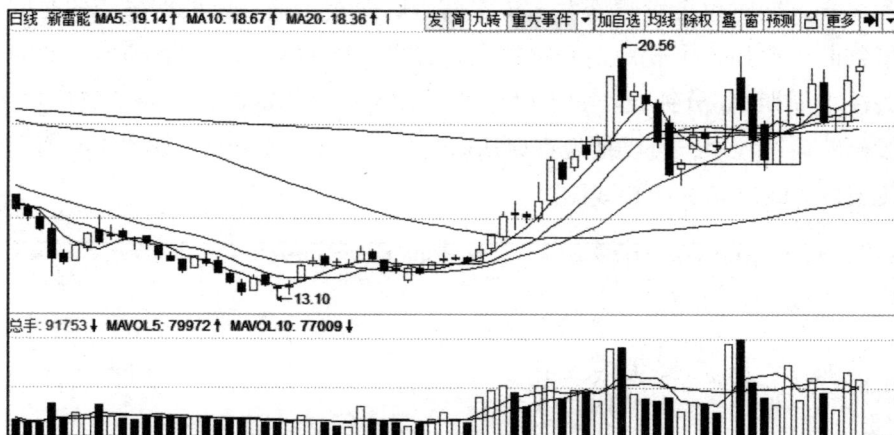

图7-10　普通缺口

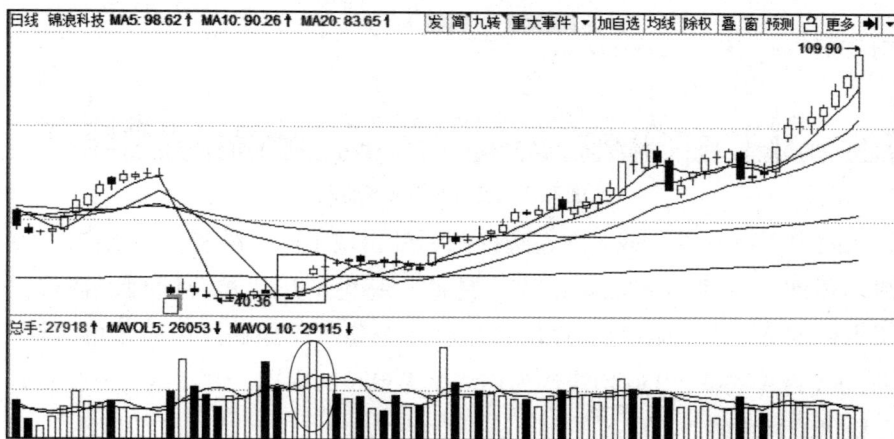

图7-11　突破缺口

（3）持续性缺口。在股价运行的中途产生，一般都是随着股价的行情趋势出现快速上升或下跌。持续性缺口是当前趋势的一个延续信号，意味着行情仍会沿着原来的方向继续发展。如图 7-12 所示。

（4）竭尽缺口。通常出现在股价行情趋势发展到末期的时候，伴随着股价急速的大幅上升或下跌。竭尽缺口预示着当前行情趋势即将发生一个转折，或行情接近于尾声。竭尽缺口出现之后，反抽至缺口附近时缺口就是压力位，不回补就要考虑高抛离场。如图 7-13 所示。

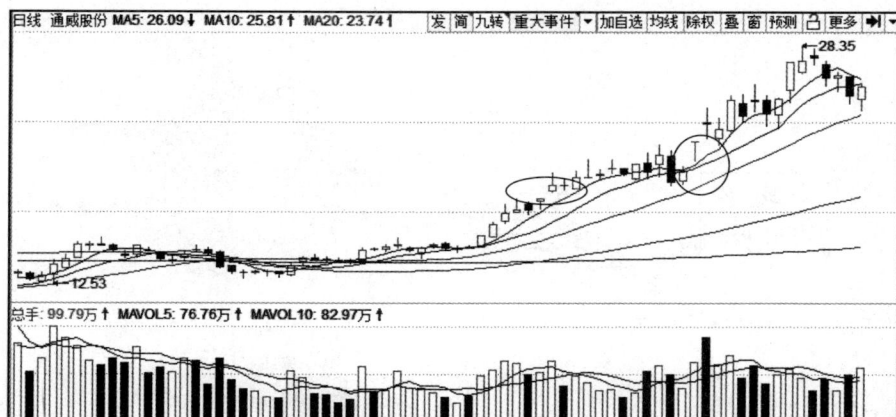

图7-12　持续性缺口

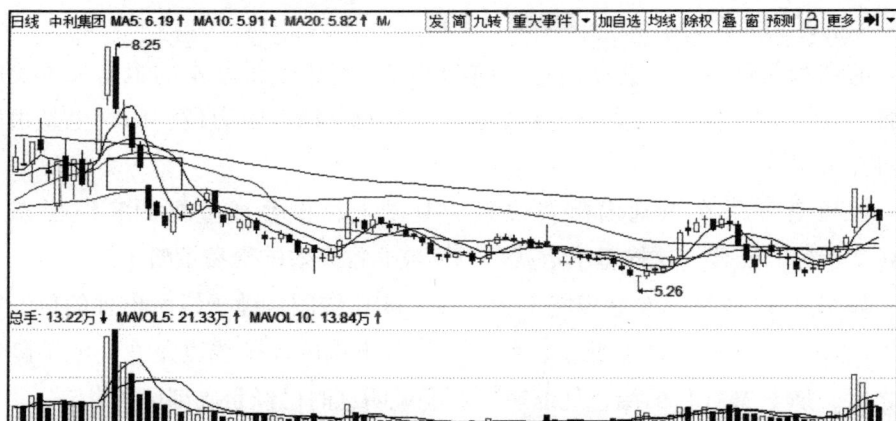

图7-13　竭尽缺口

4.筹码成交密集区

筹码成交密集区分布图反映的是标的个股在不同价格上的持仓量，构成了参与者不同的持仓成本，即不同价格上的资金量。

如图 7-14 所示的天顺风能日 K 线图。该股在 6.17 元附近做宽幅震荡，通过右侧筹码图可以看到这个位置是密集筹码峰，后来大幅下杀至低位，经过底部确认震荡整理，在 5.7 元左右再次形成密集筹码峰；而在震荡过程中，因 6.17 元附近资金筹码密集，此处附近形成较大压力位，因此反弹至此容易回落，此时投资者适合高抛。当股价回落到 5.7 元左右，由于此处也是密集筹码峰，支撑明显，投资者在这个筹码峰附近做低吸的成功率就会比较高。随后出现了大阳线突破筹码密集区后，股价开启了一轮新的上涨行情。

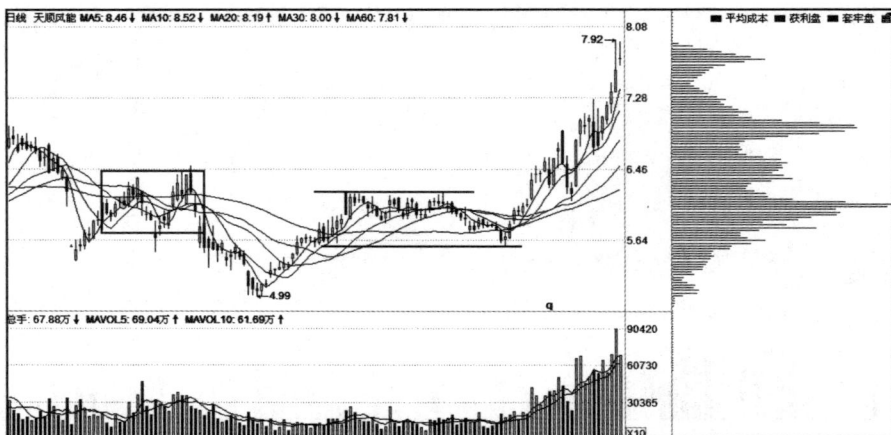

图7-14　天顺风能日K线图

5.前高点／前低点

前高和前低点就是前期高点和前期低点，它们是最基本的也是最重要的位置。在交易过程中，这些位置会形成重要的支撑或阻力位，同时也是很好的潜在买卖点。

投资者如果在识别出重要位置的基础上，再叠加重要的K线形态和MACD指标的配合，这样基本上就可以形成非常高效的交易策略了。

如图7-15所示的泰胜风能（300129）日K线图。锤子线所出现的位置实际上已经是第三次测试前低了，而这个位置出现的锤子线也是在一波下跌走势之后，加上MACD的绿色柱缩短，更能说明这时已经是底部区了。

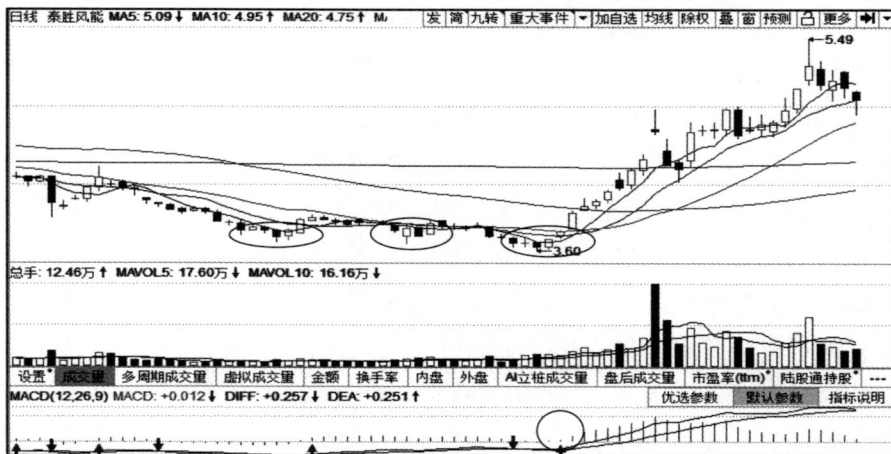

图7-15　泰胜风能日K线图

本章操作提示

　　股市中的多数人都是赔钱的，只有少数人是赚到钱的。股市的高收益对投资者具有极强的诱惑力，致使许多投资者既爱它，但又难以把握它，许多人就是因为持股不放，导致自己的资金被套。要想在股市中赚到钱，就必须学会提高自己资金的利用率。在你买进任何一只股票前，第一考虑的都应是风险，其次才是盈利！

参考文献

[1] 老金 . 新股民短线入门一本通 [M]. 北京：中国纺织出版社，2015.

[2] 麻道明 . 短线操盘术 [M]. 北京：中国宇航出版社，2019.

[3] 杨金 . 分时图实战 [M]. 北京：人民邮电出版社，2020.

[4] 金铁 . 短线追涨与低吸技术 [M]. 北京：中国宇航出版社，2019.

[5] 康凯彬 . 从零开始学 K 线 [M]. 北京：中国纺织出版社，2015.

[6] 杨剑 . 炒股赚钱就这七招 [M]. 北京：中国纺织出版社，2015.